《中国语言信息结构研究》系列丛书之一
INFORMATION STRUCTURE IN THE LANGUAGES OF CHINA SERIES

中国语言话题研究

阿不都热西提·亚库甫◎主编

中央民族大学出版社
China Minzu University Press

图书在版编目（CIP）数据

中国语言话题研究 / 阿不都热西提·亚库甫主编. —
北京：中央民族大学出版社，2025.2. （2025.6重印）
ISBN 978-7-5660-2465-7

Ⅰ．H1

中国国家版本馆CIP数据核字第20253F89R8号

中国语言话题研究
ZHONGGUO YUYAN HUATI YANJIU

主　　编	阿不都热西提·亚库甫
策划编辑	赵秀琴
责任编辑	高明富
封面设计	舒刚卫
出版发行	中央民族大学出版社
	北京市海淀区中关村南大街27号　邮编：100081
	电话：（010）68472815（发行部）　传真：（010）68933757（发行部）
	（010）68932218（总编室）　　　　（010）68932447（办公室）
经 销 者	全国各地新华书店
印 刷 厂	北京鑫宇图源印刷科技有限公司
开　　本	787×1092　1/16　印张：17.5
字　　数	251千字
版　　次	2025年2月第1版　2025年6月第2次印刷
书　　号	ISBN 978-7-5660-2465-7
定　　价	92.00元

版权所有　翻印必究

前 言

阿不都热西提·亚库甫

《中国语言话题研究》是国家民委创新团队项目"中国语言信息结构研究"的成果之一。该项目的核心目标是以信息结构为中心，开展中国语言及周边国家尤其是在"一带一路"沿线国家和地区语言的研究，发挥中央民族大学中国语言文学学科多语种、多文种的优势，与国内外一流大学的知名学者和中青年同行紧密合作，运用前沿的语言学研究理论方法不断加强中国语言信息结构的研究，提炼一支具有国际视野和竞争力的中国语言信息结构研究创新团队，在相关研究领域逐步树立、巩固权威地位，取得更大的国际话语权，通过信息结构研究推动中国语言研究和"一带一路"沿线国家和地区语言研究，建立起中国语言研究和"一带一路"沿线国家和地区语言研究的国际性创新团队，铸牢中华民族共同体意识，服务国家，推动与"一带一路"沿线国家和地区的人文交流。

自2019年以来，"中国语言信息结构研究"创新团队围绕上述核心目标有效开展工作，着眼中国语言信息结构的方方面面，以跨语言视角树立了在中国语言框架内研究少数民族语言的语言研究观，切实推进了中国语言信息结构研究、中国现代语言调查研究、中国古典文献研究等领域的研究，成为这一领域研究的重要学术力量。在短短几年内充分发挥团队成员的集体力量和智慧推出了一系列重要研究成果，出版专著八部，在国内外具有影响力的核心期刊上发表学术论文三十余篇，成功举办一次国际学术会议（2021年）、一次全国性学术团体年会（2021年），在国内外产生了较大影响。在团队成员的成果中，阿不都热西提·亚库甫的《古代维吾尔语赞美诗和描写性韵文的语文学研究》荣获教育部第八届高等学校科学研究优秀成果奖（人文社会科学）二等奖，胡素华的《彝族史诗（勒俄特依，ꒉꀋꊪ）译注及语言学研究》荣获北京市第十六届哲学社会科学优秀成果奖二等奖。

该创新团队以团队为依托，促成了一些国家级和省部级项目的成功申请。2019年至2021年，团队成员罗自群"历史语言学视野下的怒苏语真实文本语料研究"（国家社科基金项目冷门"绝学"和国别史等研究专项，2019年）、蒋颖"从方言比较看普米语形态演变的轨迹"（国家社科基金一般项目，2019年）、李泽然"哈尼语地理语言学研究"（国家社科基金一般项目，2020年）、宗晓哲"僜人达让语句法结构研究"（国家社科基金青年项目，2020年）、崔延燕"基于跨语言视角的汉语亲涉性语义范畴研究"（国家社科基金一般项目，2021年）、王保锋"强语支语音类型研究"（国家社科基金一般项目，2021年）等项目成功获批立项，为学校中国语言文学学科的建设和科研作出了具体贡献。

团队将学术队伍建设和人才培养作为重要目标之一，将信息结构研究落实到科研和教学，在短短三年内就推出《哈萨克语的句子的话题和焦点》（郭昊，2020年）、《乌兹别克语的焦点研究》（阿迪来·依布拉音木，2020年）、《〈巴布尔传〉的信息结构研究》（阿布都西克尔·艾尔肯，2022年）、《土库曼语的信息结构研究》（迪丽妮嘎尔·菲达，2022年）等一系列硕博学位论文，《回鹘文文献语言的信息结构研究》等博士学位论文的撰写已进入最后阶段。此外，在语言学经典著作导读、语言学论文写作指导等课程的讲授中适当安排了信息结构最新研究方法等相关内容，为学生今后从事相关专题的研究打下了基础，也为中国语言以及"一带一路"沿线国家语言研究培养了后备力量,以扩大研究队伍。

"中国语言信息结构研究"创新团队源于"中国少数民族语言信息结构研究"基地。该基地的工作始于2011年,当时,成员以少数民族语言的韵律为重点开展一些重要的合作研究和学术交流活动,其中有些成果已在国内外重要学术期刊上发表。2012年至2013年,中央民族大学对项目进行了较大调整,建立了以阿不都热西提·亚库甫为首席专家的"中国少数民族语言信息结构研究"引智基地,并组建了以国内外知名语言学家为主要成员的学术委员会,完成了项目整改方案。同时,基地学术委员会成员、中国社会科学院黄成龙研究员和基地核心成员王蓓副教授在海外专家罗仁地教授(曾任中央民族大学长江学者讲座教授)的指导下完成了研究大纲,并举行了两次学术委员会会议,通过了实施方案。此后,以"111引智"基地为中心,邀请时任日本语言学会会长、日本学士院成员庄垣内正弘教授,瑞典知名语言学家拉尔斯·约翰逊(Lars Johanson)教授和挪威知名语言学家艾娃·恰托(Eva Csató Johanson)教授共同研讨了"中国少数民族语言信息结构"项目第二阶段的研究计划和框架。2013年11月,举行了项目学术委员会(汉藏语系、南岛语系专家)第二次会议,学术委员会的成员在进行专题研究后,对项目提出了建设性和可操作性的建议与意见。调整后的第一年,基地即与国内外学者合作开展了多次相关学术研讨。2014年4月,胡素华、王蓓与哈佛大学语言学系联合主办了题为"信息结构与语序——聚焦亚洲语言"(Information Structure and Word Order: Focusing on Asian Languages)的学术研讨会;同年11月,学术委员会成员和项目组骨干共同召开研讨会并特邀请日本专家栗林均教授作了题为"多语种分类辞书《御制五体清文鉴》数据库建设"的报告;同年12月26日,还举办了第一次信息结构学术沙龙读书会。2015年以后的工作更为丰富,主要以国内外学者共同举办学术讲座、开办小型课程、开展国际学术研讨等形式进行学术活动。2015年10月22日至25日,举办了"中央民族大学校内'111'引智计划——中国少数民族语言信息结构国际学术研讨会",美国知名语言学家贾柯琳·科瑞菲利特(Jaklin Kornflit)教授、时任中国社会科学院语言研究所所长刘丹青教授等来自世界六个国家和地区的二十多位知名语言学家参加了此次研讨会并作了能够代表该领域前沿的学术报告。与会专家就信息结构在各语言中的共性和个性及其相关问题进行了深入探讨，特别是对韵律、语序在话题和焦点标记方面进行了有益的探索，对术语的界定和统一以及下一步研究的重点和相关研究方法进行了分析和交流。

2011至2019年的八年间，团队通过"111引智"的平台发挥中央民族大学中国少数民族语言文学学院多语种、多文种的学科优势，运用前沿语言学研究理论和方法，切实推进了中国少数民族语言信息结构的研究，为学校该领域研究队伍的形成和发展作出了重要贡献。该团队先后邀请国内外150多名学者来校交流、从事合作研究，举办过两次国际学术研讨会，在国内外权威期刊和核心期刊发表论文50多篇，其中A+类论文10余篇。该团队首席专家阿不都热西提·亚库甫，基地主任胡素华，基地核心成员中的张定京、李锦芳、周国炎、胡素华、姜蓉泽等作为国家语言资源保护工程中国少数民族语言分中心的首席专家和核心专家组成员为该工程的顺利实施作出了贡献。

更重要的是，团队成员长期与国内外一流语言学家建立合作关系，从事共同研究，为今后的学术研究和交流开辟了道路。在国内，不断将信息结构研究应用于我国少数民族语言的研究，并取得了一系列标志性成果，如阿不都热西提·亚库甫《维吾尔语焦点研究》（Turkic Languages，2016年）、胡素华《彝语诺苏话双及物及其三个论元结构》（Language and Linguistics，2019年）、《彝语方言的受事格标记及小句语序的类型比较》（《语言科学》，2018年）、《彝语诺苏话的话题标记及话题类型》（《民族语文》，2015年）、王蓓《维吾尔语焦点实验研究》（《声学学报》，2016年）等论文在国内外引起了较大关注，填补了这一领域的空白。

本论文集共收录学术论文19篇，大多数论文曾在"中国语言信息结构研究"创新团队资助举办的国际学术讨论会"信息结构研究的最新进展及中国语言的信息结构研究"（2021年）上交流过。文集的内容主要涉及中国语言的话题结构及其分类、话题标记及其功能的描写，以及对我国语言信息结构研究的综述，同时也包含信息结构视角下的汉语和其他语言互译和对比研究的最新探讨，所讨论的语言主要有现代汉语、汉语方言、彝语、德昂语、怒苏语、哈尼语、普米语、羌语等汉藏语系的语言，以及朝鲜语、维吾尔语、哈萨克语等阿尔泰语系的语言。虽然语言覆盖面还远远小于中国语言及其地域变体的全部，但文集打破了一般只局限于某一语系或某一语族的传统，把中国语言作为一个整体对其进行了分析研究。这是中国语言信息结构研究所迈出的重要一步，希望成为中国语言研究的重要视角和方向。

文集的作者基本上都是中央民族大学的师生，其中不仅有胡素华、刘岩、罗自群、李泽然等具有正高级职称的知名专家，还有蒋颖、金青龙、吾麦尔江·吾吉艾合买提、宗晓哲、崔延燕等在中国语言学界崭露头角的中青年语言学家。更令人欣慰的是，论集中还有郭昊、杨晓平、董瑶、伊布拉伊木·马木提、迪丽尼嘎尔·菲达、阿布都西克尔·艾尔肯、申影利、阿卜杜外力·柯尤木等在读博士研究生的论文，充分体现了团队的总体实力和活力，证明了中国语言学后继有人。

信息结构是指不同类型信息块中句子的组织，即信息的包装。本论文集讨论的话题（Topic）只是信息结构的重要组成部分，此外还有焦点（Focus）、定性（Definiteness）、特定性（Specificity）等内容。无论是话题还是焦点，从跨语言的角度观察才能更准确地把握其特征，而对这些特征形成原因和过程的解释须依赖于历时研究。中国语言信息结构研究虽起步较早，成绩卓著，但大多集中于汉语信息结构的研究，中国少数民族语言信息结构研究的成果相对较少，而将汉语和中国少数民族语言作为一体对其信息结构进行研究的成果尚未出现。真心希望本论文集可作为一次大胆的尝试，对中国语言信息结构研究能起到一定的积极作用。

中国语言话题研究中使用的缩略语
（主要部分）

缩略语	英文	中文
APV	Attribute–Predicate–Verb	施事–受事–动词
AT	Aboutness Topic	相关性话题
CP	Complementizer Phrase	标句词短语
CT	Contrastive Topic	对比话题
DOM	Differential Object Marking	异相宾/受事格标记
DP	Determine Phrase	确定词组
DSM	Differential Subject Marking	异相主/施事格标记
FOC	Focus	焦点
FST	Frame Setting Topic	框架设置话题
GCR	Generalized Control Rule	广义控制规则
HT	Hunging Topic	悬挂话题
IP	Inflactianal Phrase	屈折词组
IU	Intonation Unit	韵律单元
LD	Left Dislocated Topic	左置话题
NP	Noun Phrase	名词短语
PAV	Predicate–Attribute–Verb	受事–施事–动词
SVO	Subject–Verb–Object	主语–谓语–宾语
SOV	Subject–Object–Verb	主语–宾语–谓语
TOP	Topic	话题
TP	Tense Phrase	小句
VP	Verb Phrase	动词短语

目 录

现代汉语话题类型及其句法特征 /宗晓哲 …………………… 1

汉语吉木萨尔方言的话题及其类型 /郭 昊 ………………… 13

彝语诺苏话句法结构与信息结构的关系 /胡素华 …………… 26

德昂语梁方言焦点的语法表现手段 /杨晓平 刘 岩 ……… 38

怒苏语话题的类型 /罗自群 …………………………………… 52

论哈尼语的话题及其标记 /李泽然 …………………………… 61

普米语话题研究 /蒋 颖 ……………………………………… 77

羌语话题标记的话语功能 /董 瑶 …………………………… 101

信息结构视角下朝鲜语有标志被动句的汉译研究小议 /金青龙 …… 122

信息焦点与朝鲜语多义词 ta 的解读 /崔延燕 ……………… 135

现代维吾尔语语气助词的话题和焦点功能

/吾麦尔江·吾吉艾合麦提 …………………………………… 145

维吾尔语 -ču 式话题句的结构与功能 /迪丽妮嘎尔·菲达 ……… 151

汉语和维吾尔语话题结构的类型及其对应表达

/伊卜拉伊木·马木提 ………………………………………… 165

哈萨克语话题初探 /郭 昊 …………………………………… 182

汉语和乌兹别克语的话题化类型特征　/ 阿卜杜外力·柯尤木 ········ 203
《巴布尔传》中"oq"的焦点敏感性及其功能
　　/ 阿布都西克尔·艾尔肯 ······································ 221
汉语和维吾尔语信息结构研究综述　/ 伊卜拉伊木·马木提 ········ 228
信息结构视角下英-汉翻译研究　/ 申影利 ····························· 238
中国语言信息结构研究的诸问题　/ 阿不都热西提·亚库甫 ········ 248

后　记 ·· 263

Contents

Topic Types and Syntactic Features of Modern Chinese ··············· Zong Xiaozhe 1

Topics and Types of Jimsar Dialect in Chinese ························ Guo Hao 13

On the Relation of the Syntactic Structure and Information Structure in The Nuosu
    Variety of Yi Language ·· Hu Suhua 26

Grammatical Ways of Expression Focus in the Liang Variety of Deang Language
    ·· Yang Xiaoping, Liu Yan 38

Types of Topic in Nusu Language ····································· Luo Ziqun 52

Topic and Topic Markers in Hani Language······················· Li Zeran 61

A Study on the Topic in Pumi Language ···························· Jiang Ying 77

Pragmatic Function of Topic Markers in Qiang Language ··············· Dong Yao 101

A Brief Discussion on the Chinese Translation of Korean Marked Passive Sentences
    from the Perspective of Information Structure ···················· Jin Qinglong 122

Information Focus and Interpretation of the Korean Polysemous Word "ta"
    ·· Cui Yanyan 135

On the Topic and Focus Functions of Some Modern Uyghur Particles
    ·· Umarjan Hojiahmet 145

The Structure and Function of Uyghur -ču-Type Topic Sentences· Dilnigar Pida 151

Types and Expressions of Topic Structures in Chinese and Uyghur
    ·· Ibrahim Mamut 165

A Primary Investigation of Topic in Kazakh ···················· Guo Hao 182

The Characteristics of Topicalization Types in Chinese and Uzbek Language
    ·· Abduweli Keyum 203

The Focus Sensitivity and Function of "oq" in Biography of Babur
.... Abdushukur Erkin 221
A Review of Research on the Information Structure of Chinese and Uyghur Ibrahim
.... Mamut 228
Research on the English-Chinese Translation from the View of Information
    Structure.. Shen Yingli 238
Issues in the Study of Chinese Language Information Structure
.... Abdurishid Yakup 248

Postscript 263

现代汉语话题类型及其句法特征

宗晓哲

摘要：现代汉语中存在相关性话题、悬挂话题和左移位话题三类话题。其中相关性话题位于句首位置，述题部分没有与之关联的复指成分；悬挂话题通常也位于句首，但述题部分存在与之关联的复指成分；左移位话题为移位生成，移位后原位会留有语迹。三类话题中，相关性话题句法位置最高，其次为悬挂话题，二者均属于语用句法层面。左移位话题句法位置最低，属于句内成分，其句法位置不能超越标句词。

关键词：话题类型；句法结构；句法语用接口

1 引言

汉语被广泛认为是话题突出型（Topic-Prominent）语言，这一特点在句子构造和信息布局上表现得尤为明显，与主语突出型语言（如英语）形成了鲜明对比。赵元任先生曾指出，汉语中主谓结构的这种话题—述语关系，是区别于英语的关键特征之一。英语中，句子往往围绕主语展开，强调施事（即动作的执行者）和动作之间的关系。而汉语的句子结构则更多地强调话题和述语之间的联系。话题是句子讨论的核心，述语提供了关于话题的具体信息或评论。

然而，尽管汉语的话题特征被广泛接受，但与之相关的诸多问题在学界中至今仍存在很多争论。如汉语话题结构的生成机制、话题与主语区分以及话题化与主题化的关系等问题，至今仍未形成统一的观点。为此，本文就汉语话题的分类以及句法位置进行了论述，探讨了每种汉语话题的句法性质。

2 现代汉语话题的现有研究

关于汉语话题的生成机制，其主要争论在于话题是通过移位生成（Moved-generated）的，还是基础生成（Base-generated）的。

移位生成观认为话题是从述语小句中移出的，它与述语中的某个句法空位是相关的。汉语句法中很多成分都可以被话题化，例如名词短语、介词短语以及部分习语表达，它们都可以通过移位的方式成为话题。话题移位生成的主要观点可概述为以下方面。

第一，在述题中不含句法空位的话题句是通过基础生成产生的。话题和述题之间的关联，不是通过移位生成的。例如"张三$_i$，李四认识他$_i$"。

第二，如果述题中包含空位，并且空位与先行词之间的关系不违反孤岛制约，那么这个空位是由 wh 移位生成的。空算子移位留下的语迹是一个变量，与先行词构成非论元约束。如"张三$_i$，他不认识 e$_i$"。

第三，如果空位与先行词之间的关系违反了孤岛制约，那么话题中可能包含一个基础生成的空代词，它通过广义控制规则（Generalized Control Rule，GCR）与话题建立约束关系。这个空代词可能占据述题中的空位，也可能作为一个空话题出现在内嵌岛从句的边缘，此时述题中的空位仍然是移位语迹。如"李四$_i$，[[e$_i$ 唱歌的]声音]很好听。"

第四，在某些情况下，宾语可以先进行话题化，而空话题以岛外话题为先行词。如"这本书$_i$，[[李四看 e$_i$]最合适]"。

与移位生成观不同，生成语法中基础生成观对话题移位生成提出一些质疑。Xu & Langendoen（1985）指出，述题必须与话题相关，如"苹果，二加二等于四"。句中述题虽然没有成分与话题有关,但述题作为整体与话题有关联,因此句子是合法的。有些话题句违反了孤岛限制,如"这本书$_i$,我认识很多看不懂e_i的人"。即使是广义控制规则也无法解释这些句子,因此这些话题句不是通过wh移位生成的。而且,有些句子中的空宾语可以与主句主语同指,这说明空话题假设并不符合事实,如"孩子$_i$以为妈妈要责怪e_i了"。因此,基础生成观认为话题不是通过句法移位生成,而是直接生成于句子的底层结构中。

除以上观点外,也有学者持较为中立的意见。李大勤(2003)主张区分"语篇话题"和"结构话题"。李大勤认为结构话题是功能句位中必不可少的结构成分。功能句位的构成首先需要立足于语篇选定一个名词短语(Noun Phrase, NP),而后再围绕这个NP来构建句位的述题部分。每一个功能句位的基本结构都可以表示为"结构话题(NP$_W$/NP$_X$)+(结构)述题"①。

Benincà(2001)、Benincà & Poletto(2004)提出意大利语中也存在多种话题类型,话题类别不同,占据的句法位置也不尽相同。他们提出了几个关键的测试准则来区分话题和焦点的位置,以及它们在句子中的功能,即以下功能。

第一,话题不同类型。他们区分了悬挂话题(Hanging Topic, HT)和左移位(Left Dislocation, LD)。悬挂话题不需要与句中的变量相关联,而左移位则需要一个复指代词(Resumptive Pronoun, RP)与话题相对应。

第二,句法位置的不同。HT通常位于句子的句首,不与句中的空位直接相关联,不涉及移位操作。LD也可位于句首,但是涉及从句中其他位置移位到句首的操作,移位后在原位置留下一个空位或复指代词。

第三,与空位的关系。HT不留下空位,与句中的其他成分没有直接的句法联系。LD在移位后,原位置通常会留下一个空位或复指代词,与句中的空位有直接的句法联系。

---

① 李大勤(2003)提出NP$_X$表示具有独立的指称功能,指称范围在句外得到确定,有具体的所指对象。NP$_W$表示具有独立的指称功能,指称范围在句外得以确定,没有具体所指对象。

第四，复指成分。HT需要具有复指成分，如代词或重复的名词短语，用以指回移位的话题。

笔者认为上述有关悬挂话题与移位话题的句法特征，对于区分汉语中话题的类型也具有一定的借鉴作用。通过测试，发现汉语中的话题也存在悬挂话题和左移位话题之分。左移位话题会在原位遗留一个空位（gap），而悬挂话题则不会在句子中留有语迹。悬挂话题在述题中具有复指成分，该话题可通过专有名词、辱骂性词语或者代词在句中得以修复。此外，汉语中还存在一种特殊的话题类型，被称为"汉语式话题"或"相关性话题"。

3 现代汉语的话题类型及句法性质

根据Benincà & Poletto（2004）提出的话题测试准则（Test Criteria，TC），汉语中悬挂话题与左移位话题具有不同的句法性质。

悬挂话题通常出现在句首位置，是句子的起始成分。这类话题作为一个光杆确定词组（Determine Phrase，DP），虽没有格身份，但须与句中的复指代词或某一专有名词具有约束关系。例如：

（1）a. 小明$_i$，我给他$_i$去送吃的。
　　　b. *小明，我给送吃的。
（2）a. 小明$_i$，我给那个傻子$_i$寄了一封信。
　　　b. *小明$_i$，我给寄了一封信。
（3）小明$_i$，他$_i$特别爱吃中国菜！
（4）小明$_i$，他$_i$是我同学的老师！

在例（1）中，"小明"作为悬挂话题与其复指代词"他"具有约束关系。在例（2）中，"张三"与侮辱性词语"那个傻子"具有约束关系。此外，通过例（1）和例（3）的对比，我们可以发现，悬挂话题在评述中的复指成分不仅仅局限于动词短语（Verb Phrase，VP）域内，它既可以是一个施事性NP，也可以是一个受事性NP。

李大勤（2003）提出指称约束不仅局限于同指约束，而且还会涉及另外一种约束，即异指约束。例如：

（5）小王也肚子疼。

（6）这孩子一直脾气不太好。

例（5）中的"小王"与"肚子"之间就是异指约束的关系，"小王"约束"肚子"的指称范围，"肚子"只能是小王的肚子，不能是别人的肚子。同理，在例（6）中，"这孩子"与"脾气"之间也是异指约束的关系。

异指约束同样可见于汉语有复指成分的悬挂话题中。就单句而言，悬挂话题可与其后的名词性成分之间形成异指约束关系。例如：

（7）那本书，我撕掉了一页。

（8）那个人，摔断了一只胳膊。

此外，在存在异指约束的话题句中，其评述部分仍然可以出现与悬挂话题相关联的复指代词。例如：

（9）那本书$_i$，我撕掉了它$_i$一页。

（10）那个人$_i$，摔断了他$_i$一只胳膊。

相较于悬挂话题，移位话题通常涉及 A-bar 移位。根据 Huang（2009）的研究，这种移位受到了两个重要句法原则的约束。一为空范畴原则。该原则涉及移位后留下的空位的性质。它规定空位必须在句法上被适当地约束，通常是通过与移位元素的共指关系来实现。二为强跨越限制，即当一个疑问代词（如英语中的 who）被用来询问时，它不能跨越一个与其在句法结构中位置更近的指代词（如他、她）。汉语中，这种原则可表现为移位话题不能跨越句子中其他成分的指代用法。例如：

（11）?*给张三$_i$，我给他$_i$寄了一个礼物。①

（12）张小姐$_i$，我不想追 t$_i$。

从上例中我们可以看到移位话题在句中没有与之相关联的复指代词，如例（11）。而且由于移位话题是通过移位生成的，还会在原位置上留下

---

① ? 表示语感可接受度较低；* 表示语感无可接受，下同。

一个语迹,如例(11)、(12)。就强跨越限制来看,例(11)中,"给他"中的"他"违反了强跨越限制,在指代上跨越了移位的话题"张三",因此不合法。例(12)中,"张小姐"作为话题被提前,"t_i"(指代张小姐的空位)没有被任何成分跨越。因此为合法句子。

除悬挂话题和左移位话题外,汉语中还具有特殊话题类型,即相关性话题。该话题在汉语中非常常见。例如:

(13)这本书,我读得很累。

(14)那场火,幸亏消防队来得快。

(15)象,鼻子长。

相关性话题在述题中同样不存在同指代词或语迹。相关性话题是整个句子陈述的对象,是述题部分乃至整个语篇得以展开的中心内容。它具有一定的话语性,可以被看作一个语篇成分。如果将带有该类话题的句子放入到语段中,我们可以发现,相关性话题不仅是这个句子要表述的内容,同时也可以是整个语段要表述的内容。例如:

(16)北京,一座历史悠久且现代化的大都市。它拥有丰富的文化遗产和现代化的都市风貌。

(17)博物馆,收藏、研究、展示和教育的重要场所。它们是连接过去与现在的桥梁,让我们得以一窥历史的深度和文化的广度。

汉语相关性话题通常都是说话者早已确定的陈述内容,该话题名词之前可以加上指示代词进行限定,如例(13)中的"这本书"和例(14)中的"那场火"。而且就算没有具体的所指对象,也一定会有一个指称范围,如例(15)中的"象",虽不知具体哪头象,但也起到了限定范围的作用。

4 现代汉语话题的句法位置

以上我们分析了汉语中悬挂话题、左移位话题和相关性话题的句法性质。下面我们分别来考察它们在句法中的结构位置。

首先,我们来看悬挂话题。生成语法中认为照应语、代词和指示语之间存在着相应的约束关系，与约束关系相关的理论被称为"约束理论三原则"。第一原则：照应语在管辖范围内必须受到约束。第二原则：代词在管辖范围内不得受到约束。第三原则：指称语在任何范围内都不得受到约束。管辖范围：若X为包含Y的管辖语即一个"主语"的最小范围，则X为Y的约束域。

基于之前的分析，我们已经知道悬挂话题与句中的复指成分之间具有特定的句法约束关系，如例（1）。由于代词在管辖范围内不受约束，但必须在管辖范围外被约束，因此我们可以推断，悬挂话题不可能处于代词的管辖区域内，否则它们之间就无法形成有效的约束关系。此外，就一个单句而言，代词的管辖区域通常被认为是它所在的小句（Tense Phrase，TP）。因此，我们可以得出，悬挂话题不会包含在TP小句之中。鉴于悬挂话题总是位于句首，处于代词所在的小句之前，小句与悬挂话题的线性顺序应表示为HT＞TP。

那么悬挂话题是否属于句内成分呢？这就需要我们考察悬挂话题与标句词短语（Complementizer Phrase，CP）的位置顺序。吕佳（2013）提出，"得"字补语句中的"得"是一种非轻动词形式的语类功能，它在句中起到支撑整个句子结构的作用，应该被放置于CP的核心位置。在吕文的论述中，他认为诸如"她哭得眼睛都红了"这类的句子在句法中可以被看作一个完整的CP语段。我们可以发现，在"得"字补语句的前面仍然可以出现悬挂话题。例如：

（18）那个傻姑娘$_i$，她$_i$害得我们都担心死了。

（19）张三$_i$呀，他$_i$跑得满身是汗。

从例（18）、例（19）中，我们可以看到，一个完整的CP语段仍然可以与悬挂话题相结合，而且悬挂话题始终位于CP语段的前面。由此，我们可以知道悬挂话题不属于句内成分，它在结构中应该位于句法—语用的接口位置。悬挂话题、CP语段以及TP小句的线性顺序应为HP*＞

CP＞TP[①]。

此外，李大勤（2003）指出位于句首位置上的悬挂话题总是有定的，其所指总是整个句位的表述对象。例如：

（20）这张专辑$_i$，它$_i$是我从日本买的。

（21）这本书$_i$，我不经常看它$_i$。

李文认为，决定以上话题有定性的首先是功能句位独立承担表示功能的需要，其次是充任结构话题的名词短语结构本身具有的特征，但是使其有定性得以实现的却是句法因素；由于上述话题是功能句位内述题部分与语境得以衔接的结构成分，因此，该话题的位置也就是一种功能接口位置。可见，话题的有定性也能从另一方面证明悬挂话题应该处于语用——句法的接口位置。

Benincà & Poletto、Badan & Del Gobb 都指出悬挂话题通常不具有递归性，悬挂话题在一个句子中只可出现一个。与之不同，我们认为汉语中的悬挂话题也具有递归性。杨小龙、吴义诚曾指出汉语中还存在多话题的句子。例如：

（22）其实文艺作品小说$_i$也好，电视剧$_j$也好，或是荧幕形象$_k$也好，陌生感越强，大家越会去关注它$_{i/j/k}$。

（23）乐评人张树荣认为：新民乐$_i$也好，新民歌$_j$也好，目前只是这一种或者几种音乐$_{i/j}$形式进入市场的标签。

上述例子中所呈现的多个话题均符合悬挂话题的特征。首先，这些话题并非从句中的述语部分通过移位操作生成。其次，每个话题在句子的述题部分都能找到相对应的复指成分。可见，汉语悬挂话题同样具有递归性。

Badan & Del Gobb（2011）曾指出在汉语左缘结构中，汉语诸话题和焦点的线性顺序可表现为CP＞相关性话题＞悬挂话题＞左移位话题＞"连"字焦点＞IP。其中相关性话题句法高于悬挂话题和左移位

---

① *代表该投射层具有递归性。

话题，位于线性顺序的左侧。汉语这三类话题均属于句内（CP）成分。例如：

（24）花，玫瑰ᵢ花我最喜欢 tᵢ。

（25）水杯，富光ᵢ、膳魔师ⱼ我喜欢这两个牌子ᵢ/ⱼ。

从例（24）、（25）中可明显看出相关性话题位于悬挂话题和左移位话题的左侧，其句法位置应高于二者。根据前文，我们已经证明悬挂话题句法位置超越标句词，位于句法 — 语用的接口位置。而相关性话题句法位置又高于悬挂话题，因此更应超越句子范畴，归属于语用层。事实上，相关性话题确实也具有较强的语用功能。

下面，我们来看一下汉语中左移位话题的句法位置。前文中我们已经提到，相关性话题和悬挂话题总位于移位话题的左边。由于线性顺序主要反映了句法上C统制（C-command）的关系。因此在句法中，左移位话题的句法位置自然要低于悬挂话题的句法位置。

那么左移位话题是一个句内CP成分还是一个小句内成分呢？下面我们就来看左移位话题与标句词和TP之间的相对位置关系。Badan & Del Gobbo（2011）曾就这个问题进行过相关探讨。他们认为标句词、左移位话题和TP之间的线性顺序可以表示为"CP＞LD＞TP"。例如①：

（26）因为跟张三你不要说话，我只好请了李四帮忙。

（27）*跟张三，因为你不要说话，我只好请了李四帮忙。

（28）？因为跟那个坏孩子你结婚了，这个家就没有一刻安宁。

（29）*跟那个坏孩子因为你结婚了，这个家就没有一刻安宁。

从上例中，我们可以看到，作为介词性左移位话题，"跟张三""跟那个坏孩子"不能位于句首关联词语"因为"的前面，由此我们可以说左移位话题不能超越标句词而存在。而且，当我们将介词性移位话题放回到原位时，它所在的小句是一个完整的小句（TP）。可见，左移位话题原本是TP小句内的一个成分，通过移位置于了TP小句的前面。根据这种推

---

① 由于汉语的名词中没有性、数等范畴的显性屈折形式，所以在此我们选择了介词类左移位话题。

论，我们可以判断出，在线性结构中，左移位话题应该位于TP和CP的中间位置。此外，汉语中左移位话题还具有递归性，一个句子中可允许多个左移位话题出现。例如：

（30）饭$_i$，零食$_j$，他都没吃t$_{i/j}$。

（31）这本书$_i$，那本书$_j$，我都没看过t$_{i/j}$。

关于"左移位话题"学界中早有论述。大部分学者把小句（TP）中成分转化为左移位话题的这一过程称为"话题化"（Topicalization）操作，如徐烈炯，刘丹青（2007）。但除此之外，也有学者认为"话题化"的说法并不准确，句法成分左移位的过程实际上应该看作是"主题化"（Thematization）的过程。我们认为话题与主题最大的区别在于话题是一个语篇性的成分，而主题则是句子层面的成分。根据上文中的论述，我们可以看到相关性话题和悬挂话题在句法中的位置都已经超越了标句词，归属于语用层。而左移位话题的句法位置却相对较低，位于标句词的下面，是一个句内成分。由此，我们认为，从严格意义上来讲，左移位话题并不能被称为话题，它实际上应该是一种主题化现象，在句中起到了凸显句中成分的作用。此外，就语法功能来讲，话题与主题之间也存在着严格的区别。话题是一个涉及话语的概念，它作为话语的陈述对象，应该先于句子生成。与之相比，主题化的移位则是通过某一成分的前移，从而使该成分成为注意的中心。

汉语中悬挂话题和左移位话题可以出现在同一个句子中，但出现顺序具有严格要求。二者同时出现时，悬挂话题总是位于句首位置，且在线性结构中一直位于左移位话题的前面。此外，当句中同时出现悬挂话题和左移位话题时，评述中与悬挂话题相关联的部分通常是一个带有施事性的NP，在句中充任主语，而带有受事性的NP则可以通过移位转化成左移位话题。例如：

（32）张三$_i$啊，很多人$_j$他$_j$都帮助过t$_i$。

（33）李四$_i$啊，很多书$_j$他$_j$都读过t$_j$。

（34）小王$_i$呀，晚饭$_j$他$_i$已经吃过t$_j$了。

（35）我老婆$_i$啊，许多菜$_j$那个懒人$_i$都不会做t$_j$。

句中同时出现悬挂话题与左移位话题时，悬挂话题仍具有递归性，但要求述题中的复指成分为同一成分，且为复数性代词，例如：

（36）*小王$_i$呀，小李$_i$呀，晚饭$_j$他们$_i$已经吃过t$_j$了。

（37）*小王$_i$呀，小李$_i$呀，很多歌$_j$他们$_i$已经学会t$_j$了。

此外，汉语中相关性话题也可与悬挂话题和左移位话题同现在同一句中。其中相关话题与左移位话题出现概率最高，相关话题与悬挂话题同出现的频率较低。有时三类话题可同时出现在一个单句中，相关性话题位于句首，其次依次为悬挂话题和左移位话题。例如：

（38）车，跑车$_i$我最喜欢t$_i$。

（39）中餐，宫保鸡丁$_i$、鱼香肉丝$_j$我喜欢这几个菜$_{i/j}$。

（40）这些老师们呢，小红$_i$，很多人$_j$她$_i$都教过t$_j$。

综合以上论述，我们可以将汉语不同话题类型的线性结构概括为"相关性话题＞HT＞CP＞LD＞TP"，其中相关性话题与悬挂性话题均属于语用层面，具有一定话语功能。左移位话题属于句内成分，位于句子和小句层级之间。

5 结论

本文重点考察了现代汉语话题的类型，以及不同话题类型的生成位置和句法结构，对学界中关于话题的争论问题提出了自己的观点。通过分析，可以看出汉语中同时存在相关性话题、悬挂话题和左移位话题。其中相关性话题和悬挂话题均为基础生成，通常位于句首。相关性话题在述题中不存在复指成分，而悬挂话题则需要复指成分。相关性话题和悬挂话题的句法位置相对较高，超越了狭义句子范畴，归属于语用层面。与之相比，左移位话题由移位生成，移位后将会在原位留有语迹。左移位话题句法位置低于相关性话题和悬挂话题，介于CP与TP之间，属于句内成分。此外，就递归性来看，三类话题中仅有相关性话题不具有递归性，悬挂性话题和左移位话题都可以进行递归。

主要参考文献

[1] 邓思颖.阶段式的句法推导[J].当代语言学,2009(3)：207-215.

[2] 李大勤."Vs前多项NP句"及汉语句子的语用构型分析[M].北京：语文出版社,2003.

[3] 吕佳.基于最简方案的汉语"得"字补语句研究[M].保定：河北大学出版社,2013.

[4] 吕叔湘.汉语语法论文集[M].北京：科学出版社,1955.

[5] 李哲英.实用汉语参考语法[M].北京：北京语言学院出版社,1990.

[6] 杨小龙,吴义诚.论话题结构生成的线性机制[M].外国语，2015(1)：55-63.

[7] 叶蜚声,徐通锵.语言学纲要（第三版）[M].北京：北京大学出版社,1997.

[8] 朱德熙.现代汉语语法研究[M].北京：商务印书馆,1985.

[9] LASNIK. Howard on feature strength:three minimalist approaches to overt movement[J]. Lingustic inquiry, 1999, (2): 197-217.

[10] AUDREY LI. Order and constituency in Mandarin Chinese[M]. Dordrecht: Kluwer Academic Publishers, 1990.

[11] QU YANFENG. Object noun phrase dislocation in Mandarin Chinese[M]. Vancouver: University of British Columbia Dissertation, 1994.

[12] RIZZI L. The fine structure of the left periphery[M]. Berlin: Springer Netherlands, 1997.

[13] SHI DINGXU. Topic and topic-comment constructions in Mandarin Chinese[J]. Language,2000, 76(2): 383-408.

[14] XU LIEJIONG, D TERENCE LANGENDOEN.Topic structures in Chinese[J]. Language, 1985, 61(1): 1-27.

汉语吉木萨尔方言的话题及其类型

郭　昊

摘要：吉木萨尔方言（属兰银官话北疆片语）与汉语普通话相比具有鲜明的方言特点。话题是信息结构中的核心概念之一，是说听双方谈论的对象和中心，是识别确定述题中所表达的信息得以保存于共识集合内容中的某一实体或某一系列实体。基于自然语料，吉木萨尔方言的话题倾向于由既知性信息充当，具有关涉性、前置性等特征，暂可从句法语义角度将其分为关涉话题、对比话题、框架话题和同一性话题，同时按照话题成分在句中的位置和层次可分为主话题和次话题。句中主语、宾语、谓语、状语等句法成分，词、词组、小句等句法单位均可成为句中话题，其后可有短暂停顿或加语气助词。

关键词：吉木萨尔方言；信息结构；话题；话题类型

吉木萨尔位于天山山脉东段北麓，是一座享誉中外的历史古城，也是"丝绸之路"新疆北路的必经之地。吉木萨尔县全县总面积8848平方公里，下辖5乡4镇，共206个行政村，有汉族、回族、哈萨克族、维吾尔族、蒙古族等13个民族，总人口14.1万人（2020年），少数民族人口占32.1%。吉木萨尔方言属兰银官话北疆片语，与汉语普通话相比具有鲜明的方言特点。

第一，吉木萨尔方言包括零声母在内有25个声母，比北京话多3个声母，分别是：[ɲ]（舌面中腭音）、[v]（唇齿浊擦音）和[ŋ]（舌根鼻音）。北京话中有37个韵母，吉木萨尔方言比北京话中的韵母少五个，分别是：[o]、[ən]、[in]、[uən]、[yn]。吉木萨尔方言不计轻声有三个声调（单字调），分别是：（1）半高平调，调值为44，调类为阴平；（2）全降调，调值为51，调类为阳平上；（3）曲折调，调值为213，调类为去声；（4）连读时会有发生变调，共有13种变化情况。

第二，吉木萨尔方言在语言、文学、历史、文化、天文、地理、科技、教育等领域都有能充分反映地方特点的方言词汇。

第三，语法特点与普通话相比同中有异，区别于普通话的主要有带"子"尾的名词、动词"给"的特殊用法、动词的时态表达方式、重叠式选择疑问句，等等。

1 话题的定义

语言最为本质的功能是传递信息。出于传递信息的需要，说话人会在表达形式上进行包装。

Krifka（2012）提出信息结构研究应被视为信息包装，说话人需根据听话人当前认知状态调整其话语表达形式，并指出信息结构是自然语言中说话人在考虑听话人当前信息状态的基础之上安排信息分布而构成的结构形式，并以此推进沟通交流。话题是说听双方谈论的对象或中心，是识别确定述题中所表达的信息得以保存于共识集合内容中的某一实体或某一系列实体；述题是对话题所关涉的对象进行论述，并将相关信息保存于与话题相应的共识集合内容中。例如[①]：

（1）[我]^T[是虎虎他妈]^C。

人称代词"我"作为句中话题，是句中信息传递的基点，是说听双方

---

① 文中例句源于笔者田野调查语料，得到郭文元先生（男，汉族，55岁，吉木萨尔县庆阳湖乡东庆村人，小学文化水平，农民）的支持与帮助，调查时间为2021年2月18日至3月15日、8月5日至8月30日。

谈论的对象或中心。实际上，这个观点背后是把交流视为持续变化的共识集合，共识集合是说听双方在交流过程中共知共享的信息，它包括两部分内容：一是说听双方熟悉并接受的信息，二是不断加入的信息。交谈双方说出的每一个句子都在更新共识集合的内容，共识集合也在交谈中不断地被调整，是一个持续变化的动态过程。

换言之，说话人向听话人传递关于某个实体或某一系列实体的相关信息，被存储在说听双方的共识集合内容中，述题中的信息就像被存储在与话题相应的文件夹系统中。

2 吉木萨尔方言中话题的特征

吉木萨尔方言的话题与其他语言或方言的话题相比同中有异，也倾向于由既知性信息充当句中话题，同时具有关涉性和前置性，其后可停顿或加语气助词以增强话题性。

2.1 关涉性

交流和记忆中的信息大部分以关涉的方式组织起来，话题通常是句中剩余成分所关涉谈论的对象，述题就所关涉的对象进行阐释或说明，均与共识集合当前的状态相关。例如：

（2）[尕娃子]^T[他写字去咧]^C。

"娃娃"为句中关涉话题，是句中其他成分所关涉谈论的成分，常位于句首，述题中有其复指成分"他"。

2.2 既知性

Krifka（2012）指出，既知性是指某一表达形式的意义存在于共识集合内容中。在共识集合中是否具有最大显著性、是否已存储在共识集合中，这二者是判断某一信息是否具有既知性特征的前提。

话题成分倾向于由既知性信息充当，但不具有绝对性，这由话题所承载的信息强度所决定。吉木萨尔方言中，说话人认为某一信息对于听话人而言是既知的，就会使用特定形式予以标示，主要有词汇手段、韵律手段、形态句法手段。如：词汇手段中的回指表达，包括人称代词、指示代词等；韵律手段主要有停顿、弱读等；形态句法手段主要有助词、语序、省略/删除等。例如：

（3）[他]^T[正写字底尼]^C。

（4）[西瓜]^T，[他送来咧]^C。

（5）他看这本书了吗？

[这本书]^{T}昂，[他正看尼]^C。

例（3）中人称代词为句中话题，"他"这一表达形式所代表的实体存在于双方共识集合中；例（4）中"西瓜"通过语序手段调整至句首，其后伴随短暂的停顿，表明此信息是双方共享的信息，述题是对句中宾语的说明，并将相关信息更新保存在共识集合内容中；例（5）中使用语气词"昂"，以恍然大悟的语气回应对方，且是话题和述题的分界，其前是话题，其后是述题，"这本书"是说听双方共知共享的信息，语气词增添了相应语气意义并伴随短暂的停顿，且使话题性更明确。

2.3 前置性

前置性是指话题位于话题结构前端，即话题位于述题之前。吉木萨尔方言以动词为区分，动词所在位置为句中，动词之前为句首，动词之后为句末，话题倾向位于句首。正常语序中主语一般倾向位于句首，除主语之外的某一成分要成为句中话题，说话人常通过语序手段调整至句首。例如：

（6）[苹果]^T，[他就是不爱吃么]^C。

例（6）通过语序手段将受事宾语调整至句首，进行话题化操作，成为句中话题。基于目前所收集到的自然语料，93.2%的话题位于句首，在汉语、英语、匈牙利语等诸多语言中均具有一定的普适性。除正常语序中话题居于句首之外，口语中有29.79%、对话和故事中有29.53%在状语、宾语等句法成分充当句中话题时均须将其移至句首。

综上所述，话题是述题关涉谈论的对象或中心，倾向于由既知性信息充当，这由该成分所承载的信息强度所决定，也与话题的指称特点、是否定指、是否共享以及具体语境等信息密切相关。基于语言事实，本文认为吉木萨尔方言中的话题具有既知性、关涉性和前置性，话题后可有短暂的停顿或加语气词。

3 吉木萨尔方言中话题的类型

Krifka（2012）以选项语义学为理论背景，将话题分为关涉话题和对比话题；徐烈炯、刘丹青（2007）提出可将话题分为主话题、次话题、次次话题。

对于话题的类别，根据不同的标准会有不同的分类结果，本文主要以Krifka的分类为依据分析描写吉木萨尔方言话题的类型。从语义角度分为关涉话题（Aboutness Topic，AT）、对比话题（Contrastive Topics，CT）、框架设置话题（Frame-Setting Topic，FT）和同一性话题（Identical Topic，IT）。此外，在不同的类别下仍可根据表达形式和意义的细微差异继续划分其下位类别。同时，根据句中话题的句法位置和层次，还可将其分为主话题和次话题。从句法角度看，吉木萨尔方言语料中的话题可由主语、宾语、状语、谓语等句法成分充当，可以是词、词组、小句等，在陈述句、祈使句、疑问句和感叹句中均可出现话题。

3.1 关涉话题

话题和述题作为信息结构中的核心概念，与共识集合当前状态相关，是说话人识别的实体，述题所要关涉的对象或中心。关涉话题是从述题内部提取出来的名词性成分，经语序手段调整至句首成为话题，而且在述题中还能找到与该话题同指、复指的成分或空位。例如：

（7）[我妈]^T[昨天就到我奶家去咧]^C。

例（7）中以"我妈"为句中关涉话题，是句中剩余成分所关涉谈论的对象，也是识别确定述题中所表达的信息得以保存于共识集合内容中的实体。

话题在一定程度上均具有关涉性。对此，可在关涉性的基础上再从不同角度观察吉木萨尔方言中的关涉话题。根据表达形式和意义的差异，此类话题可分为三小类：第一类是主语自然地作为句中话题，称为一般性关涉话题或自然话题；第二类是句中话题不与述题中的论元相应，可省略句中介词，称为悬垂式关涉话题；第三类是组合式关涉话题，组合成分之间是部分与整体、上位与下位、大类与小类的关系。例如：

（8）[这个事情]^T[我找尕娃子就行咧]^C。

（9）[中国]^T，[大城市]^T[北京]^{T}最有意思。

（10）[肉]^T，[羊肉]^{T}最好吃。

3.2 对比话题

对比话题和关涉话题一样，被放置在话题域中，关涉话题可能不指明相关选项的存在，而对比话题则指明选项的存在。例如：

（11）村子里头咋了？

[狗]^T[咬底尼]^C，[鸡]^T[叫底尼]^C，[娃娃]^T[喊底尼]^C。

对比话题在说听双方共识集合中是一种渐进式增量回答，这与说听双方交流目的相关，并引导谈话发展的方向。正如上述问题被分解为三个子句进行回答，在句内形成对比。对比话题还可以是话题和焦点的组合，由一个包含焦点的关涉话题组成。例如：

（12）你们干萨底尼萨？

[我[爸]^F]^T[看报纸底尼]^C，[我[妈]^F]^T[看书底尼]^C，[我[弟]^{F}和我]^T[写字底尼]^C。

答语中领属结构中的中心语选项被突出，表明当前句子没有提供预期的所有信息，对比话题可由包含焦点的关涉话题构成，同样在句内形成对比，具有突显对比的作用。

3.3 框架设置话题

框架设置话题中，通常从一系列选项中选择一个，指明相关命题在该框架范围内成立。换言之，框架设置话题主要是为句中剩余成分划定一个大致起作用的范围，提供一个谈论的框架。基于语料，口语中有26.24%，对话、短文和故事中有26.94%是此类型话题。它们将主要谓词的适用性限制在某一受限辖域内。例如：

（13）[今天早上]^T[娃娃写字底尼]^C。

（14）[在天山北傍个]^T，[有一个破城子]^C。（周磊、王燕，1991）

（15）[村子里头]^T，[狗]^T[咬底尼]^C，[鸡]^T[叫底尼]^C，[娃娃]^T[喊底呢]^C。

上述例句中述题所叙述说明的事情均发生在所限定的范围之内，一般可将状语作为框架设置话题，可以是时间、空间、范围等，被设置的框架常是说听双方既知的信息。

3.4 同一性话题

同一性话题与述题中的成分完全同形或部分同形，在语义上具有一致性，可以是名词性也可以是谓词性成分。例如：

（16）[狗]^T[狗咬底尼]^C，[鸡]^T[鸡叫底尼]^C，[娃娃]^T[娃娃喊底尼]^C。

（17）[写]^T就[写]^T么，[又不犯法]^C。

3.5 主话题和次话题

基于语料，句中可以没有话题，但并不意味着句子没有所要谈论的对象或事物；句中也可以有两个或两个以上的话题。当句中存在两个或两个以上的话题时，可以考虑以话题在句中的位置和层次为标准，分为主话题和次话题。吉木萨尔方言的主话题倾向位于句首，是述题要陈述、说明的对象；次话题不是述题直接叙述的对象，而是谓语关涉的对象，其后也很少出现停顿，一般位于主语和动词之间。例如：

（18）[新疆丫头子]^T1，[她们]^T2[又赢了吗]^C。

（19）[西瓜]^T1，[他]^T2[今天刚给送过来咧]^C。

（19）[他]^T[今天刚把西瓜给送过来咧]^C。

例（18）中名词性短语为句中主话题，人称代词回指主话题；例（19）中的宾语经语序调整至句首，成为句中主话题，是说听双方谈论的对象或中心；主语是句中次话题，谓语动词所关涉的对象。

主话题和次话题的划分确实可以在一定程度上更为详细地描写吉木萨尔方言的话题类型，但具体如何系统全面地分类，仍需基于语料进行探讨分析。

吉木萨尔方言的话题类型暂时可进行如下归类，如表1所示。

表1 吉木萨尔方言中的话题类型

第一层	第二层	第三层	定义
语义类别	关涉话题	一般性关涉话题	通常是句中主语，正常语序中位于句首
		悬垂式关涉话题	话题不与述题中的论元相应
		组合式关涉话题	话题成分间是部分与整体、上位与下位、大类与小类的关系
	对比话题	包含焦点	指明话题中焦点选项的存在，可在句内或句外形成对比
		不包含焦点	
	框架设置话题	时间框架	为句中剩余成分提供一个谈论的框架，可以是时间、空间等
		空间框架	
	同一性话题	名词性	话题与述题中成分完全同形或部分同形，语义上具有一致性
		谓词性	
句法位置和层次		主话题	主话题是述题要谈论的对象，次话题是谓语关涉的对象
		次话题	

4 吉木萨尔方言中的话题成分

吉木萨尔方言中的话题可从不同角度进行观察描写。首先，从句法成分角度看，自然语料中主语、谓语、宾语、状语等均可成为句中话题成分。例如：

（20）[他]^{T}昂，[把西瓜送来咧一个]^C。

（21）[写]^{T}就[写]^{T}么，[我也会尼]^C。

（22）[抓饭]^{T}呀，[他就最爱吃咧]^C。

（23）[天擦黑时候]^T，[他才回来]^C。

从词类角度看，名词、动词、代词等均可成为话题成分。吉木萨尔方言名词中的一般名词、时间名词、方位名词、专有名词以及动词和形容词的名物化，代词中人称代词、指示代词等在句中做话题成分的频率较高。例如：

（24）[包子]^T[不能连塑料袋袋子装]^C。（周磊、王燕，1991）

（25）[学]^{T}的话，[他也上大学咧]^C。

（26）[这个]^T[是他写下底]^C。

根据所收集到的自然语料，从语法单位角度看，吉木萨尔方言中的名词性短语、量词短语、同位短语、联合短语、介词短语、（动词、形容词）名物化短语、动词性短语、主谓短语、状中短语等均可充当句中话题。例如：

（27）[尕娃子家丫头]^T[才回来]^C。

（28）[一个]^{T}嘛，[太少咧]^C。

（29）[李明哥哥]^T[正写字底呢]^C。

（30）[尕柱子连尕娃子]^T[是一等一底好朋友]^C。

（31）[村子里头]^T[人还不少啊]^C。

（32）[绿底]^{T}嘛，[是麦子]^C。

（33）[上街]^{T}底话，[你就个人去萨]^C。

（34）[喧呀喧呀]^T，[他们就整整喧咧一天么]^C。

（35）[回到丫头家]^T，[你就可高兴咧]^C。

实际上，自然语料中除了词、短语可做话题之外，表并列关系、假设关系、因果关系、目的关系的从句也可成为话题成分。例如：

（36）[这套房子]^{T}嘛，[大些儿]^C，[那套房子]^{T}嘛，[小些儿]^C。

（37）[要是他不来]^{T}底话，[我就回咧昂]^C。

（38）[吃底多咧]^T，[胃就疼尼]^C。

（39）[他们到街上办年货]^T[准备过年尼么]^C。

总而言之，吉木萨尔方言中的话题成分可由词、短语、句子充当，但都须是实词，虚词不可以作为句中话题；话题可以是主语、宾语、谓语、状语等句法成分；句中可以有一个话题，也可以有两个或两个以上的话题；而且话题成分后可以有短暂停顿或加语气词来加强其话题性，没有也不会影响其话题身份。

5 吉木萨尔方言中的语气词与话题

语气词的作用在于表达种种语气意义，主要用于句末，也可以用于句中主语、状语后有停顿的地方，它本身念轻声。朱德熙（1982）认为"主语和谓语之间的停顿是由汉语结构的松散性造成的，但句中语气词不会永远只出现在主语后面，句中语气词前面所承接的内容可以是句中的不同成分。另外，句中语气词从轻了讲，只是表示说话人在交际过程语句之间的一种间歇，说话人在说话时，由于逻辑的需要或说话技巧的需要，总是在某些成分间用语气词进行停顿，而这种停顿是为了更好地完成交际，以达到说话人想要达到的效果，句中语气词停顿时间长短也不一定，要视情况而定"。因此，语气词可用于句中特定成分之后且常伴随短暂的停顿，可视为传递信息时特定表达的需要，即说话人以特定的语气提醒听话人注意其前信息，以加强其话题性。

汉语普通话中最基本的语气词主要有：的、了、呢、吧、吗、啊，可以单用也可以叠用。刘丹青认为上海话中的"末"（句末语气词）可视为专门的话题标记；袁毓林认为北京话中的"呢、吧、啊、的话"也常标示句中话题，且出现频率较高。吉木萨尔方言的语气词与普通话及其他方言中的语气词标识话题的情况既有共性又有个性。其中，"嘛""么""萨""呐""来""昂""的话""一个"等句中语气词可用于特定词、短语或小句后，并伴有短暂的停顿，交际语境较为轻松，说听双方语气缓和，口语性相对较强。例如：

（40）[人]^{T}嘛，[高兴就行咧]^C！

（41）[一个本子]^{T}么，[丢就丢咧么]^C。

（42）[去]^{T}萨，[我忙很]^C，[不去]^{T}萨，[又不行]^C。

（43）[他]^{T}呐，[连你们一搭哩吃哈底饭吗]^C？

（44）[我爸]^{T}来，[他去不去]^C？

（45）[我]^{T}昂，[从来就没去过北京]^C。

（46）[二百]^{T}底话，[我就买咧]^C。

（47）[我]^{T}一个，[果果他妈]^C。

句中语气词用于话题成分后，将话题和述题分隔开，其前是话题，其后是述题，表达的语气意义存在细微差异且伴有短暂的停顿。不过，句中使用语气词、停顿并不是使某一成分成为话题的充分必要条件。上述这些语气词的个别用法可用于话题后，一是增加了相应的语气意义，并伴随短暂的停顿，二是更加明显地以某种语气提醒听话人格外注意其前成分，接下来是要论述或引入与之相关的信息，增加到共识集合中，以促进双方的沟通交流并传递信息。

基于此，虽然吉木萨尔方言中部分语气词恰恰是话题和述题的分界点，用于句中特定成分之后可在表达相应语气意义的基础之上标识话题，但这些语气词的个别用法离成为专门话题标记的标准还差得较远，一是语气词前的成分不一定是话题，二是语气词并不一定只出现在话题之后，并不具有专职性和强制性。

6 结语

话题是说话人向听话人传递关于某个实体或某一系列实体的相关信息，被存储在说听双方的共识集合中。话题是说听双方谈论的对象或中心，倾向于由既知的、共享的信息充当，具有前置性和关涉性；述题是句子中对话题的叙述、说明。本文暂将话题分为关涉话题、对比话题、框架设置话题和同一性话题，主话题和次话题是基于相关成分在句中位置和层次的一种描写分析。日后仍须基于语言事实从各个角度和层面观察、描写、解释吉木萨尔方言的话题，详述其内容和表达形式，并进行分层分类，使之具有一定的完整性和系统性。

主要参考文献

[1]曹逢甫.主题在汉语中的功能研究：迈向语段分析的第一步[M].北京：语文出版社，1995.

[2]董秀芳.古汉语中介宾位置上的零形回指及其演变[J].当代语言学，1998（4）：32-46.

[3]范晓，张豫峰，等.语法理论纲要[M].上海：上海译文出版社，2008.

[4]顾钢.话题和焦点的句法分析[J].天津师范大学学报，2001（1）：76-80.

[5]韩刚.古代汉语中的两种言语现象[J].安徽文学，2008（10）：284-285.

[6]胡建华，潘海华，李宝伦.宁波话与普通话中话题和次话题的句法位置[M]//徐烈炯，刘丹青.话题与焦点新论.上海：上海教育出版社，2003.

[7]胡裕树，范晓.试论语法研究的三个平面[J].语言教学与研究，1993（2）：4-21.

[8]黄伯荣，廖序东.现代汉语[M].北京：高等教育出版社，2012.

[9]李临定.主语的语法地位[J].中国语文，1985（1）：23-29.

[10]刘润清.西方语言学流派[M].北京：外语教学与研究出版社，2002.

[11]骆锤炼，马贝加.《诗经》代词"其"和话题的关系：兼论"其"的语法化[J].语文研究，2007（1）：11-14.

[12]马建忠.马氏文通[M].北京：商务印书馆，1983.

[13]潘文国.汉英语言对比概论[M].北京：商务印书馆，2010.

[14]申小龙.《左传》句法札记[J].语言研究，1986（2）：123-130.

[15]史有为.话题结构与相关性、自足性[J].东方语言学，2006（1）：33-52.

[16]汪平.苏州方言的话题结构[J].语言研究，2004（4）：65-70.

[17]王卫峰."夫"的统摄连接功能论[J].古汉语研究，2009（2）：63-68.

[18]徐杰.主语成分、话题特征及相应语言类型[J].语言科学，2003（1）：3-22.

[19]徐烈炯，刘丹青.话题的结构与功能[M].上海：上海教育出版社，2007.

[20]殷国光.《吕氏春秋》句子的界定："《吕氏春秋》句型研究概说"之一[M]//上古汉语语法研究.北京：中国大百科全书出版社，2002.

[21]赵元任.国语入门[M].李荣，编译.上海：开明书店，1952.

[22]赵元任.汉语口语语法[M].吕叔湘，译.北京：商务印书馆，1979.

[23]周磊，王燕.吉木萨尔方言志[M].乌鲁木齐：新疆人民出版社，1991.

[24]朱德熙.语法讲义[M].北京：商务印书馆，1982.

[25] ABDURISHID YAKUP. Focus in Turkish and Uyghur: a preliminary report on an ongoing contrastive investigation[J]. Turkic languages, 2016, (20): 113-128.

[26] WU GUO. Information structure in Chinese[M]. Beijing: Peking University Press, 1998.

彝语诺苏话句法结构与信息结构的关系

胡素华

摘要：本文主要研究彝语北部方言诺苏话的句法结构、信息结构及论元编码间的相互关系，探讨句法结构的动态性及论元编码与话题编码的相互关系，通过形态标记和语序分析语用性句子结构和句法性句子结构间演化的关系，并阐释句法结构和信息结构的形态编码在功能上的兼容性和互斥性。研究认为，彝语诺苏话的分裂语序体现了语用动因的语序变异演变为句法性的分裂语序；就形态标记而言，彝语话题标记是专用的，并非由格标记发展而来，这是因为诺苏彝语本身就缺乏格标记，唯一一个非强制性的异相施事格标记只能出现在焦点位置的名词短语后，故它未能发展出话题标记功能，而是与话题标记相斥，但可以兼有焦点标记功能。

关键词：彝语；诺苏话；信息结构；句法结构

1 论元编码、语序及信息结构

藏缅语族语言通过强制性或非强制性的异相主/施事格标记（Differential Subject Marking，DSM）和异相宾/受事格标记（Differential Object Marking，DOM）表示语法关系策略，这显示出句法性和语用性的强弱差异和连续性，其中，非强制性论元标记的隐现与其话题性或话题度有关（Hu，

2021）。语序、名词的格标记和动词的一致关系是表示语法关系最主要的策略（Hoop & Malchukov，2008；Bickel，2000）。名词短语的格由名词短语和与名词短语处于某种语法关系中动词（或其他格支配成分）的语法需求所决定，属于句法范畴。以语用为目的的信息结构中某些结构的标记由说话者的交际意图所决定，不受构式中其他语法成分的影响。这些信息结构可能用另外一些专用或兼用附置词（Adoposition/Clitics）来标记，也可能是由格标记兼任。

1.1 异相主/施事格标记（DSM）和异相宾/受事格标记（DOM）

很多研究文献中都提到了异相主/施事格标记DSM（Silverstein，1976；Bossong，1985）和异相宾/受事格标记DOM（Dalrymple & Nikolaeva's，2011）。Chelliah & Hyslop（2011）专门讨论了藏缅语的DSM和DOM。

因语义和语用因素（凸显某成分、生命度因素、区分施受事），一些主语/施事格和宾语/受事格被标记，而另外一些则未被标记。DSM和DOM的出现是为了消除施、受事者歧义，特别是当施受事者生命度相当时。大多数藏缅语及其他有DSM或DOM的语言都证实了这一点。

1.2 藏缅语族语言的语义格标记类型

从语法关系编码，尤其是主格/施事格标记的编码策略看，藏缅语的模式大致可归纳为以下几种类型：一是有稳定、强制性作格标记的作格性语言；二是有DSM并具有作格性（Ergative）也称为施格性（Agentive）的语言；三是有DSM但不具有作格性而是具有主宾格性的语言；四是只有DOM，用以区分施事和受事，语序比较灵活的语言；五是诸如彝语诺苏话这样的语言没有DOM，只有一个非强制性的DSM，词序固定且受动词短语的有界性和时体特征制约，Hu（2021）对此做了详细描写和介绍。

2 彝语诺苏话的分裂语序

与大多数藏缅语族，甚至是彝缅语支以及彝语其他方言不同，彝语诺苏话没有受事格标记，只有一个非强制性施事格标记kɯ³¹，也就是说它缺乏功能形态标记来消除施事和受事角色的歧义。DSM kɯ³¹在用于强调动词之前名词短语施事者时具有可选性，即焦点的常规位置。它用于强调施事者行为导致的结果性结构中，并非所有动词前NP后面都可以跟DSM kɯ³¹，如同下文提到诺苏彝语的施事格助词kɯ³¹，其主要功能不是消除核心角色的歧义，而是强调施事者。

藏、羌、缅、怒等语言施事格标记在施事–受事–动词（Attritude-Predicate-Verd，APV）和PAV（同前）语序中都可以出现，只是在PAV语序中更为必要或必须。如纳苏彝语中施事标记-za³³不能在APV语序中出现，只能在PAV中出现；腊罗彝语没有施事格标记，只有DOM，语序相对自由。彝语诺苏话中，当生命度等级中施事者和受事者处于同等高度时，诺苏彝语的DSM kɯ³¹也只能在PAV语序中出现，且其区别歧义功能不大，基本上都可以省略，而消除A和P歧义的是谓语的终结性和体貌特征，不是形态格标记。具体而言，非终结性或非完整体谓语句必须使用APV语序，而终结性谓语句（可能伴随着完成体标记）必须使用PAV语序。

2.1 彝语诺苏话的论元编码 —— 施事格助词

话题型语言为了突出话题结构，通常可将非句首成分提到句首位置。从跨语言角度观察到论元所指的生命度、常识、语境和格标记可以消除施事者和受事者歧义（Malchukov，2008）。对于以APV为主的语言（彝语诺苏话和其他大多数藏缅语），因语用因素带来PAV语序总是可以直接还原为原始语序APV。例如：

（1）a. khɯ³³　a⁴⁴zi³³　ɕi⁵⁵　==o⁴⁴.
　　　狗　　孩子　　咬　　==pfv.ind
　　　"狗咬了孩子。"（APV）

　　b. a⁴⁴zi³³　khɯ³³　ɕi⁵⁵　==o⁴⁴.
　　　孩子　　狗　　　咬　　==pfv.ind
　　　"狗咬了孩子。"（PAV）

无论词序如何，（1）a和（1）b都被解释为"狗咬了孩子"，因为反向理解"孩子咬了狗"是不太可能的情况。但如果DSM kɯ³¹附在NP2后,施事就不再模棱两可,尽管句子的意思违反了常识。例如:

(2) a. ? khɯ³³ a⁴⁴ʑi³³ =kɯ³¹ ɕi⁵⁵ ==o⁴⁴.
       狗   孩子   =agt   咬   ==pfv.ind
   "孩子把狗咬了。"(不可能的情形)(PAV)

   b. ? a⁴⁴ʑi³³ khɯ³³ =kɯ³¹ ɕi⁵⁵ ==o⁴⁴.
       孩子   狗   =agt   咬   ==pfv.ind
   "狗把孩子咬了。"(PAV)

(2)a和(2)b略显奇怪,因为施格助词kɯ³¹总是和结果性动词短语同时出现,在动词"咬"后加一个结果补语,如"惨""伤""流血"等,即谓语应该是完结性短语。若加结果性动词,施事标记kɯ³¹则常被省略,不会造成任何歧义。例如:

(3) a. khɯ³³ a⁴⁴ʑi³³ ɕi⁵⁵ pi³¹ ==o⁴⁴.
       狗   孩子   咬   伤   ==pfv.ind
   "孩子咬伤了狗。"(PAV)

   b. a⁴⁴ʑi³³ khɯ³ ɕi⁵⁵ pi³¹ ==o⁴⁴.
       孩子   狗   咬   伤   ==pfv.ind
   "狗咬伤了孩子。"(PAV)

即使是(3)a的情况不太可能,但因结果性成分共现,句法性PAV词序便固定不可变动,句子只能有一种解读。(3)a和(3)b中非强制性DSM kɯ³¹的省略进一步证明句子结构中谓语有界性、完结性在彝语中比格标记更重要。总之,诺苏彝语的施受事格由语序和谓语有界性及时体特征决定。

2.2 使用PAV语序的条件

具体PAV语序出现在如下谓语句中。

2.2.1 结束情状谓语

结束情状的谓语可能是一个结果性复合词,也可能是结果性短语,它包括一个主动词(活动动词)和一个结果动词(达成或状态动词),中间可能有结果补语连词 si^{44}。例如：

（4） mu^{33}ka^{55}　a^{55}sa^{33}　m̥a^{55} =(si^{44})　zi^{31}sʅ^{31} ==o^{44}.
　　　　木嘎　　阿萨　　教　=res(l)　懂事　　==pfv.inc
　　　　"阿萨把木嘎教懂事了。"（PAV）

2.2.2 达成情状谓语 —— 词汇形式

此种形式很常见。例如：

（5） mu^{33}ka^{55}　a^{55}sa^{33}　ɣɯ^{31}-mo^{33} ==o^{44}.
　　　　木嘎　　阿萨　　得-见　　==pfv.ind
　　　　"阿萨看见木嘎。"（PAV）

2.2.3. 达成情状谓语 —— 有完成体标记 ta^{33}

ta^{33} 表示一个事件的终结。例如：

（6） mu^{33}ka^{55}　a^{55}sa^{33}　ku^{33}=ta^{33}　==o^{44}.
　　　　木嘎　　阿萨　　叫=perf　==pfv.ind
　　　　"阿萨叫了木嘎。"（PAV）

2.3 使用 APV 语序的条件

与 PAV 语序相反，APV 用于无界（Atelic）和/或不完整体（Imperfectivity）句中。

2.3.1 状态谓语

详细来说，例如：

（7） a^{44}zi^{33}　a^{44}mo^{33}　ŋgu^{33}-dzʅ^{33}-ŋgu^{33}.
　　　　孩子　　妈妈　　爱-ifx.真的-爱
　　　　"孩子非常爱妈妈。"（APV）

2.3.2 不完整体谓语 —— 带有进行体标记

详细来说，例如：

（8） mu^{33}ka^{55}　a^{55}sa^{33}　ku^{33} =ndʐo^{33}.
　　　　木嘎　　阿萨　　叫　= prog
　　　　"木嘎正在叫阿萨。"（APV）

2.3.3 不完整体（Imperfectivity）—— 带有将行情态助词和言外（Illocutionary）将行体标记

具有将行义的意愿情态助词 mo^{33}di^{44}，总是用 APV，无论其动词内在情状体如何。例如：

（9）a. mu^{33}ka^{55}　a^{55}sa^{33}　　ku^{33}=si^{44}　la^{33}　　　==mo^{33} di^{33}.
　　　木嘎　　阿萨　　　叫 res(l)　回来　　==vol.pros.ind
　　　"木嘎要把阿萨叫回来。"（APV）

　　b. ŋa^{33}　　mu^{33}ka^{55}　ndu^{31}　-ko^{44}ba^{33}　　==mo^{33} di^{33}.
　　　我　　　木嘎　　　打　　res(v)惨　　==vol.pros.ind
　　　"我（打算好）要把木嘎打惨。"（APV）

　　c. mu^{33}ka^{55}　a^{55}sa^{33}　　ndu^{31}　-la^{33}　　　==mo^{33} di^{33}.
　　　木嘎　　阿萨　　　打　　-来：dir　　==vol.pros.ind
　　　"（听说）木嘎要来打阿萨。"（APV）

意愿情态 mo^{33} 和将行体标记 mi^{44} 表示说话者将行意愿和意图的言外行为，仅限用于主语为第一人称代词时，句子语序都为 APV。例如：

（10）a. ŋa^{33}　　mu^{33}ka^{55}　ndu^{31}　- ko^{44}ba^{33}　　== mo^{33}.
　　　　我　　　木嘎　　　打　　-res(v).惨　　==mod.pros.ill
　　　　"我要把木嘎打惨。"（允诺将行）（APV）

　　　b. ŋa^{33}　　mu^{33}ka^{55}　ndu^{31}　- ko^{44}ba^{33}　　=mi^{44}.
　　　　我　　　木嘎　　　打　　-res(v).惨　　=pros.ill
　　　　"我要把木嘎打惨。"（APV）

　　　c. ŋa^{33}　　mu^{33}ka^{55}　ndu^{31}　- ko^{44}ba^{33}　　=mi^{44}-ta^{33}==o^{44}.
　　　　我　　　木嘎　　　打　　-res(v).惨　　=pros-perf==ind.pfv
　　　　"我要被木嘎打惨了。"（决意将行）（PAV）

与（10）a 和（10）b 不同，由将行体标记 mi^{44}-ta^{33} 标示的句子使用 PAV，因为 mi^{44}-ta^{33} 是一个复合将行体助词而不是一个表意愿或意图的情态助词，即（10）c 是一个言内句式（直陈句）而不是一个言外施行句（祈使句），所以语序还是由谓语有界性（由结果动词 ko^{44}ba^{33} "惨，狠" 表示）

来表示。

另外，情态标记的句法位置要比体标记和结果动词更靠近外围。这可以通过结果性动词和由其语法化的情态助词来说明：zi^{31}sɿ^{31}是结果动词，义为"懂事"，它通过第一个音节的声调屈折语法化为情态助词 zi^{44}sɿ^{31} "会"。例如：

（11）a. mu^{33}ka^{55}　a^{55}sa^{33}　ma̠^{55}　=zi^{44}sɿ^{31}　==o^{44}.
　　　　木嘎　　阿萨　　教　　=mod.会　==pfv.inc
　　　　"木嘎会教阿萨了。"（APV）

　　　b. mu^{33}ka^{55}　a^{55}sa^{33}　ma̠^{55}　=(si^{44})　zi^{31}sɿ^{31}　==o^{44}.
　　　　木嘎　　阿萨　　教　　=res(l)　懂事　　==pfv.inc
　　　　"木嘎把阿萨教懂事了。"（PAV）

　　　c. mu^{33}ka^{55}　a^{55}sa^{33}　ma̠^{55}　=(si^{44})　zi^{31}sɿ^{31}　=zi^{44}sɿ^{31}==o^{44}.
　　　　木嘎　　阿萨　　教　　=res(l)　懂事　　=mod会==pfv.ind
　　　　"木嘎会把阿萨教懂事了。"（APV）

2.3.4 APV用于达成和完成情状谓语的否定结构中

实际上，否定结构也是某种意义上的不完整（成）体。否定词素位于短语最后一个动词音节前，或是完成体标记ta^{33}前。例如：

（12）mu^{33}ka^{55}　a^{55}sa^{33}　ɣu^{31}-a^{31}-mo^{33}.
　　　木嘎　　阿萨　　得–neg–看见
　　　"木嘎没有看见阿萨。"
　　*"阿萨没有看见木嘎。"（APV）

3 论元结构与话题结构的关系

诺苏彝语没有发展出受事格标记，施事标记主要是起强调和突出的功能。语用驱动的格标记并不完全是一种严格的"句法配置"（Alignment）。同样，一个受语用支配的语序也不完全是一种"句法配置"。反之，非语用为目的的语序则应该是一种句法配置，因此，由彝语诺苏话中句法–

语义因素而非语用-语义因素决定的刚性APV和PAV语序都是句法配置。语序是表示语法和语义角色的补充手段，实际上这也遵循语言物尽其用之原则（刘丹青，2014），以最经济的策略，即动词语义和语序来区分受事和施事。

在诺苏彝语中，句法性质的PAV也有一定的语用功能，APV和PAV的分裂最初源于小句的"话题-述评"结构。综上，诺苏彝语中刚性APV和PAV语序显示论元编码系统有分裂作格性，其非强制性施事标记kɯ3¹可以出现在刚性的PAV中，刚性PAV语序和施事标记kɯ3¹在一定程度上显示出作格性。

在藏缅语中，APV无疑是主导语序，也是彝语诺苏话主要的语序。对于不占主导地位的句法结构PAV，如前所述，非强制性和可恢复为APV的PAV语序是出于语用目的，但强制性PAV则不同，它关注句法结构而非信息结构。强制性PAV源于语用驱动，或者说是源生性、恒久的，它不同于纯粹以语用为目的、临时的话题结构。通过话题标记li³³和施事标记kɯ³¹的隐现可看出其间的关系。例如：

（13）a. mu³³ka⁵⁵=(li³³)　　zi³³=(li³³)　　sɔ³³-khu⁵⁵　　tshu̠³³ ==o⁴⁴.
　　　　木嘎=top　　　房子=top　　　三-年　　　建造　==pfv.ind
　　　　"木嘎呢房子呢修建了三年。"（APV）

　　　b. zi³³=(li³³)　　　mu³³ka⁵⁵=(li³³)　　sɔ³³- khu⁵⁵　tshu̠³³==o⁴⁴.
　　　　房子=top　　　木嘎=top　　　三-年　　　建造　　==pfv.ind
　　　　"房子呢，木嘎呢修建了三年。"（PAV）

　　　c. i³³=(li³³)，　　mu³³ka⁵⁵=(*kɯ³¹)　sɔ³³-khu⁵⁵　tshu̠³³　==o⁴⁴.
　　　　房子=top　木嘎=AGT　　　三-年　　　建造　　==pfv.ind
　　　　"房子呢木嘎呢修建了三年。"
　　　　（语用为目的的结构，非句法配置）

（14）a. zi³³=(li³³)　　mu³³ka⁵⁵=(*li³³)　　tshu̠³³=ta³³　==o⁴⁴.
　　　　房子=top　木嘎=top　　　　建造=perf　==pfv.ind
　　　　"房子呢木嘎建好了。"（PAV）

b. zi³³=(li³³)　　mu³³kɯ⁵⁵　(kɯ³¹)　　tshu̯³³=ta³³　　=o⁴⁴.
　　房子=top　　　木嘎　　agt　　　建造=perf　　=pfv.ind
　　"房子呢木嘎建好了。"（PAV）

c. zi³³=(li³³)　　mu³³kɯ⁵⁵　=kɯ³¹=li³³　tshu̯³³=ta³³　=o⁴⁴.
　　房子=top　　　木嘎　　　=agt=top　　建造=perf　　=pfv.ind
　　"房子呢被木嘎建好了。"（PAV）

例（13）a为APV，其中A和P都可以用话题助词li来标记，以突显或表示对比（彝语诺苏话允许双话题）；P可以前置做话题，如（13）b所示，但（13）b并非为一个严格的句法结构，在P之后有一个语音停顿（语用性话题所需）。此外，在这种非句法结构的PAV中，由于谓词没有结果性，所以施事标记kɯ³¹不允许出现在施事名词NP2之后，如例（13）c。相反，非终结谓语句法性PAV中的话题标记li只能用于标记位于句首的P而不允许标记A，其中非强制性的施事标记kɯ³¹可以出现在A之后，如（14）a和（14）b所示。即便如此，话题标记li³或nɯ³也可以附加在介词短语上，如（14）c中的mu³³kɯ⁵⁵=kɯ³¹。因此，除了句法性PAV结构中施事A外，诺苏话中所有NPs、PPs、VPs、NumPs和AdjPs都可以通过添加话题标记进行话题化。

句法性PAV中受事是一个默认的话题结构，或者称为基础生成的话题结构，其句首受事P排斥位于NP2位置的施事者同时作为话题。因此，严格的PAV结构已经发展成为一种句法性结构。也就是说，这种类型的PAV不能直接还原为APV，它已不再是一般意义上的话题结构，而成为一种句法结构。

同时，句法性结构中无论是APV还是PAV，非句首位置的名词论元都可以前置，进行话题化，从而表示为目的性更强的语用因素，构成左偏置结构（Left Dislocation），成为语用性的话题句。此时强制性同指或复指代词必须填充P或A原来的位置，如例（15）中前置A的主格复指代词tshŋh³³（he/she），（16）a和（16）b中前置P的宾格复指代词ko³³（him/her/it），这两个代词在这两种结构中都不能被省略，复指代词的先行词P或A是典型的话题成分，可以用话题标记来标示（胡素华、赵镜，2015）。例如：

（15）a. mu^{33}ka^{55}　　a^{55}sa^{33}　　ɣu^{31}-mo^{33}　　==o^{44}.
　　　　　木嘎　　　阿萨　　　得–见　　　==pfv.ind
　　　　"阿萨看见了木嘎。"（PAV）

b. a^{55}sa^{33}=(li^{33})　mu^{33}ka^{55}　*(tshɿ^{33})　ɣu^{31}-mo^{33}　==o^{44}.
　　阿萨=top　　木嘎　　3s:nom　　得–见　　==pfv.ind
　　"阿萨（呢）他看见了木嘎。"（A$_{top}$, PA$_{resum:nom}$V）

（16）a. mu^{33}ka^{55}　　a^{55}sa^{33}　　mo^{33}　　bo^{33}　　==o^{44}.
　　　　　木嘎　　　阿萨　　　见　　　去　　　==pfv.ind
　　　　"木嘎 去见阿萨了。"（APV）

b. a^{55}sa^{33}=(li^{33})　mu^{33}ka^{55}　*(ko^{33})　mo^{33}　bo^{33}　==o^{44}.
　　阿萨=top　　木嘎　　3s:acc　　见　　去　　==pfv.ind
　　"阿萨（呢），木嘎去见他了。"（Ptop, APresum.acc–V）

（15）a中非句首位置的A可以作为话题移至句首，（15）b必须用主格回指代词tshɿ^{33}填充到A的原始位置，以满足PAV句法配置，因为谓语是有界（Telic）的。同样，（16）a中非起始位置的P也可作为话题移至句首，（16）b必须用宾格形式的照应词填充到P原来的位置中，以满足APV句法配列，因为趋向动词谓语"去"是无界的（Atelic）。然而，（15）b中的前置的A和（16）b中前置P是出于语用目的而左偏置（Left Dislocated），其中强制性复指代词表示先行词（论元）的原位。

4 结论

以往研究表明，诸多语言中非典型或是异相主语、宾语格标记表现出在语法、语义和语篇–语用因素之间，且表现出复杂的相互作用。"浮现语法"（Emergent Grammar）由功能语法学家Paul Bybee & Hopper（2001）提出，并指出"用法先于语法"，任何语言的语法都具有不确定性；另一位功能语法学家Givon认为"语法是凝固的话语"（Grammar is frozen discourse），语法永远处在演化之中，因而是一个不稳定的系统。

彝语诺苏话分裂语序正体现了这种不确定性、演化性和凝固性，表现出从最初话语性语序演变为句法性语序。彝语诺苏话话题标记是专用的，并非由格标记发展而来，这是因为它本来就缺乏格标记，唯一一个施事格标记只能用于焦点位置的名词短语后，故它未能发展出话题标记功能，因此与话题标记相斥，兼有焦点标记的功能。

主要参考文献

[1] 戴庆厦.藏缅语十五种[M].北京：北京燕山出版社，1991.

[2] 胡素华，赵镜.诺苏彝语话题标记的功能及其话题类型[J].民族语文，2015（2）：55-67.

[3] 胡素华，周廷升.彝语方言受事格标记及基本语序类型比较[J].语言科学，2018（2）：160-172.

[4] 黄成龙.羌语的施事者及其相关标记[J].语言暨语言学，2010（2）：249-295.

[5] 李翔，黄成龙.福贡傈僳语的施受标记[J].中央民族大学学报，2020（2）：155-162.

[6] 李云兵.中国南方民族语言语序类型研究[M].北京：北京大学出版社，2008.

[7] 刘丹青.论语言库藏的物尽其用原则[J].中国语文，2014（5）：387-401.

[8] BRADLEY, DAVID. The characteristics of the Burmic family of Tibeto-Burman[J]. Language and linguistics, 2012 (1): 171-182,192.

[9] BICKEL, BALTHASAR. On the syntax of agreement in Tibeto-Burman[J]. Studies in language, 2000 (3): 583-610.

[10] BYBEE J, P HOPPER. Frequency and the emergence of linguistic structure[M]. Amsterdam: John Benjamins, 2001.

[11] CHELLIAH, SHOBHANNA L, GWENDOLYN HYSLOP. Introduction to special issue on optional case marking in Tibeto-Burman[J]. Linguistics of the Tibeto-Burman area, 2011(2): 1-7.

[12] GIVÓN T. The diachrony of grammar[M]. Amsterdam: John Benjamins, 2015.

[13] HOOP, HELEN DE, ANDREJ MALCHUKOV. Case marking strategies[J]. Linguistic inquiry, 2008 (39): 565-587.

[14] HU SUHUA. The split word orders APV and PAV of Nuosu Yi: comparing to the split ergativity of the Tibeto-Burman languages[J]. Asian Languages and linguistics, 2021(2): 36-78.

[15] PETERSON, DAVID A. Core participant marking in Khumi[J]. Linguistics of the Tibeto- Burman area, 2011(2): 21-47.

德昂语梁方言焦点的语法表现手段

杨晓平　刘　岩

摘要：焦点是信息结构研究中的重要问题。本文以功能语法为理论框架考察德昂语梁方言中语音、词汇、句法等焦点表现手段。除语音手段之外，德昂语焦点还可通过焦点标记词、焦点敏感算子、宾语前置或后置、分裂句、省略非焦点成分等手段加以凸显焦点成分。焦点标记词是标示论元焦点的重要语法手段，其他语法手段均可不同程度地与焦点标记词共同标示焦点信息。

关键词：德昂语；焦点；语法表现手段；焦点标记词

1 信息焦点及其类型

1.1 焦点的概念及其定义

自从 Halliday（1967）提出"焦点（Focus）"这一术语和概念以来，国内外学者结合语言事实从不同角度、不同语言观对焦点问题作了大量研究。系统功能语言学家把"焦点"定义为句子中不可复原的新信息及口语中重音凸显的部分（Halliday, 1967）。生成语法学家从非预设角度对焦点进行界定，并指出一个句子的语义表达可分为"预设"与"焦点"两个部分，焦点就是非预设部分（Chomsky, 1971）。在 Chomsky 基础上，Jackendoff 深入细致地探讨了焦点与预设，并把焦点界定为"说话者假设不与听话者共享的信息部分"（黄健平、李波，2015）。Lambrecht（1994）则认为焦点是语用命题中使断言不同于预设的部分。关于焦点的概念和定义，国内也有不少学者作了相关研究，如张黎（1987）、方经民（1994）、方梅（1995）、刘丹青和徐烈炯（1998）、潘建华（2000）、温锁林（2001）等。总体认为焦点是语用层面的概念，是在具体语境中说话者为引起听话者注意而突出、强调的重要信息。实际交谈中，双方为理解谈话内容所需要的语境及前提是已知信息，而语境中不可预测或不可复原的部分是新信息或焦点（周士宏，2008）。

1.2 焦点的类型及理论框架

不同的理论框架下对焦点的分类也不尽相同。标记理论将焦点分为有标记焦点（Marked Information Focus）和无标记焦点（Unmarked Information Focus），如刘鑫民（1995）、Halliday（2000）、董秀芳（2003）；从焦点辖域大小角度可分为窄焦点（Narrow Focus）和宽焦点（Broad Focus），如Lambrecht（1994）、Ladd（2014）；从语义角度可把焦点分为常规焦点和对比焦点，如方经民（1994）、方梅（1995）。刘丹青、徐烈炯（1998）认为焦点具有"突出"和"对比"的特征，从功能角度将焦点分为自然焦点[+突出，−对比]、对比焦点[+突出，+对比]和话题焦点[−突出，+对比]。

本文主要采用功能语言学家Lambrecht（1994）的理论观点探讨德昂语在不同话语交际环境下的焦点结构及其表现形式上的异同。根据焦点辖域大小把焦点分为宽焦点和窄焦点，宽焦点又可分为句子焦点和谓语焦点。

2 句子焦点与谓语焦点的语法表现手段

根据Lambrecht（1994）焦点分类方法，宽焦点包括"句子焦点"和"谓语焦点"两类。句子焦点是整个句子都是断言的焦点，用来报道事件或引进新话语所指对象，几乎不需要任何语用预设，所以没有话题。谓语焦点是一种述题对话题进行陈述的无标记焦点结构，它同自然焦点、对比焦点和常规焦点等概念相当。说话者常遵从由旧到新、由已知到未知的原则传递信息，越靠近句末的信息内容越新，更易引起注意，成为句中焦点。然而，句子焦点是整个句子都是断言的焦点，一般无需使用任何表现手段来凸显，答话者只需根据说话者的问题自然说出完整的回答即可，所以本文主要探讨谓语焦点的语法表现方式。

2.1 语序

德昂语被认为是主语–谓语–宾语（Subject–Verb–Object，SVO）型语言，在谓语焦点结构中，已知的旧信息常由主语充当，未知的新信息通常由宾语充当。相对主语而言，宾语和谓语动词之间的关系更为紧密，谓语动词很少会对主语产生影响并改变其状态，宾语则常受到谓语动词影响并发生变化。因此，宾语往往更容易成为句子表达的重心及谈话双方所关注的焦点信息。

句中述题部分或说明部分通常是说话者所强调的焦点信息，谓语句尾成分若是宾语，那么宾语就是整个句子的表达重心。例如（下文中Q代表引出焦点的问句，A代表携带焦点的句子）：

Q: si　　kɑ:n　　ʔo　　hɑ:u　　rɑ:n tʃhiʔ.
　　什么　姑姑　我　去干　疑问助词
　　"我姑姑去干什么呢？"

A: ʔan　　hɑ:u　　ge:t　　hi.
　　她　　去　　砍　　树
　　"她去砍柴。"

实际言语交谈中并非所有谓语焦点都置于句末，如果一个句子中有两个宾语，直接宾语和间接宾语，说话人意欲把某个宾语作为重点强调对象，只有进行必要的语序调整，才能使该成分成为焦点。例如：

Q1: si　　mɔ:i　　hɑ:u　　dʒu　　rɑ:n tʃhiʔ　　ʔan.
　　什么　你　去见　做　疑问助词　她
　　"你去见她干什么呢？"

A1：ʔo   ha:u   dɛh   tʃo   ʔan   kɔ:n   aˊʔoʔ.
　　我   去   送   给   她   孩子   狗
"我去送给她小狗。"

Q2：khandu   ʔozɯ   mɔ:ikɔŋ   kɔn aˊʔoʔ   ha:u pot,
　　刚才   我看见   你拿   子狗   走了
　　si   mɔ:i   ha:u   ra:n   tʃhiʔ
　　什么 你   去   做   疑问助词
"我刚才见你拿着小狗走了，你去干什么呢？"

A2：ʔo   ha:u   dɛh   kɔ:n   aˊʔoʔ   tʃo   ʔan.
　　我   去   送   孩子   狗   给   她
"我去送小狗给她。"

在"ʔo dɛh tʃo ʔan kɔ:n aˊʔoʔ"（我送给她小狗）这句话中，说话人表达的重心和突出的焦点是位于句末且充当直接宾语的"kɔ:n aˊʔoʔ"（小狗），而在"ʔo ha:u dɛh kɔ:n aˊʔoʔ tʃo ʔan"（我去送小狗给她）这句话中，通过调整语序，"kɔ:n aˊʔoʔ"（小狗）成为已知的旧信息，而位于句末的间接宾语 ʔan"她"则成了说话人强调的重点信息。

2.2 省略非焦点成分

谓语焦点结构还可通过省略非焦点成分的方式突出焦点。一般认为，省略非焦点成分是凸显焦点最便捷、最经济的句法手段，无论句中焦点成分原来处于哪个位置，只要省略所有非焦点成分，谓语焦点自然会被凸显出来。例如：

Q1：si   kiŋ   mɔ:i   ba:i.
　　什么 头   你的   做
"你的头怎么了？"

A1：a. kiŋ   ʔo   sa:u   ʔah.
　　　头   我的 痛   很
"我的头很痛。"（完整回答）

b. kiŋ　ʔo　　saːu.
　　　 头　 我的　 痛
　　"我头痛。"（省略非焦点成分）

Q2：si　　　lɛŋ　　　mɔːi　　baːi.
　　 什么　自行车　你的　　做
　　"你的自行车怎么了？"

A2：a. nɑh　　hɔiʔ　　lu　　pɛːt.
　　　 它　　已经　　坏　 丢掉
　　"它坏掉了。"（完整回答）

　　b. nɑh　lu.
　　　 它　 坏
　　"它坏了。"（省略非焦点成分）

为凸显句中焦点，采用省略非焦点成分是最佳方式，这也是最便捷的句法手段，只需将句中非焦点、不重要的成分省略，谓语焦点自然会被凸显出来。正如上述a句一样，省略掉不重要的修饰语ʔɑh（很）、hɔiʔ（已经）和pɛːt（丢掉）等非焦点成分，位于句末的saːu（痛）和lu（坏了）便成为句中谓语焦点。

上述例句中，问句形式为"你的头/你的自行车怎么了？"时，话题形式都是采用完整的词汇名词组，或者是用代词替代名词；问句形式为"你/他做什么？"时，谓语焦点结构中的话题形式除了采用词汇名词组或以代词替代之外，也可不表达出来，采用零代词形式。例如：

Q1：si　　　mɔːi　　rɑːn.
　　 什么　你　　 做
　　"你干什么呢？"

A1：ʔit.
　　 睡觉
　　"睡觉！"

Q2: a′dɯ　si　pa:i　ran.
　　今天　什么　你们　做
　　"今天你们干什么呢?"

A2: vaʔ　ŋ̊o.
　　割　　谷子
　　"割谷子。"

Q3: si　　ʔan　ra:n　tudi.
　　什么　她　　做　　现在
　　"她现在干什么呢?"

A3: tɑ:ŋ　pɔ:m.
　　煮　　饭
　　"煮饭。"

上述各例通过省略主语、时间状语等非焦点成分，剩下的谓语成分便是句子的焦点，且谓语动词ʔit（睡觉）及谓语动词之后的宾语ŋ̊o（谷子）、pɔ:m（饭）分别是各句的表达重心。此外，大多数焦点成分都位于句末，采用省略法使焦点信息更好地被凸显出来，更符合德昂语梁方言实际表达习惯。

3 论元焦点的语法表现手段

论元焦点又称对比焦点、非常规焦点，是说话者出于对比目的而特意强调的信息，是有标记焦点，其焦点辖域仅限于单一的论元成分。从语用功能看，论元焦点总是包含指别或纠错的语用意义。例如：

Q: ʔan　dah　kraʔ　mɔ:i　hɔiʔ　ʃra:i.
　 他　　说　　水牛　你　　已经　丢失
　 "他说你的水牛丢了。"

A: muh　mɑ:k　ʔo　hɔiʔ　ʃra:i.
　 是　　黄牛　我　已经　丢失
　 "是我的黄牛丢了。"

在德昂语梁方言中，论元焦点的位置不固定，但最为重要。说话者通常先采用最经济，语流中最强的语音手段加以凸显。然而，当说话人无法保证每一个焦点信息都能通过语音准确无误地被听话人感知时，也会采用焦点标记词、焦点敏感算子、特殊句法结构等语法手段来突出焦点。

3.1 词汇表现手段
3.1.1 焦点标记词

论元焦点结构在凸显焦点时最常用的一种词汇表现手段是焦点标记词，通常是实词语法化、无实在意义和不具有任何句法功能的虚词成分。虽然焦点标记词的句法功能模糊，在语义上是羡余成分，但对句中焦点的标示具有强化和定位功能。德昂语梁方言中主要有mɑ、pɔt、lɛi、muh四个焦点标记词，都可以标示论元焦点。

3.1.1.1 mɑ、pɔt、lɛi及其论元成分

德昂语梁方言中，mɑ、pɔt、lɛi所标记的论元焦点是对某一论元进行指别或纠正，既表突出又表对比，数词或数量短语均可成为焦点成分，也可以是名词。当数词或数量词短语作焦点成分时，三个焦点标记词既可以位于焦点成分之前，也可以位于焦点成分之后，且mɑ和pɔt可以互换使用。例如：

Q1：mɔ:i　　ha:u　　ʔuɑi　　nari.
　　你　　　走　　　三　　　小时
　　"你走了三小时？"

A1：ʔo　　ha:u　　mɑ/pɔt　　phan　　nari/ʔo
　　我　　走　　　助词　　　五　　　小时我
　　ha:u　　phan　　nari　　mɑ/pɔt.
　　走　　　五　　　小时　　助词
　　"我走了五小时呢。"

Q2：mɔ:i　　viɛt　　ʔu　　he:ŋ.
　　你　　　偿还　　一　　千
　　"你还一千？"

A2：ʔo   viɛt   lɛi   phan   pʻzah   ʔo
　　我   偿还   只   五   百   我
　　viɛt   phan   pʻzah   lɛi.
　　偿还   五   百   只
"我只还五百。"

当说话人强调的焦点信息比预想中更多时，一般会使用mɑ或pɔt作焦点标记，如第一个例句强调了"行走的时间比预想中的要长"；当说话人强调的焦点信息没有想象中那么糟糕或比预想中要少的时候，一般会采用标记词lɛi，如第二个例句强调了"需要偿还的钱比想象中要少"。当数词或数量短语phan（五）、phan pʻzah（五百）作句子焦点成分时，焦点标记词无论是位于焦点成分之前或之后，其强调的效果都一样。

然而，当焦点成分是由名词充当的宾语时，只有"mɑ"可以标记论元焦点，例如：

Q：ʔan   dʒɤih   lɛk.
　　他   买   猪
"他买猪？"

A：ʔan   dʒɤih   mɑ   kraʔ.
　　他   买   助词   水牛
"他买水牛呢。"

此时，mɑ不能换作pɔt或lɛi，因焦点成分由名词充当的宾语时，pɔt和lɛi都有实在的意义，并且充当了一定的句法成分，省略后必定会影响语义的真值条件。

3.1.1.2 muh及其论元成分

焦点标记词muh所标记的焦点成分可以是主语、谓语、宾语、定语和状语等，但不能是谓语动词后的受事成分。例如：

Q1：muh   ŋa:i aʻmɯ   mɔ:i   ha:u   aʻka:t.
　　是   前天   你   去   集市
"是前天你去赶集？"

A1：muh　　a´mɯ　　ʔo　　　ha:u　　a´ka:t.
　　是　　昨天　　我　　　去　　　集市
　　"是昨天我去赶集。"

Q2：a´mɯ　muh　　ma　　mɔ:i　　ha:u　　a´ka:t.
　　昨天　　是　　妈妈　　你　　　去　　　集市
　　"昨天是你妈妈去赶集？"

A2：a´mɯ　muh　　ʔo　　　ha:u　　a´ka:t.
　　昨天　　是　　我　　　去　　　集市
　　"昨天是我去赶集。"

Q3：a´mɯ　mɔ:i　　muh　　gɔ:i　　a´ga:ŋ.
　　昨天　　你　　　是　　　在　　　家
　　"昨天你是在家？"

A3：a´mɯ　ʔo　　muh　　ha:u　　a´ka:t.
　　昨天　　我　　是　　　去　　　集市
　　"昨天我是去赶集。"

Q4：*a´mɯ　mɔ:i　　vaʔ　　muh　　brɑ:i.
　　昨天　　你　　　割　　　是　　　草
　　"昨天你割是草？"

A4：*a´mɯ　ʔo　　ha:u　　muh　　a´ka:t.
　　昨天　　我　　去　　　是　　　集市
　　"昨天我去是赶集。"

焦点标记词muh位置不同就会产生不一样的句子焦点，如果焦点标记词muh位于句中某个论元成分之前，那么它后面的论元成分就是整个句子所强调的焦点信息。如A1句强调时间状语a´mɯ（昨天），A2句强调主语ʔo（我），A3句强调动宾短语ha:u a´ka:t（去赶集），A4则表示所标记的焦点成分不能是谓语动词后的受事成分，否则句子不成立且不符合句法规则。

3.1.2 焦点敏感算子

德昂语梁方言中有一些词严格地说并算不上焦点标记，然而这些词的出现却能影响句子的焦点选择，如：lu（必须）、mɔ na?（还会）、mɔ lɛi（只会）、muh khɛ?（也是）、muh/mɑh lɛi（只是/只有）、khɛ? muh（要是/如果是）、muh ?ɑh lɛi（确实是）、si si（经常）、?u muh（不是）、tɯ（更）等，这样的词语可称为"焦点敏感算子"。

焦点敏感算子在句法上有其指向和作用的范围，简称为"句法指向范围"，而指向范围内的任何成分都有可能是焦点。实际交谈中，句法指向范围内某个成分和焦点敏感算子在语义上联系紧密，可称其为焦点敏感算子的"语义指向核心"，这个成分是焦点。例如：

lu　　?i naːŋ　　gɔːi　　a´gaːŋ　　tɑːŋ　　pɔːm.
必须　玉能　　在　　家里　　煮　　饭
"必须玉能在家里煮饭。"

lu（必须）是情态动词，"?i naːŋ gɔːi a´gaːŋ tɑːŋ pɔːm"（玉能在家里煮饭）是其句法指向范围，而?i naːŋ（玉能）、gɔːi a´gaːŋ（在家里）和tɑːŋ pɔːm（煮饭）都可以成为其语义指向核心。语义指向不同，焦点也就不一样。换言之，焦点位置的不同会影响句子的语义真值。例如：

a. lu　　?i naːŋ　　gɔːi　　a´gaːŋ　　tɑːŋ　　pɔːm.
　必须　玉能　　在　　家里　　煮　　饭
　"必须玉能在家里煮饭。"（别人不用煮饭，玉能得煮饭）

b. ?i naːŋ　　lu　　gɔːi　　a´gaːŋ　　tɑːŋ　　pɔːm.
　玉能　　必须　在　　家里　　煮　　饭
　"玉能必须在家里煮饭。"（不是去其他地方，而是在家里）

c. ?i naːŋ　　gɔːi　　a´gaːŋ　　lu　　tɑːŋ　　pɔːm.
　玉能　　在　　家里　　必须　煮　　饭
　"玉能在家里必须煮饭。"（不是做其他事情，而是煮饭）

以上a，b，c中紧跟lu（必须）的词语?i naːŋ（玉能）、gɔːi a´gaːŋ（在家里）和tɑːŋ pɔːm（煮饭）分别是这三个句子的焦点。在焦点敏感算子的作用下，信息焦点的不同会影响语义真值。假如ʔi naːŋ（玉能）和ʔi ŋɤːn（玉恩）都要在家里煮饭，那么a是假的，而b和c可以是真的。假如ʔi naːŋ（玉能）除了在家里煮饭之外，还要去工厂煮饭的话，那么b是假的，a和c可以是真的。假如ʔi naːŋ（玉能）在家里除了煮饭，还要洗衣服的话，那么c是假的，a和b则可以为真。

简言之，焦点敏感算子和焦点标记词一样，都可以标记论元焦点，二者都是作为语音实现的辅助手段对句中焦点进行定位与强化，从而使焦点位置明确化、固定化。不同的是焦点标记词本身无实在意义，轻读，省略后基本不改变句义，而焦点敏感算子有原本的句法和语义功能，重读，省略后句义必然改变。

3.2 句法表现手段

3.2.1 语序

3.2.1.1 宾语前置

德昂语梁方言中宾语调至句首是为了加以强调和凸显。例如：

Q：ʔan　　hɔiʔ　　rɔt　　tʃo　　pɤkin　　zaʔ.
　　他　　已经　　到　　过　　北京　　了
　　"他已到过北京了？"

A：pɤkin　ʔan　　naːm　rɔt　tʃo,　ʃaŋhai　ʔan
　　北京　他　　尚未　到　　过　　上海　　他
　　tau　　hɔiʔ　　rɔt　　tʃo.
　　倒是　已经　　到　　过
　　"北京他还没到过，上海他倒是到过了。"

语序是德昂语梁方言表达焦点的重要手段。一般情况下，ʃaŋhai（上海）本应位于动词rɔt tʃo（到过）后，为凸显焦点，相应地调整句子成分的线性位置，将作为宾语的ʃaŋhai（上海）移至谓语动词之前，使之成为信息焦点。

3.2.1.2 分裂句

德昂语梁方言论元焦点还可以采用"muh…ʔi+v…"的分裂结构来

突出焦点，将一个句子分为两段，然后把焦点成分置于muh（是）之后。通常情况下只标示动词前的修饰性成分和名词性成分，可用于回答"哪些人/物"。例如：

a. aʼʔa:i muh aʼʔoʔ ʔi gaʔ.
    阿岩　是　狗　的　咬
   "阿岩是被狗咬的。"（强调施事）

b. muh aʼʔoʔ ʔi gaʔ aʼʔa:i.
    是　狗　的　咬　阿岩
   "是狗咬的阿岩。"（强调施事）

c. muh aʼʔa:i aʼʔoʔ ʔi gaʔ.
    是　阿岩　狗　的　咬
   "阿岩是被狗咬的。"（强调受事）

d. muh lɛk zei ʔi khlɔ:i zɑm.
    是　猪　我们　的　滚　死
   "我们的猪是滚死的。"（强调定语）

随着焦点标记词muh出现在不同位置，论元焦点也有所不同。以上四个句子的焦点分别为施事成分aʼʔoʔ（狗）、受事成分aʼʔa:i（阿岩）和修饰性成分zeiʔi（我们的）。强调施事、受事成分时，除了使用"muh⋯ʔi+v⋯"分裂结构外，还可以同时采用调整语序的方式凸显焦点，如a、b、c句子中既使用分裂结构形式，同时还把施事成分aʼʔoʔ（狗）、受事成分aʼʔa:i（阿岩）分别移到muh之后，成为信息焦点。

3.2.2 省略非焦点成分

同上述谓语焦点结构一样，某种特定谈话语境中，德昂语梁方言的论元焦点结构也可以使用最经济、最有效的句法手段来凸显焦点，即省略非焦点成分。省略句中不重要的信息成分，使句子表达的重点置于句首、句末或单独呈现，论元焦点就会被凸显出来。例如：

Q：aʼʔa:i tɛh sʼlaʔ ʔɯ.
    阿岩　摔碎　碗　这

"阿岩摔碎了这碗?"

A: a. (muh) aʹsɛi ʔi tɛh.
　　　是　　阿赛　的　摔碎
　　"（是）阿赛摔碎的。"

　b. (muh) aʹsɛi.
　　（是）　阿赛
　　"是阿赛。"

4 结语

本文探讨了德昂语梁方言各类焦点结构的词汇、句法表现手段，除语音表现手段之外，常使用焦点标记词、焦点敏感算子、宾语前置或后置、分裂句、省略非焦点成分等语法手段凸显焦点。焦点标记词和焦点敏感算子作为标示焦点的词汇手段，都是作为语音实现的辅助手段对句中的焦点进行定位与强化，使焦点位置固定化、明确化。特定语境中，焦点敏感算子、宾语前/后置、分裂句、省略非焦点成分等都可以不同程度地与焦点标记词同时标记或凸显焦点。其中，语序、省略非焦点成分可表达谓语焦点和论元焦点，但这两种焦点结构调整语序的方式略有不同，谓语焦点常将宾语调到句末（宾语后置），而论元焦点则将宾语调至句首（宾语前置），从而突出句子表达的重点。在不同语境中，针对不同问句形式，二者所省略的成分也有所不同。

主要参考文献

[1]陈兴.结果次谓语结构的焦点凸显[J].外语学刊，2014（4）：39-42.

[2]董秀芳.无标记焦点和有标记焦点的确定原则[J].汉语学习，2003（4）：10-16.

[3]方经民.有关汉语句子信息结构分析的一些问题[J].语文研究，1994

（2）：39-44.

[4]方梅.汉语对比焦点的句法表现手段[J].中国语文，1995（4）：279-288.

[5]顾钢.话题和焦点的句法分析[J].天津师范大学学报，2001（1）：76-80.

[6]黄瓒辉.焦点、焦点结构及焦点的性质研究综述[J].现代外语，2003（4）：428-438.

[7]黄建平，李波.非常规语序句中焦点结构的认知基础及句法表征[J].外语与外语教学，2015（5）：55-60.

[8]刘鑫民.焦点、焦点的分布和焦点化[J].宁夏大学学报，1995（1）：79-84.

[9]刘丹青，徐烈炯.焦点与背景、话题及汉语"连"字句[J].中国语文，1998（4）：243-252.

[10]潘建华.每个句子都有焦点吗？[J].山西师大学报，2000（3）：123-126.

[11]徐烈炯，潘海华.焦点结构和意义的研究[M].北京：外语教学与研究出版社，2005.

[12]徐烈炯，刘丹青.话题与焦点新论[M].上海：上海教育出版社，2003.

[13]温锁林.关于焦点问题[J].广西师范大学学报，2001（1）：42-45.

[14]王玲，王蓓，尹巧云，等.德昂语布雷方言中焦点的韵律编码方式[J].中央民族大学学报，2011（2）：129-133.

[15]张黎.句子语义重心分析法刍议[J].齐齐哈尔师范学院学报，1987（1）：63-67.

[16]周士宏.从信息结构角度看焦点结构的分类[J].汉语学习，2008（5）：35-42.

怒苏语话题的类型

罗自群

摘 要： 怒苏语属于汉藏语系藏缅语族彝语支，其话题类型与亲属语言相比既有共性又有个性。ma³⁵kua³¹/ kua³¹是怒苏语的话题标记，根据话题标记的有无可以分为话题句和非话题句，同时根据话题标记的数量可以分为简单话题句和复杂话题句。有话题标记的话题句和没有话题标记的非话题句在怒苏语中是可以同时存在的，也可以交替使用，甚至融为一体。

关键词： 怒苏语；话题标记；话题句；非话题句

怒苏语是云南怒江傈僳族自治州福贡县怒族怒苏支系使用的语言，是主语－宾语－谓语（Subject-Object-Verb，SOV）型语言，属汉藏语系藏缅语族彝语支。本文借助田野调查材料，对怒苏语中部方言知子罗话话题句的结构类型进行相对全面的描写和分析。它不仅有话题句，还有话题标记ma³⁵kua³¹（省略形式为kua³¹）。

根据有无话题标记，本文把怒苏语中有话题标记的句子称为话题句，反之为非话题句。怒苏语的话题句由话题、话题标记和述题三部分组成，只有一个话题标记的句子为简单话题句，有两个及以上话题标记的句子为复杂话题句。

1 怒苏语的简单话题句

怒苏语知子罗话的简单话题句可表达为"话题+话题标记+述题"。话题一般由名词或名词性短语充当,述题常由动词、形容词或谓词性短语以及名词或名词性的短语充当。例如:

(1) lu⁵⁵ɹa³⁵mi³¹ɑ³¹　　ma³⁵kuɑ³¹　　khɑ³⁵ŋi³¹ma⁵⁵ŋi³¹　　ɹɑ⁴²ŋɑ̃ɹ⁵⁵　　ɹɑ⁴²,
　　姑娘　　　　　　Topic①　　　　每天　　　　　　　麻布　　　　织
　　gɹə³⁵　ɕi³¹.
　　唱歌　着
　　"姑娘每天照样织布、唱歌。"

(2) ŋɑ̃⁴²za⁵⁵　　ma³⁵kuɑ³¹　　khɑɹ⁵⁵tɑ³¹lɑ³¹ɑ³¹　　e³¹　　tu⁴²lɔ⁵⁵ɔ³¹　　do³⁵
　　小鸟　　　Topic　　　　大蟒蛇　　　　　　　的　　拐杖　　　　里
　　na³¹　tə̃³¹　la³⁵　le³¹.
　　停　　落下　来　　连词
　　"小鸟便落下停在大蟒蛇的拐杖上了。"

(3) mɛ³⁵mɛ³¹　　ma³⁵kuɑ³¹　　dzi³¹ŋue³⁵m̩³⁵　　mo³¹ioŋ³¹　　ge³⁵
　　谷子　　　 Topic　　　　金灿灿的　　　　 非常　　　　好
　　le³¹.
　　连词
　　"谷子长得金灿灿的,非常好。"

(4) ʔŋoŋ³¹dɯ³¹　　ma³⁵kuɑ³¹　　mi³¹khɹu³⁵　　tɕhi⁵⁵　　ne⁴²
　　他们　　　　 Topic　　　　山神　　　　　氏族　　　呢
　　huɑ̃³⁵　　ne⁴²dze⁵⁵.
　　说　　　 示证
　　"他们自称是山神氏族。"

---

① 本文的"Topic"表示话题标记、"HRS"表示证标记、"ACC"表示宾格标记,"COOC"表示连词。

（5）ɕi³⁵　　goŋ³⁵　　ma³⁵kua³¹　　m³¹tɕhɯ⁵⁵mi³¹a³¹　　e³¹　　bə̃³¹
　　这　　头　　Topic　　　　寡妇　　　　　　被　　打
　　guẽ⁴²a³¹　　thi³⁵　　goŋ³⁵　　ne⁴²dze⁵⁵.
　　弯　　　一　　　头　　　示证
　　"这头就是被寡妇打弯了（鼻子）的那一头了。"

（6）thi⁴²　　lia⁴²　　ma³⁵kua³¹　　u³¹ti³⁵pu³⁵　　ma⁴²　　le³¹,　　sua³⁵
　　一　　　夜　　　Topic　　　　吴地布　　　　做梦　　连词　　龙潭
　　tɕoŋ³¹　　do³⁵,　　ʔŋoŋ⁵⁵　　le³¹　　u³¹ma³⁵tshu³¹　　thi⁴²ɹa³⁵
　　旁边　　　里　　　她　　　　连词　　谷玛楚　　　　　一处
　　ɹɯ³⁵　　tɕi³¹　　le³¹.
　　遇见　　一起　　连词
　　"一天晚上，吴地布做梦，梦见在龙潭边，她与谷玛楚见面了。"

例（1）、例（2）、例（3）的话题为普通名词，例（4）、例（5）的话题是代词，例（6）的话题是时间词；例（3）的述题是形容词性短语，例（4）的述题是名词性短语。

（7）na⁴²a³¹　ba³⁵,　　su³⁵　　thi⁴²　　ʔiu⁴²　　ŋi³⁵a³⁵　　ne⁴²dze⁵⁵,　　ʔŋe⁵⁵　　e³¹
　　从前　　　　人　　　一　　　个　　　有　　　　示证　　　　他　　　的
　　mə̃³⁵　　ma³⁵kua³¹　　la³¹bi⁵⁵　　hũ³⁵　　mə̃³¹a⁵⁵a³¹　　ne⁴²dze⁵⁵.
　　名字　　Topic　　　　腊比　　　叫　　　取（名）　　　示证
　　"从前，有一个人，他取名叫腊比。"

（8）xɹui³⁵　　ba³⁵,　　tɕhɛ³¹xo³¹　　huã³⁵　　ma³⁵kua³¹　　a³⁵su³¹　　phi⁵⁵xo³¹
　　过去　　时　　　前河　　　　　说法　　　Topic　　　　现在　　　匹河
　　ba³¹　　liaɹ⁵⁵　　phɹe³¹　　li³¹a³¹　　pha³¹khɹoŋ⁵⁵　　ne⁴².
　　里　　　流　　　　到　　　　来　　　父亲河　　　　　呢
　　"过去称之前河的，是现在流入匹河的父亲河。"

例（7）、例（8）的话题是名词性短语。

（9）lu⁴²thoŋ³⁵　　kɯ³⁵a³⁵　　ɕi³¹du³⁵a³⁵　　ma³⁵kua³¹　　khaɹ⁵⁵bɹa⁴²ta³¹a³¹
　　岩洞　　　　　里面　　　　这里　　　　　Topic　　　　大花蛇

ȵi³⁵dzaɻ³⁵ ne⁴²dze⁵⁵.

住处　　　　示证

"这个岩洞里面是（那条）大花蛇的住处。"

例（9）的话题是表示处所的短语，述题是名词性短语。

（10）ŋa³¹dɯ³¹ ɕi³¹ ɕə⁴² la³⁵ ma³⁵kua³¹ nu³⁵su³⁵ e³¹ gɯ⁵⁵buɛ³¹

　　　我们　　这　次　来　Topic　　怒苏　的　古老文化

na³⁵ tɕha⁴² la³⁵ tɕi³¹ia³¹. mo³¹ioŋ³¹ ge³⁵ ga³¹.

宾语　查　　啦　一起　　　非常　　　好　　了

"我们这次来，（就）是一起调查怒苏的古老文化的。很好啊。"

例（10）"我们这次来"是话题，是名词短语，表示一件事。

（11）ɑ³⁵su³¹ e³¹ ze³⁵be³⁵ lia³¹dzoŋ³⁵ ne⁴², li³¹si³⁵ dzɑ⁴²

　　　现在　　的　小板栗　　坪地　　　呢　　傈僳　话

mɑ³⁵kuɑ³¹ kuɑ³⁵lɛ³⁵ŋɛ³⁵.

Topic　　　挂拉安

"现在的小板栗坪地呢，傈僳语叫挂拉安。"

例（11）中语气词"ne⁴²"仅表示停顿，话题是后面的"傈僳语"，述题也是名词。

在一段故事的叙述中，说话者往往也是话题，在话题和所说内容之间，用话题标记来凸显话题。

（12）thi⁴² ȵi³¹ ba³⁵, ɑ³⁵ba³¹ mɑ³⁵kuɑ³¹ ʔŋe⁵⁵ e³¹ za⁵⁵ na³⁵

　　　一　　天　时　父亲　　Topic　　　他　的　儿子　宾语

ŋa³⁵ ɑ³¹mə⁴² lia³⁵ do³⁵ thi⁴² phe⁴² ɻu³¹ la⁵⁵ɑ³¹ hũ³⁵

我　包谷　　土地　里　一　　次　　看　去　　　说

khuẽ³⁵ kaɻ³¹ le³¹.

走　　　了　　连词

"有一天，父亲给儿子说：'我到包谷地里看看。'说完就走了。"

2 怒苏语的复杂话题句

怒苏语的复杂话题句又可根据话题标记出现的位置和话题的语义关系，分为连用和套用两种结构类型。

2.1 话题连用的话题句

话题连用的话题句中，连续出现的几个话题之间是并列关系。例如：

（13）ʒu³⁵tɯ³⁵　　ma³⁵kua³¹　li³¹si³⁵　　dza⁴²　　ne⁴²，　ʒɯ³⁵a³⁵
　　　汝斗　　　Topic　　　傈僳　　　话　　　呢　　　坡坡
　　　ma³⁵kua³¹　nu³⁵su³⁵　　dza⁴²　　ne⁴².
　　　Topic　　　怒苏　　　　话　　　呢
　　　"汝斗，是傈僳语；坡坡，是怒苏语。"

例（13）中的两句话是对举关系。

（14）thi⁴²　ʔiu⁴²　ma³⁵kua³¹　la⁵⁵phi³⁵，thi⁴²　ʔiu⁴²　ma³⁵kua³¹
　　　一　　个　　Topic　　　拉皮　　　一　　个　　Topic
　　　gua³¹lio³¹. la⁵⁵phi³⁵　ma³⁵kua³¹　saɹ⁴²tɕi³¹　ba³⁵　mo³¹ioŋ³¹　ɣa⁵⁵，
　　　刮留　　　拉皮　　　Topic　　　打仗　　　时　　非常　　　能干
　　　gua³¹lio³¹ ma³⁵kua³¹　li⁵⁵　mo³¹ioŋ³¹　be⁴²　zoŋ³¹　tɕhyi⁴²，
　　　刮留　Topic　　　也　非常　　　　射　　中　　　能
　　　do³⁵le³¹，　ma³⁵kua³¹　iɯ⁵⁵　mo³¹ioŋ³¹　khɹa³¹　daɹ⁵⁵.
　　　又　　　　Topic　　　案　　非常　　　　断（案）公正
　　　"一个叫拉皮，一个叫刮留。拉皮作战非常勇敢，刮留是射箭能手和断案能人。"

例（14）这段话里，有5个话题（标记），第一个话题和第二个话题对举，第三个和第四个话题对举，第四、第五个话题标记共用同一个话题，两个述题之间形成平行关系。

（15）hũ³⁵　bue³¹a³¹　ba³⁵，　a³⁵dɛ³¹　e³¹　tʃhɛ̃⁴²　dzoŋ⁵⁵a³¹　do³⁵
　　　说　　完　　　时　　　哥哥　　对　　羊　　　群　　　　里

thi⁴²	dzoŋ⁵⁵	ɕe³⁵xui⁴²	le³¹.	a³⁵pɹu³⁵	na³⁵	tʃhə̃⁴²	da⁵⁵pha⁴²
一	声	一抽	连词	弟弟	ACC	羊	下面

ba³¹	khuẽ³⁵	kaɹ³¹	ma³⁵kua³¹	ŋe⁵⁵	e³¹	ha³⁵,	khɹa³⁵phɹoŋ³⁵
里	跑	了	Topic	你	的	了	路

də³¹pha⁴²	ba³¹	khuẽ³⁵	kaɹ³¹	ma³⁵kua³¹	ŋe³⁵	e³¹	ha³⁵,
上面	里	跑	了	Topic	我	的	了

a³¹i³⁵toŋ³⁵	m³⁵	xue⁴²	le³⁵	khuẽ³⁵	nɯ³¹	hũ³⁵.
各自	做	赶	带	跑	要	说

"话一说完，哥哥在羊群中间打了一响鞭，并且告诉弟弟：'羊子跑到路下边的是你的，跑到路上边的是我的，各自赶着走吧！'"

例（15）这段话里，哥哥对弟弟说的话中有两个话题，形成对举。

（16）
la³⁵da³⁵go³¹	ba³¹	khuẽ³⁵	su³⁵	kua³¹,	ka³¹mɯ³¹de³⁵	ba³¹	biu⁴²
拉打各	里	跑	人	Topic	嘎麻底	里	流浪

su³⁵	kua³¹,	thi⁴²	ʔiu⁴²	do³⁵	la³⁵	su³⁵	ma⁵⁵khyi³¹.
人	Topic	一	个	回	来	人	没有

"逃往拉打各的人，去嘎麻底流浪的人，没有一个人回来。"

例（16）中"逃往拉打各的人"和"去嘎麻底流浪的人"也形成对举。

2.2 话题套用的话题句

话题套用的话题句，不同话题的语义地位有所不同，有大话题和小话题之别，一般大话题在前，小话题在后，出现在大话题的述题中，从而形成一种大话题包含小话题的套用关系：大话题–述题（小话题+小述题）。例如：

（17）
gu³¹ma³⁵tshu³¹	ma³⁵kua³¹,	ŋa³⁵	ma³⁵kua³¹	no⁵⁵lu⁴²su³⁵,
谷玛楚	Topic	我	Topic	放牛人

ŋoŋ⁵⁵	ma³⁵kua³¹	ɹa³¹su³⁵	e³¹	za⁵⁵.
你	Topic	富人	的	女儿

"谷玛楚说：'我是放牛娃，你是富人的女儿。'"

例（17）有3个话题标记，第一个话题标记前的话题"谷玛楚"是大话题，后面又出现两个对举的话题，从而形成主从关系。

（18）tɕuɑ³⁵　　ma³⁵kuɑ³¹　nɔ⁵⁵　thɯ³⁵　phoŋ³⁵　do³⁵　ha³⁵　thi⁴²
　　　相传　　　Topic　　　牛　　那　　　群　　　里　　的　　一
　　　goŋ³⁵　　khɹɯ³⁵ɑ³⁵　ma³⁵kuɑ³¹　nə³¹　ɕɑ³⁵　khɹɯ³⁵ɑ³⁵
　　　头　　　角　　　　　Topic　　　呢　　铁　　角
　　　bə̃³¹　　le³¹　　　tsu⁴²　　ta⁴²ɑ⁵⁵ɑ³¹　　ne⁴²dze⁵⁵.
　　　打　　　连词　　　套　　　住　　　　　示证
　　　"相传那群牛里有一头的角是用铁角套套上去的。"

例（18）中"相传"是大话题，后面的都是它的述题，在述题中又出现了一个小话题"那群牛里有一头的角"。话题标记后面还出现了一个语气词"nə³¹"（呢），表示停顿。

（19）ʔiu⁴²ɑ³¹phi⁵⁵　ba³¹　ha³⁵　iɔ³⁵thoŋ³⁵　ma³⁵kuɑ³¹　ɕa⁵⁵,　ʒi³⁵,
　　　男方　　　　里　　的　　家人　　　　Topic　　　　肉　　酒
　　　tshi⁵⁵khɑ³⁵　ma³⁵kuɑ³¹　dɑ³⁵biɹ³⁵　syi³¹　ɹɑ³⁵　de³¹
　　　饭　　　　Topic　　　　达比亚　　　跳舞　　地方　野外
　　　dzoŋ⁵⁵ɑ³¹　do³⁵　te³⁵　bi³¹　li³¹ɑ³¹　ne⁴²dze⁵⁵.
　　　平地　　　里　　抬　　给　　来　　　示证
　　　"男方的家人把肉、酒、饭送到跳舞的平地上。"

话题连用的话题句中，话题没有主次之别，只有先后顺序不同，而话题套用的话题句中，话题有大小之别。此外，值得注意的是，话题句和非话题句之间并非泾渭分明。

例（20）是双宾句，不同于一般话题句中的"龙大"是主语，不是话题，"讲、告诉"是谓语，"父亲"是指人宾语。因要强调"详详细细"给父亲说的内容，指物宾语加了话题标记，而整句话不是话题句。

（20）liu³⁵ta³¹ɑ³¹　lɑ³¹ɑ³¹　ma³⁵kuɑ³¹　khɹoŋ⁵⁵　tɕoŋ³¹　ba³¹　ŋã⁴²za⁵⁵
　　　龙大　　　去　　　　Topic　　　　河　　　旁边　　　里　　小鸟

mẽ³⁵a³⁵	ma³⁵kua³¹	ʔŋoŋ³¹	ba³¹	na³⁵	dɔ³⁵lɔ³⁵di³¹li³¹	m̥³⁵
叫	Topic	他	父亲	宾语	详详细细	地

tɕua³⁵	ʃa ɹ⁴²a³¹	ne⁴²dze⁵⁵.				
讲	告诉	示证				

"龙大把去河边（玩）、听见鸟叫声的事儿详详细细地告诉了父亲。"

(21)
za⁵⁵	vɹi⁵⁵	dza³⁵	ma³⁵kua³¹	na³⁵,	mi⁵⁵le³¹loŋ³⁵	m̥³⁵
儿女	四	对	Topic	宾语	夫妻	做

ta⁴²thu³¹	le³⁵.					
婚配	给					

"四对儿女，相互婚配为夫妻。"

例（21）隐藏了"父母"这一施事者，"四对儿女"既是话题，又是"给"的受事者，所以话题标记后面还有宾格标记。

3 结语

怒苏语的话题一般是和前文有关的信息。话题标记对话题有进一步凸显的作用，以话题标记的多少和不同话题之间语义关系为标准，可以分为简单话题句和复杂话题句；复杂话题句可分为话题的连用和套用两种类型。有话题标记的话题句和没有话题标记的非话题句在语言中可同时存在，交替使用，甚至融为一体。期待随着调查的不断深入，还会有新的发现和更为细致、全面且深入的描写与解释。

主要参考文献

[1]曹逢甫.主题在汉语中的功能研究：迈向语段分析的第一步[M].北京：语文出版社，1995.

[2]戴庆厦.景颇语的话题[J].语言研究，2001（1）：100–105.

[3]胡素华.凉山彝语的话题结构：兼论话题与语序的关系[J].民族语文，2004（3）：9-15.

[4]李泽然.论哈尼语的话题[J].中央民族大学学报，2007（5）：74-79.

[5]刘丹青.语法调查研究手册[M].上海：上海教育出版社，2008.

[6]柳英绿.朝汉语语法对比[M].延吉：延边大学出版社，1999.

[7]石毓智.汉语的主语与话题之辨[J].语言研究，2001（2）：82-91.

[8]徐烈炯，刘丹青.话题的结构与功能[M].上海：上海教育出版社，1998.

[9]张军.藏缅语话题结构的特征与类型[J].民族语文，2012（6）：46-54.

[10]张伯江，方梅.汉语功能语法研究[M].南昌：江西教育出版社，1996.

[11]赵燕珍，李云兵.论白语的话题结构与基本语序类型[J].民族语文，2005（6）：10-22.

[12]赵元任.汉语口语语法[M].北京：商务印书馆，1979.

[13]朱德熙.语法讲义[M].北京：商务印书馆，1982.

[14]朱德熙.语法答问[M].北京：商务印书馆，1985.

论哈尼语的话题及其标记

李泽然

摘要： 哈尼语是一种分析性语言，它的格和形态不发达，主语后通常没有格标记，与谓语之间也没有一致性关系，句首是哈尼语话题的默认位置。助词 no³¹ 是使用频率很高的专用话题标记，用于相关性话题和对比性话题之后，它是一种后置的、非强制性的语用标记，可以省略。

关键词： 哈尼语；话题特征；话题类型；话题标记

话题（Topic）是当代语言学中一个十分重要的概念，也是近半个世纪以来世界语言学界和我国汉语等语言学界的热门话题。由于话题牵涉句子的构造方式和表达功能之间的关系问题，即语用上"话题-说明"怎样用"主语-谓语"等句法结构来表达。因此，话题成了形式语法学和功能语法学的共同话题。话题对于哈尼语尤其重要，因为哈尼语缺少形态变化，主语、谓语等句法成分没有显性的形式标志。于是，话题跟哈尼语句子的基本结构及有关成分的关系问题就显得非常复杂，值得深入研究。

哈尼语的话题有其自身的特点，也有相应的话题标记。本文以云南省绿春县老马村的哈尼话为例，描述哈尼语话题的作用及特征，分析哈尼语话题的类型及分布，并探讨话题标记的来源及其使用特点等。

1 哈尼语是话题优先的语言

"话题优先型语言"（Topic-Prominent Language）这一概念最早由 Li & Thompson（1976）提出。他们认为在一些语言中，句子的基本结构表现为话题–述题关系而不是主语–谓语关系，在这些语言中，话题可以看作与主语一样基本。以主语优先和话题优先为参项，他们提出一种基于语法关系的类型学分类，把语言分为：（1）主语优先型语言，如印欧语系语言；（2）话题优先型语言，如汉语普通话、傈僳语、拉祜语；（3）主语话题并重型语言，如日语和韩语；（4）既不是话题优先型也不是主语优先型语言，如菲律宾的他加禄语（Tagalog）。徐烈炯、刘丹青（2007）认为"拥有专用的话题标记，也许是话题优先语言的一种重要表现"。徐烈炯（2007）提出话题结构的多样性是话题优先型语言的特点。刘丹青（2009）指出"话题优先表现为话题成为语法系统中一种基本、现成而常规的句法位置，在句法系统中被高度凸显，而不仅作为一种语用成分"。

哈尼语是动词居末型语言。作为一种分析性语言，哈尼语的格和形态不发达，主语后没有格标记，与谓语也没有一致关系。

哈尼语的句子都可以分析为话题–述题结构，句首是话题的默认位置，句子的其余部分作述题，对话题进行陈述、判断或说明。哈尼语话题的标示手段有语序、话题助词、韵律（延时和停顿）三种。话题助词 no^{31} 是使用频率很高的专用话题标记。所谓专用话题标记，是指"该标记的作用就是表明所附着的实词性成分是句子的话题成分"，它不表示其他的语义或话语功能。（徐烈炯、刘丹青，2007）哈尼语的话题标记 no^{31} 不是从其他功能发展来的，除标示话题以示强调、对比、停顿外，无其他具体语义。

话题标记 no^{31} 可以用于标记各类句法成分作话题，也可以标记不同的词类（实词）作话题。在有些结构（如判断句）中，它们已句法化，呈现出强制性的趋势。根据前人关于话题优先型语言特点的研究，笔者认为哈尼语属于话题优先型语言。哈尼语的话题具有凸显性，表现在除了有专用话题标记nɔ³¹外，还有一些兼有其他句法语义功能的兼用话题标记，例如a³¹"呀"，li³¹"也"等，它们的使用范围有条件限制，不同类型的话题后使用不同的标记。

哈尼语的虚词nɔ³¹用在话题结构后，表示对话题结构的定位和强调，是最常用的话题标记。话题本来就是常用于突出重点、相互对比，或是疑问、转折、否定等语义，故话题助词nɔ³¹也常含有这些语义。

2 哈尼语的话题特征

哈尼语的话题既具有人类语言的共性也具有自身的特性，主要有已知性、前置性、话题可由多种语法成分充当和话题后可停顿或加语气助词等特征。例如：

（1）a⁵⁵u̠³³　　nɔ³¹　　ŋa³³ja³¹　dɔ³³　dza³¹　khɯ⁵⁵.
　　　蛋　　　Topic　我们　　很　　吃　　喜欢
　　"蛋我们很喜欢吃。"

（2）xha³³u̠³³　nɔ³¹　　a³¹ma³³　ga⁵⁵dzɤ³³　ɔ³¹　dza³¹　li³³　a⁵⁵.
　　　鸡蛋　　Topic　妈妈　　街子　　　卖　（助）　去　了
　　"鸡蛋妈妈上街去卖了。"

例（1）中说话人可判定对方知道a⁵⁵u̠³³是什么；例（2）中的xha³³u̠³³（鸡蛋）是定指，说话人可判定听话人知道xha³³u̠³³。

（3）gu³¹bo³³　ji⁵⁵sɛ⁵⁵　no³¹　　jo⁵⁵　　tɕho³³　za³³.
　　　古波　　医生　　你（宾助）　找　　　呢
　　"古波医生在找你呢。"

gu³¹bo³³ ji⁵⁵sɛ⁵⁵"（古波医生）是共享的信息。

（4）ɛ³¹shi³³　gɯ³³dza³³　dza³¹la³¹　ɣ³³　mi³¹ŋɛ³¹　dø⁵⁵, no⁵⁵　tshi³¹　tha³¹
　　　刚才　　商量　　　（助）　　的　事情　　　那些　你　　一　　　遍
　　　ɛ⁵⁵　　shi³¹.
　　　说　　再

"刚才商量的事情，你再说一遍。"

ε³¹shi³³ gɯ³³dza³³ dza³¹la³¹ ɤ³³ mi³¹ŋε³¹ dø⁵⁵（刚才商量的事情）为共享的信息。

（5）a⁵⁵ba³³ tshi³¹ɤ³³ sε³¹ nɔ³³ ø⁵⁵dzɔ⁵⁵, ŋa³¹ ɤ³³ ŋa³³.
　　 姐姐　 洗的　　鞋　那　双　　　我　的　是
　　"姐姐洗的那双鞋是我的呢。"
　　sε³¹nɔ³³ ø⁵⁵dzɔ⁵⁵（那双鞋）是可获知的信息。

哈尼语属SOV型语言，前置性主要指话题位于述题之前。例如：

（6）a³¹da³³　nɔ³¹　 xhɔ⁵⁵dɔ⁵⁵ a³³　　 li³³ a⁵⁵.
　　 父亲　 Topic　 山上　 （方助）去　了
　　"父亲去山上了。"

主语a³¹da³³（父亲）是句子的话题。

（7）ŋa⁵⁵　nɔ³¹　 ɣa³¹dza⁵⁵ ɣa³³ tsɤ³³ li³³ ŋa³³.
　　 我　 Topic 猪食　　 得　 摘　去（助）
　　"我得去摘猪食。"

主语ŋa⁵⁵（我）是句子的话题。

（8）a³¹jo³¹ nɔ³¹　 pho³¹bja³³mɯ³³ ŋa³¹shi³¹ kɤ³¹.
　　 他　 Topic　 糖　　　　　　好几颗　 有
　　"他有好几颗糖。"

主语a³¹jo³¹（他）是句子的话题。

但当宾语和状语等做话题时得把宾语和状语等提到句首，表示强调。例如：

（9）tɕhε⁵⁵du³³ nɔ³¹, ŋa⁵⁵ ɕhi⁵⁵ mɯ⁵⁵ŋa³³ xu³¹ dɔ³³ dza³¹ mɔ³¹
　　 玉米　 Topic 我　 这　 好几　　 年　 很　吃　想
　　 ja³³.
　　（助）
　　"这几年，我很想吃玉米。"

（10）mi⁵⁵nɔ³³　nɔ³¹,　ŋa⁵⁵　i³³ma³³　ji⁵⁵　a⁵⁵.
　　　昨天　　Topic　我　　迪玛　　去　　了
　　　"昨天，我去迪玛（村）了。"

哈尼语句子的话题可由主语、宾语、状语、特定定语和补语等句法成分充当。例如：

（11）a³¹ma³³　nɔ³¹　ga⁵⁵dʐɤ³³　dʐu̠³¹　li³³　a⁵⁵.
　　　妈妈　　Topic　　街子　　　赶　　　去　　了
　　　"妈妈去赶街了。"

正常语序中a³¹ma³³为句子的主语，同时也是句子的话题。例如：

（12）xha³³ma³³　nɔ³¹　xha³³za³¹　jo⁵⁵　shɻ³¹　a⁵⁵nɛ³³　xha³³　dza⁵⁵
　　　鸡母　　　Topic　鸡小　　　（宾助）领　　（连）　鸡　　　食
　　　dza³¹.
　　　吃
　　　"母鸡领着小鸡吃鸡食。"

（13）phɛ⁵⁵xhɔ³¹　nɔ³¹　mi⁵⁵nɔ³³　ga⁵⁵dʐŋ³³　nɛ³³　ɣɤ⁵⁵　ji³³　la³¹　ɤ⁵⁵
　　　衣服　　　Topic　昨天　　　街子　　　从　　买　　来　（助）的
　　　ŋa³³.
　　　是
　　　"衣服是昨天从街上买的。"

以上例句中xha³³ma³³、phɛ⁵⁵xhɔ³¹为句子的主语，同时也是句子的话题。

（14）xha³¹ŋi̠³¹　a³¹tɕhi³¹,　ŋa³³ja³¹　tɕi³³dzo⁵⁵nɛ³³　dza³¹.
　　　哈尼　　　豆豉　　　我们　　　经常　　　　　　吃
　　　"哈尼豆豉，我们经常吃。"

此外，哈尼语里有生命度的人和动物等做宾语时，经常要带宾语助词。例如：

（15）ŋa⁵⁵　a³¹jo³¹　jo⁵⁵　di³¹.
　　　我　　他　　（宾助）打
　　　"我打他。"

（16）no⁵⁵ a³¹ŋu³¹ jo⁵⁵ ŋu³¹ dza⁵⁵ bi³³ dza³¹.
　　　你　牛　（宾助）牛　草　给　吃
　　　"你给牛吃食料。"

（17）a³¹jo³¹ a⁵⁵mi⁵⁵ jo⁵⁵ dɔ³³ ɣø⁵⁵ ŋa³³.
　　　他　猫　（宾助）很　喜欢（助）
　　　"他很喜欢猫。"

（18）xhu³³tɕa̱³¹ a⁵⁵mi⁵⁵ jo⁵⁵ lɛ³¹ lɛ⁵⁵ ŋɔ³¹ɔ⁵⁵ nɔ⁵⁵ ma³¹
　　　老鼠　　猫　（宾助）赶（助）现在　（助）没
　　　mo⁵⁵ bɛ³³.
　　　见　　过
　　　"老鼠追猫，（我）现在才见过。"

在哈尼语里，宾语靠助词的帮助，能提到句首，既可以起到强调的作用，也可以做话题。如以上例子中，宾语"他""牛""猫"等都带宾语助词，它们都能提到句首，成为句子的话题。这时虽然句子的意义没有改变，但起到强调的作用。例如：

（19）a³¹jo³¹ jo⁵⁵　nɔ³¹　ŋa⁵⁵ di³¹.
　　　他　（宾助）Topic　我　打
　　　"他呢，我打了。"

（20）a³¹ŋu³¹ jo⁵⁵　nɔ³¹ no⁵⁵ ŋu³¹ dza⁵⁵ bi³³ dza³¹.
　　　牛　（宾助）Topic 你　牛　草　给　吃
　　　"牛呢，你给（它）吃食料。"

（21）a⁵⁵mi⁵⁵ jo⁵m　nɔ³¹，a³¹jo³¹ dɔ³³ ɣø⁵⁵³¹ a³¹.
　　　猫　（宾助）Topic 他　很　喜欢（助）
　　　"猫呢，他很喜欢。"

（22）a⁵⁵mi⁵⁵ jo⁵⁵　xhu³³tɕa̱³¹ lɛ³¹ lɛ⁵⁵ nɔ³¹ ŋɔ³¹ɔ⁵⁵ nɔ⁵⁵
　　　猫　（宾助）老鼠　赶（助）Topic 现在（助）
　　　ma³¹ mo⁵⁵ bɛ³³.
　　　没　见　过
　　　"老鼠追猫呢，（我）现在才见过。"

哈尼语里，说话人可以选择时间、地点等状语作为话题。例如：

（23）nɔ³³tɕi̠³³, a³¹jo³³ma³¹ la³¹xhø⁵⁵ a³³ xho³¹ ma³¹ dza³¹
明晚　　　他们　　　家　　（方助）饭　不　吃
xu̠³¹ la⁵⁵ a⁵⁵.
回　来　了
"明晚，他们不回家吃饭了。"

正常语序为：a³¹jo³³ma³¹ nɔ³³tɕi̠³³ la³¹xhø⁵⁵ a³³ xho³¹ ma³¹ dza³¹ xu̠³¹ la⁵⁵ a⁵⁵。通过语序手段将状语调整至句首，使之成为句中主话题——被谈论的对象或中心；而句中的主语为次话题，是谓语关涉的对象。例如：

（24）ɕha⁵⁵tɕhɔ⁵⁵ ɣo⁵⁵tɕhɛ³³ nɔ³¹, ŋa⁵⁵ja³¹ ma³¹ thɔ³³ li³³ u⁵⁵.
田棚　　　里　　　Topic 我们　没　进　去（句尾）
"田棚里呢，我们没有进去。"

（25）xha³¹ŋi̠³¹ ga⁵⁵tɕhø³³ nɔ³¹, ga⁵⁵ mo⁵⁵ du̠³³ li³³ tsho⁵⁵ u³¹
哈尼　　路数　　　Topic 路　远　出　去　人　回
ji̠³³ ŋɔ³¹, a³¹xha³³ ɣa³³ sɛ³¹.
来　的话　鸡　得　杀
"按哈尼族的习俗呢，出远门的人回来，就得杀鸡。"

哈尼语中的类结构助词 lɛ⁵⁵ 可将任何原句（直接引语）引入，充当句中补语，成为句中话题，构成话题-述题结构。例如：

（26）pja³³sɔ̠³³ lɛ⁵⁵ ŋɔ³¹, xhɤ³¹tɕɛ²⁴ dɔ̠³³ pja³³sɔ̠³³, thø⁵⁵li³¹ a³¹jo³¹
啰嗦（助）的话　何健　很　啰嗦　但是　他
mi³¹ŋɛ³¹ ɔ⁵⁵ ŋɔ³¹ dɔ̠³³ khɔ⁵⁵.
活计　干　的话　很　快
"要说啰嗦啊，何健很啰嗦，但他干活却很快。"

（27）sho³¹ɣa³¹ dzo⁵⁵ lɛ⁵⁵ ŋɔ³¹, dzɤ³¹xhu³¹ dɔ̠³³ dzo⁵⁵ ŋa³³,
书　读　（助）的话　就福　很　读　会
gɔ⁵⁵dzo⁵⁵ khø⁵⁵mi³¹ a³³ khɔ³³ da̠³³.
高中　昆明　（方助）考　上
"要说读书啊，就福会读，高中考上了昆明。"

哈尼语句子的话题后可有短暂的停顿或加语气助词，但这并非判断某一成分为话题的标准。例如：

（28）a⁵⁵dʐɤ⁵⁵ nɔ³¹　ɕhi⁵⁵mɯ³³ŋa³¹　nɔ³³　a⁵⁵ma³³　a³³　　ja³³ma³³
　　　阿舟　Topic　这些　　　　天　路　（方助）　大象
　　　lu̠³¹thɛ³¹　dza³¹.
　　　看护　（助）
　　　"阿舟这些天在路上看护大象。"

这句是关于主语（话题）"阿舟"的叙述与说明。主语（话题）"阿舟"后可以加话题标记nɔ³¹，也可以不加。如果加话题标记时，就要停顿，不加时就无特殊停顿。但时间状语做话题时，要提前，并有停顿。例如：

（29）ɕhi⁵⁵mɯ³³ŋa³¹ nɔ³³　nɔ³¹,　a⁵⁵dʐɤ⁵⁵ ga⁵⁵ma³³　a³³　　ja³³ma³³
　　　这些　　　　天　Topic 阿舟　路　　（方助）　大象
　　　lu̠³¹thɛ³¹　dza³¹.
　　　看护　（助）
　　　"这些天，阿舟在路上看护大象。"

句中时间状语ɕhi⁵⁵mɯ³³ŋa³¹ nɔ³³（这些天）是话题，其后停顿。

哈尼语中的语气助词可将句子的话题和述题分开。例如：

（30）lɔ³³tshɛ³¹ a³¹,　　a³¹khɯ³¹ jo⁵⁵　dɔ³³ gu³³.
　　　龙才　（语气助）狗　　（宾助）很　怕
　　　"龙才啊，很怕狗。"

（31）la³³tshɛ³¹ a³¹,　　　sho³¹ɣa³¹ dɔ³³　dzo⁵⁵ mo³¹.
　　　拉才　（语气助）书　　很　读　喜欢
　　　"拉才啊，很喜欢读书。"

3 哈尼语的话题标记nɔ³¹

话题标记nɔ³¹用于相关性话题（Aboutness Topic，AT）和对比话题（Contrastive Topic，CT）之后，是一种后置的、非强制性的语用标记，可以省略。但在某些句式中，有强制使用的趋势。它有三个功能：（1）在判断句中对主语进行定性的判断；（2）在否定句中对主语进行强调；（3）在除上述两种句型外的其他谓语句的话题后表示对比。

3.1 用于判断句的主语后，具有判断定性的作用

判断句即名词谓语句，是最典型的话题结构。判断句的主语作话题，句子的其余部分作述题。nɔ³¹用在话题之后，使用频率高并有强制使用，无论系动词是否出现（哈尼语肯定判断句的系动词可以省略，否定判断句不能省）。述题是对话题的定性描述，话题标记nɔ³¹只有在这种结构中，才可以在谈话人的认知中出现。例如：

（32）a³¹jo³³ma̠³¹ nɔ³¹ la³¹xhø⁵⁵ dɔ̠³³ tsu³³ ŋa³³ tsho⁵⁵ ŋa³³.
　　　他们　　Topic　房子　　很　盖　能　人　　是
"他们是很能盖房子的人。"

（33）a⁵⁵go³³ nɛ³³ tɕhu³³ la³¹ a³¹ɣa³¹ ø⁵⁵ dø⁵⁵ nɔ³¹ sha³¹nɛ³³
　　　哥哥　（助）养　（助）猪　那　些　Topic　全部
xhɤ³¹ da̠³³ sha³¹ a⁵⁵.
大　　来　都　了
"哥哥养的那些猪全部都长大了。"

（34）ŋa⁵⁵ to̠³¹ a⁵⁵mi⁵⁵ ɕhi⁵⁵ mo⁵⁵ nɔ³¹ xhu³³tɕa³¹ dɔ̠³³ ɣa³¹ ba³¹
　　　我　家　猫　　这　只　Topic　老鼠　很　得　拿
dʑa³¹ ŋa̠³³.
（助）能
"我家的这只猫很能捉老鼠。"

在判断句中，话题标记nɔ³¹若用来标记主语作话题时，有时会有对比句出现。例如：

（35）ɣa³¹ma³³ɣa̠³¹tshɔ⁵⁵ ɤ³³ a⁵⁵bo⁵⁵ ɕhi⁵⁵ibo⁵⁵ nɔ³¹ ji³¹pa⁵⁵ nɛ³³ a⁵⁵bo⁵⁵
　　　寨神林　　　　　的　树　　这棵　　Topic　一般　的　树
ma³¹ ŋɯ⁵⁵, ɣa³¹ma³³ a⁵⁵bo⁵⁵ ŋa̠³³.
不　　是　　寨神　　树　　是
"寨神林的这棵树不是一般的树，是寨神树。"

3.2 在否定句和含否定义的结构中 nɔ³¹ 对主语进行强调

在否定句中，话题标记 nɔ³¹ 用于作话题的主语后，表示对主语的强调。例如：

（36）a³¹ma³³　nɔ³¹　yo³¹tshø³¹　ma³¹　ɔ³³　dza³¹　li³³　a⁵⁵.
　　　妈　　Topic　菜　　　　不　卖　（助）去　了
　　　"妈妈不去卖菜了。"

　　　tɕhɔ⁵⁵fa³¹　nɔ³¹　ma³¹　mo⁵⁵　a⁵⁵, di⁵⁵ma³³　u³¹　ji⁵⁵　tsa̠³³
　　　乔发　　Topic　不　　见　　了　迪玛　　回　去　（助）
　　　ŋɯ⁵⁵　dʑi³¹　ja³³.
　　　是　　（助）了
　　　"乔发不见了，可能回去迪玛（村）了。"

这类句子中，话题所指称的实体可以与语境中的其他实体作比较，但在具体的句子中不一定要出现对比的句子，有的出现对比句。例如：

（37）a⁵⁵go³³　nɔ³¹　ma³¹　li³³, ŋa⁵⁵　nɔ³¹　li³³　mɔ̠³¹.
　　　哥哥　Topic　不　去　　我　Topic　去　想
　　　"哥哥不去，我想去。"

（38）a³¹jo³¹　nɔ³¹　ma³¹　thu⁵⁵　la⁵⁵　shi³¹, a³¹nu³³　dø⁵⁵　nɔ³¹
　　　他　　Topic　不　　起　　来　　还　其他　　些　　Topic
　　　thu⁵⁵　la⁵⁵　a⁵⁵.
　　　起　　来　　了
　　　"他还没有起来，其他人起来了。"

（39）mi³¹dzu⁵⁵　nɔ³¹　sho³¹ya³¹　ma³¹　dzo⁵⁵　a⁵⁵, ga³¹nɔ³¹　nɔ³¹
　　　迷菊　　　Topic　书　　　　不　　读　　了　嘎农　　Topic
　　　dzo⁵⁵　shi³¹.
　　　读　　还
　　　"迷菊不读书了，但嘎农还读。"

在动词 nø³¹ "以为" 所带的补足语从句的结构中，话题助词 nɔ³¹ 具有强制性的特点。这类句子含有否定义，表达"实际不是如此"的意思。这类结构中，主句主语作话题被强调，其后的话题标记 nɔ³¹ 有强制性特点，形成了一个特定的构式。例如：

（40）ŋa⁵⁵   a³¹jo³³ma̠³¹   nɔ³¹   da³⁴ɕo³¹   dzo⁵⁵   li³³   na³¹lɛ⁵⁵   nø³¹.
　　　我　　他们　　　Topic　大学　　　读　　去　（助）　想
　　　"我以为他们去上大学了呢。（意思是我以为他们去上大学了，实际没有去。）"

（41）ŋa⁵⁵   a³¹da³³   nɔ³¹   tshø³¹na⁵⁵   ko̠³¹   ɣ³³   kha³¹   na³³   lɛ⁵⁵   nø³¹.
　　　我　　父亲　　Topic　感冒　　　得　（助）好　　了　（助）想
　　　"我还以为父亲的感冒痊愈了呢。（意思是我以为父亲的感冒好了，实际没有好。）"

3.3 在其他句式的名词话题后，nɔ³¹ 表示对比

除了判断句和否定义结构，在其他句式中，话题标记 nɔ³¹ 有对比义，且对比项通常是两个，其中一个表示对比的句子可以出现或隐含在谈话中，抑或有表示比较的程度副词出现。例如：

（42）no⁵⁵   nɔ³¹   ɣo³¹tshø³¹   tshi³¹,   a³¹jo³¹   nɔ³¹   xho³¹   bi³³   tɕa³³,
　　　你　 Topic　菜　　　　　洗　　 他　　Topic　饭　　 给　 煮
　　　ɕhi⁵⁵   mɛ⁵⁵   ŋɔ³¹   xho³¹   tsɤ̠³³   dza³¹   zo³³.
　　　这　　样　　 的　　饭　　早点　 吃　　得
　　　"你洗菜，他煮饭，这样可以早点吃饭。"

话题标记 nɔ³¹ 用在表示范围的名词性话题后，语义上隐含有比较义，述题中往往有表示比较程度的副词。例如：

（43）a³¹jo³³   tɕo³¹   za³¹   gu̠³¹   mɛ⁵⁵nɔ⁵⁵   ɣo⁵⁵tɕhɛ³³   nɔ³¹   ga³¹bo³³
　　　他　　　家　　孩子　六　　子妹　　　里　　　　 Topic　嘎波
　　　sho³¹ɣa³¹   xha⁵⁵   dzo⁵⁵   mo³¹.
　　　书　　　　最　　　读　　爱
　　　"他家六个子妹里，嘎波是最喜欢读书的。"

（44）dɛ³³ma³³   ɕha⁵⁵dɛ³³   ɕhi⁵⁵   dø⁵⁵   nɔ³¹   ø⁵⁵   dɛ⁵⁵   a⁵⁵tsʅ³³
　　　坝子　　　水田　　　这　　 些　　Topic　那　　块　　一点

tshu⁵⁵　dʑɛ³¹.
肥　　更
"坝子里的这些水田里,那块(田)更肥点。"

3.4 条件从句后的话题标记 nɔ³¹

话题和条件从句有密切的关系,因而话题助词也常用作条件从句连接词。哈尼语的话题助词 nɔ³¹ 也可以用在条件句中,通常和从句连词 ŋɔ³¹ 并用,共同表达让步、条件等意义。例如:

(45) da⁵⁵dʑa³³　nɔ³¹　　lɔ⁵⁵dzɔ³³　tsu̠³³　mo³¹　ŋɔ³¹　tsu̠³³　dɛ⁵⁵　a⁵⁵.
　　 大家　　Topic　桥　　　架　　想　　的话　架　　该　　了
"大家想架桥的话,是到该架桥(时间)了。"

(46) nɔ⁵⁵　nɔ³¹　　mi³¹ŋɛ³¹　zɔ³³nɛ³³　ɔ⁵⁵　ŋɔ³¹, a³¹kha⁵⁵　ya³³　dʑa³¹
　　 你　　Topic　活计　　认真地　　做　　的话　以后　　得　　吃
la⁵⁵　ŋa³³.
来　　(助)
"只要你好好干活,以后就会有收获的。"

(47) a³¹jo³¹　nɔ³¹　　xha⁵⁵mɛ⁵⁵　ɛ⁵⁵　ɣ³³　ŋɔ³¹,　ŋa³³du³¹　xha⁵⁵mɛ⁵⁵
　　 他　　Topic　怎么　　说　(助)的话　我们　　怎么
ya³³　tɕhɣ³¹.
得　　信
"他无论怎么说,我们都信。"

3.5 动词和形容词作同一性话题时,其后用话题标记 nɔ³¹

同一性话题结构常用于条件、假设或让步从句中,其后的主句多有转折义。例如:

(48) no⁵⁵ja³³　nɔ³¹　　ni³³sho³¹　ga⁵⁵dʐɿ³³　dzu³¹　li³³　mo³¹　ŋɔ³¹,
　　 你们　　Topic　明天　　　街子　　　赶　　去　　想　　的话
tsɣ³³nɛ³³　li³³.
早点　　　去
"你们明天想去赶集的话,早点去。"

（49）a³¹jo³³　ɔ⁵⁵dʑa³¹　nɔ³¹　dɔ³³　ɔ⁵⁵dʑa³¹　mɔ³¹,　thø⁵⁵li³¹　ɔ⁵⁵dʑa³¹
　　　他　　干活　　Topic　很　干活　　愿意　　但是　干活
ga⁵⁵tɕhu³³　ma³¹　lu³¹　shi³¹.
路数　　　　不　　够　　还
"他勤快是很勤快，但是经验还嫩（不老道）。"

4 话题标记 nɔ³¹ 的来源

绿春县老马村的哈尼话里，nɔ³¹ 除了做话题标记，还有三个意思，一是"踩"的意思，二是"软、嫩"的意思，三是虚词，是"吧"的意思。

nɔ³¹ 作动词，是"踩"的意思，例如：

（50）ja³³ma³³　nɛ³³　nɔ³¹　la³¹　ɤ³³　phja³¹ɣa⁵⁵　dʑa³³　za³³.
　　　大象　　（助）　踩　（助）的　脚印　　　有　（助）
"有大象踩的脚印。"

（51）a³¹ŋu³¹　jo⁵⁵ja⁵⁵　a³³　　　tha³¹　bi³³　thɔ³³　li³³,　ɣa³¹lɛ³¹　nɔ³¹
　　　牛　　　山地　（方助）别　　给　　进　　去　　苦荞　　　踩
ɕhi⁵⁵　la⁵⁵　ŋa³³.
死　　 来　（助）
"别让牛进去地里，会踩死苦荞的。"

（52）no⁵⁵　a⁵⁵tʂɿ³³　nø³¹gɔ⁵⁵,　za³¹gu³¹　a³³　　tha³¹　nɔ³¹.
　　　你　　一点　　注意　　　小孩　（助）　别　　　踩
"你注意点，别踩了小孩。"

（53）ø⁵⁵gɛ³³　ŋu³¹ɕhi³¹　dʑa³³　ŋa³³,　no⁵⁵　nɔ³¹　zo³³　a³¹　ŋɯ⁵⁵.
　　　那里　　牛屎　　　有　（助）　你　　踩　　着　（助）是
"那里有牛屎，你别踩着了。"

nɔ³¹ 作形容词，是"软、嫩"的意思，例如：

（54）a³¹mɛ⁵⁵　ɣɤ⁵⁵　a³¹　nɔ³¹　ɤ³³　ø⁵⁵　tcha³³　ɣɤ⁵⁵.
　　　核桃　　买（助）　软　　的　　那　　种　　　买

"买核桃就买软核桃。"

（55）nɔ³¹ ɣ³³ tɕhɛ⁵⁵du³³ ɕhi⁵⁵ du³³ a³¹phi³¹ a³³ bi³³ dʑa³¹ mi³¹.
软 的 玉米 这 棵 奶奶（助）给 吃（助）
"软的这个玉米给奶奶吃吧。"

（56）ŋa⁵⁵ja³¹ a⁵⁵dø³³ nɔ³¹ ɣ³³ li³¹ dʑa³¹, zɛ³³ ɣ³³ li³¹ dʑa³¹.
我们 笋子 嫩 的 也 吃 硬 的 也 吃
"我们吃嫩笋子，老的笋子也吃。"

（57）nɔ³¹ ɣ³³ a³¹shi³¹ ɣa⁵⁵ ɣɣ⁵⁵, ma³¹ nɔ³¹ ɣ³³ a⁵⁵shi³¹
嫩 的 水果 我 买 不 老 的 水果
ɣa⁵⁵ ma³¹ ɣɣ⁵⁵.
我 不 买
"我买嫩的水果，不买老的水果。"

nɔ³¹作虚词，是"吧"的意思，例如：

（58）no⁵⁵ ja³³xhø³¹ su̥³³ nɔ³¹.
你 烟 吸 吧
"你抽烟吧。"

（59）no⁵⁵ a³¹jo³¹ jo⁵⁵ gu⁵⁵ nɔ³¹.
你 他/她（宾助） 叫 吧
"你叫他（她）吧。"

（60）no⁵⁵ zɔ³³nɛ³³ nø³¹gɔ⁵⁵ nɔ³¹.
你 好好地 留心 吧
"你好好注意吧。"

（61）no⁵⁵ja³¹ ga⁵⁵ma³³ zu³¹ tɕhø³¹ a⁵⁵, ɣa³¹na³¹ na³¹ nɔ³¹.
你们 路 走 累 了 休 息 吧
"你们走路累了，休息吧。"

尽管在以上三组例句中，nɔ³¹作动词时，是"踩"的意思；作形容词时，是"软、嫩"的意思；作虚词时，是"吧"的意思，但话题标记nɔ³¹不像来自动词"踩"，也不像来自形容词"软、嫩"，同时也不像来自虚词"吧",这种情况可能是因语音偶合因素而致,即它们之间可能没有语义上的关系。那么,话题标记no³¹来自何处,又如何产生,还有待进一步研究。

5 哈尼语话题的特点

哈尼语是话题优先型语言,话题具有凸显性,最为常用的话题标记手段为添加专用话题助词no³¹,no³¹不仅使用频率较高,且多数时候具有强制性;哈尼语句子的话题具有已知性,这由该成分所承载的信息所决定,也与话题的指称特点和语境等相关信息密切相关;哈尼语句子的话题具有前置性,主语、宾语、状语、特定定语和补语这些句法成分可充当句中话题,其后可出现短暂的停顿或加语气助词。

主要参考文献

[1]戴庆厦.景颇语的话题[J].语言研究,2001(1):100-105.

[2]胡素华.凉山彝语的话题结构:兼论话题与语序的关系[J].民族语文,2004(3):9-15.

[3]胡素华,赵镜.诺苏彝语话题标记的功能及其话题类型[J].民族语文,2015(2):55-67.

[4]黄成龙.羌语的话题标记[J].语言科学,2008(6):599-614.

[5]刘丹青.同一性话题:话题优先语言一项更典型的属性[M]//徐烈炯,刘丹青.话题的结构和功能(修订本).上海:上海教育出版社,2007.

[6]刘丹青.话题优先的句法后果[M]//程工,刘丹青.汉语的形式与功能研究.北京:商务印书馆,2009.

[7]徐烈炯.亚洲语言中的话题化现象[M]//徐烈炯,刘丹青.话题的结构与功能(增订版).上海:上海教育出版社,2007.

[8]徐烈炯,刘丹青.话题和焦点新论[M].上海:上海教育出版社,

2003.

[9]徐烈炯,刘丹青.话题的结构与功能(增订版)[M].上海:上海教育出版社,2007.

普米语话题研究[①]

蒋 颖

摘要：从不同角度可以将普米语的话题分成不同类型。从标记角度看，可分为有标记话题与无标记话题；从语义关系看，可分为论元话题与非论元话题，非论元话题主要包括语域式话题、拷贝式话题和分句式话题，语域式话题又可分为时地语域、领格语域、上位语域以及背景语域等小类；从数量角度看，可分为单一话题与多话题。普米语话题的语法成分主要有主语、宾语和状语，属于话题优先型语言，话题有其句法实现手段，话题标记仍具有形态变化特征。话题标记具有多功能性，处于由名词演变为助词并进一步向连词发展的语法化演变过程之中。话题结构是普米语传递信息的优选手段，通常具有更大的信息含量和更好的语用效果。普米语话题的特点对研究语言类型演变具有重要参考价值。

关键词：普米语；话题；话题标记；功能

[①] 本文系国家社科基金一般项目"基于方言比较的普米语形态演变轨迹研究（19BYY189）"的阶段性研究成果。文中使用的普米语语料为作者实地田野调查所得，调查点为云南省兰坪白族普米族自治县河西乡大羊村，受调查人为和跃根。为简洁起见，普米语语料用缩略语进行标注，（话）为话题助词，（施）为施事助词，（与）为与事助词，（趋）为趋向前缀，（缀）为动词后缀。

1 题解

自 Li & Thompson（1976）提出汉语属话题优先型语言之后，有关汉语以及中国少数民族语言话题研究日益增多，渐成热点。曹逢甫（1995）、许余龙（1996）、张伯江与方梅（1996）、徐烈炯与刘丹青（1998、2003、2007）、石定栩（1999）、石毓智（2001）、徐烈炯（2002）、陈平（2004）、史有为（2005）、刘丹青（2009、2016）等对汉语话题的概念、结构、类型、特征及功能等进行了深入分析；戴庆厦（2001）、胡素华（2004、2015）、赵燕珍与李云兵（2005）、李泽然（2007）、周世宏与宁瑶瑶（2012）、赵燕珍（2013）、李洁与李景红（2014）、李春风（2015）、周国炎与赵哲（2020）等对景颇语、彝语、白语、哈尼语、维吾尔语、拉祜语、布依语等民族语从其话题标记、话题结构、话题与语序的关系等多个方面进行了描写与解释。

普米语属汉藏语系藏缅语族羌语支，语音上复辅音较多，语序为 SOV，语法上形态变化较多，保留了浓厚黏着-屈折的特征，但目前有较明显的向分析性语言方向发展。目前，普米语已有的研究成果主要集中于语音、词汇、句法以及方言描写上，还没有专门研究普米语话题的成果。本文以普米语的话题为研究对象，力图勾勒其类型、构成成分、特点与基本功能，并讨论其在语言转型过程中所起的作用。

2 普米语话题的类型

普米语的话题从不同角度可以分成不同的类型。按有无话题标记划分，可分为有标记话题（Marked Topic，MT）与无标记话题（Unmarked Topic，UT）；按话题的语义关系划分，可分为论元话题（Argument Topic，AT）与非论元话题（Non-Argument Topic，NT）；按句中包含的话题数量划分，可分为单一话题（Single Topic，ST）与多话题（Multiple Topic，MT）。

2.1 有标记话题与无标记话题

有标记话题可使用话题助词 gɯ⁵⁵（或 tʃhiɛ⁵⁵）作为标记，但话题标记通常不是必须使用，即在句中可加可不加；有话题标记的话题也可以去掉话题助词，变成无标记话题。

2.1.1 有标记话题

有标记话题常使用话题助词 gɯ⁵⁵（或 tʃhiɛ⁵⁵）作标记。当说话人不强调话题的对比意味，也不强调充当话题的名词性事物数量时，gɯ⁵⁵ 与 tʃhiɛ⁵⁵ 皆可使用。例如：

（1）wo⁵⁵ gɯ³¹/tʃhiɛ⁵⁵ mə³¹tsɿ⁵⁵ dzə⁵⁵ ʃtʃiɛ³¹ zəu⁵⁵.
　　 老鼠 （话/话）　 猫　　 处　 害怕　（缀）
　　 "老鼠怕猫。"

其中，gɯ⁵⁵ 是普米语里最常用、使用频率最高的话题标记，施事者、受事者或非论元成分做话题时，都可使用 gɯ⁵⁵ 做话题标记。例如：

（2）ti⁵⁵ tʂən³¹ gɯ⁵⁵ tə⁵⁵ ʒdʒyn³¹ si³¹⁵.
　　 这　 孩子　（话）（趋）高　　（缀）
　　 "这孩子长高了。"

（3）o⁵⁵ti⁵⁵ min⁵⁵ gɯ³¹ tə⁵⁵ʐɿ⁵⁵ man²⁴ ma³¹ sʉ⁵⁵.
　　 那　 人　（话）他们　　 认　 不　 识
　　 "那个人他们不认识。"

（4）ti⁵⁵ go³¹zuɛ⁵⁵ te³¹ tsɑ³¹ gɯ⁵⁵,
　　 这　 山路　　　 一　 段　（话）
　　 tə⁵⁵gɯ⁵⁵ səuŋ³¹ ȵin⁵⁵ nə³¹ duan³¹ si³¹.
　　 他　　　 三　　 天　（趋）走　　（缀）
　　 "这一段山路，他走了三天。"

话题标记 tʃhiɛ⁵⁵ 常用于对比话题之后，当话题本身是被对比的对象时，通常用 tʃhiɛ⁵⁵ 做话题标记，一般不用 gɯ⁵⁵ 做标记。例如：

（5）ȵin⁵⁵ tʃhiɛ⁵⁵ tsɛ⁵⁵, mə³¹nan²⁴ tʃhiɛ⁵⁵ bəuŋ².
　　 白天　（话）　 热　 晚上　　（话）　 冷

"白天热，晚上冷。"

（6）ti^{55} ʃi^{24} to^{55} a^{55} tʃhiɛ^{55} ʃi^{55} maŋ^{55} xaŋ^{24},
　　这　事　上　我　（话）　去　不　可以
　　ȵi^{24} tʃhiɛ^{55} ʃi^{55} qua^{24}.
　　你　（话）　去　可以
　　"在这件事上，我去不合适，你可以去。"

正因为tʃhiɛ^{55}常用作对比话题标记，所以即使被对比的话题不直接出现，使用tʃhiɛ^{55}做话题标记的语句也会隐含有比较的意味。例如：

（7）a^{55} tʃhiɛ^{55} ʃi^{55} tʃia^{55} maŋ^{31} zəuŋ^{5}.
　　我　（话）　走　能够　不　（缀）
　　"我啊，走不动了。（隐含义：他人还走得动）"

（8）pʉ^{55}ȵi^{31} tʃhiɛ^{55} a^{55} khə^{31} ȵi^{55} zəuŋ^{31},
　　今天　（话）　我　（趋）　休息　（缀）
　　ʃi^{24} dzu^{24} maŋ^{31} zəuŋ^{55}ɕ.
　　事　做　不　（缀）
　　"今天我休息不做事。（隐含义：昨天我没休息）"

当充当话题的名词性事物有复数标记zn^{55}时，多选择使用话题助词tʃhiɛ^{55}。例如：

（9）ti^{55} dzn^{31}dzn^{31} zn^{55} tʃhiɛ^{55} tə^{31} guɛ^{24}jɛ^{31} min^{55} sto^{55}ɕ.
　　这　书　们　（话）　他　（施）　没　看
　　"这些书他没看。"

此外，时间、方位做话题时，也多选择使用话题助词tʃhiɛ^{55}。例如：

（10）pʉ^{55}ȵi^{31} tʃhiɛ^{51} khə^{31} ȵi^{55} khu^{31}.
　　今天　（话）　（趋）　休息　要
　　"今天啊，要休息。"

在具体语境中，说话人根据语用需要来选择话题成分，话题助词位于被选择的话题成分之后。例如：

（11）liəŋ³¹gui⁵⁵ gɯ⁵⁵ nəuŋ³¹ phin³¹ko²⁴ ko³¹ ʃa⁵⁵ʃa.
　　　花红　　（话）跟　　苹果　　　很　相像
　　"花红啊，跟苹果很相像。"

（12）liəŋ³¹gui⁵⁵ nəuŋ³¹ phin³¹ko²⁴ gɯ⁵⁵ ko³¹ ʃa⁵⁵ʃa.
　　　花红　　跟　　苹果　　（话）很　相像
　　"花红跟苹果啊，很相像。"

（13）liəŋ³¹gui⁵⁵ gɯ⁵⁵ nəuŋ³¹ phin³¹ko²⁴ gɯ⁵⁵ ko³¹ ʃa⁵⁵ʃa³¹ɕ
　　　花红　　（话）跟　　苹果　　（话）很　相像
　　"花红啊，跟苹果啊，很相像。"

（14）liəŋ³¹gui⁵⁵ʐ̩⁵⁵ nəuŋ³¹ phin³¹ko²⁴ʐ̩⁵⁵ tʃhiɛ⁵⁵ ko³¹ ʃa⁵⁵ʃa³¹.
　　　花红们　　　跟　　苹果　　　　（话）　很　相像
　　"花红跟苹果啊，很相像。"

有的话题既可以添加两个话题标记，使用双重话题标记，也可以一个标记也不用。如下例中话题标记gɯ⁵⁵与tʃhiɛ⁵⁵可以连用，也可任选其一，还可以一个都不用。在这三种标记状态下，句子都完全符合语法。例如：

（15）a⁵⁵　ŋəuŋ⁵⁵（gɯ⁵⁵ tʃhiɛ⁵⁵）n̩i³¹ʐ̩⁵⁵ tʃi³¹ khən³¹ ʃei⁵.
　　　我的　钱　　（话）　　　你们　（与）给　（缀）
　　"我的钱给你们。"

当不使用话题标记会导致句义发生变化时，话题助词就不可省略，必须使用。例如：

（16）ʐ̩⁵⁵dʒie²⁴ tə⁵⁵gɯ⁵⁵ ʃ⁵⁵ mɑŋ³¹ zəu⁵.
　　　后面　　　他　　去　　不　（缀）
　　"他就不去后面了。"

（17）ʐ̩⁵⁵dʒie²⁴ tʃhiɛ⁵⁵ tə⁵⁵gɯ⁵⁵ ʃ⁵⁵ mɑŋ³¹ zəu⁵⁵.
　　　后面　（话）　他　　去　不　（缀）
　　"后来啊，他就不去了。"

普米语有标记话题，除非省略标记会导致语义混淆，否则基本上都可以省略标记，变为无标记话题，构成的语句也仍符合语法要求。但由于普米语是话题优先型语言，话题标记能起到语用上的强调、提醒作用，同时也增强了灵活语序的合法度，因此，在话题标记可加可不加的情况下，标记的使用频率仍然很高。

2.1.2 无标记话题

无标记话题主要依靠语序和停顿来确定话题成分。话题通常位于一句话的起点，是交际双方都已经知道的旧信息。例如：

（18）ɬu³¹dzi²⁴ nə³¹ phzɛ³¹ si⁵⁵.
　　　东西　（趋）找到　（缀）
　　　"东西找到了。"

（19）a⁵⁵mei⁵⁵ m̥in³¹ phji⁵⁵ ti³¹.
　　　阿妹　　姑娘　好　一
　　　"阿妹是个好姑娘。"

不起表达实义作用的话题助词，在句中通常可加可不加，因此有标记话题也可以不加话题助词，变成无标记话题。例如：

（20）ti⁵⁵ mə³¹tsɿ⁵⁵ gɯ⁵⁵ mə⁵⁵ ʃtʃie⁵⁵ maŋ³¹ zəu⁵⁵.
　　　这　猫　　　（话）人　怕　　不　（缀）
　　　"这猫不怕人。"

（21）ti⁵⁵ mə³¹tsɿ⁵⁵ mə⁵⁵ ʃtʃie⁵⁵ maŋ³¹ zəu⁵⁵.
　　　这　猫　　　人　怕　　不　（缀）
　　　"这猫不怕人。"

2.2 论元式话题与非论元话题

徐烈炯、刘丹青（2007）根据话题和述题的语义关系将话题分为论元及准论元共指性话题、语域式话题、拷贝式话题和分句式话题四类。普米语里也有这四类话题，本文将能够直接充当述题论元成分的话题归为论元话题，其他与述题语义关系较为松散的话题归为非论元话题。

2.2.1 论元式话题

论元式话题是人类语言中普遍存在的、最常见的话题类型，它在句法中实现时通常体现为述题的主语或宾语，在语义角色上通常是施事、受事、工具等。普米语中论元式话题也是最为常见的一种。

——施事充当话题。例如：

（22） o^{55}ti^{55} tsʉ^{55} gɯ^{31} ti^{55} min̥^{55}tsʉ^{24} ʒdʑia^{55} zəu^{55}ɕ
那　　男子　（话）这　姑娘　　　喜欢　　（缀）

"那个男子，爱上了这个姑娘。"

——受事充当话题。例如：

（23） ti^{55} sʉ^{31} gɯ^{55} ɛ^{55}gɯ^{24} dzɿ^{55} ʃən^{55}？
这　水果（话）谁　　　吃　　（缀）

"这水果谁吃？"

（24） tʃn̥^{31}ɲi^{55} tɛ^{55} tshəuŋ^{31} gɯ^{31} ʒdʑia^{31}？
哪　　　一　样　　（话）喜欢

"（你）喜欢哪一样？"

（25） o^{55}ti^{55} min^{55} gɯ^{31} a^{55}mei^{55} tə^{31}gɯ^{55} ʒdʑia^{55} maŋ^{31} zəu^{55}.
那　人　（话）阿妹　他　　喜欢　不　（缀）

"那个人，阿妹不喜欢他。"

（26） o^{55}ti^{55} dʐɿ^{31}dʐɿ^{31}bo^{24} gɯ^{31} tə^{55}gɯ^{55} sto^{55} man^{24}maŋ^{31}sɿ^{55}
那　书　　　　　（话）他　　　看　没过

a^{55}　tʂa^{31}ʂ^{24}.
我　知道

"那本书，我知道他没看过。"

——工具充当话题。例如：

（27） ti^{55} phja^{31} ʃtʃm^{55} ʐɿ^{31}tsɿ^{31} gɯ^{55} ɛ^{31} ȵe^{55}je^{55} tə^{31} guɛ^{24}je^{31}
这　猪　　杀　　刀　　　（话）我（施）它（施）

ȵaŋ^{31}　thei^{55}　zəu^{31}.
菜　　　切　　　（缀）

"这把杀猪刀，我用它切菜。"

2.2.2 非论元话题

普米语里的语域式话题、拷贝式话题与分句式话题基本属于非论元话题，其中，语域式话题又包括时地语域、领格语域、上位语域以及背景语域等四个小类。

2.2.2.1 语域式话题

语域式话题的四个小类里，时地语域话题为述题提供时间、地点等方面信息，是使用频率较高的一个小类。例如：

（28）ti⁵⁵tɛ³¹dʑɿ³¹　tʃhiɛ⁵⁵　ʃtʃyn⁵⁵　dzɿ³¹　dzɚ³¹　dzuŋ³¹　si⁵⁵.
　　　这时　　　（话）　中饭　　吃　　时　　到　　（缀）
"这时候到吃中饭的时间了。"

（29）mə³¹nan³¹phjɛ⁵⁵　tʃhiɛ⁵⁵　thə³¹　gua⁵⁵　nəuŋ³¹　tʂɚ⁵⁵miɛ⁵⁵　ʃɿ⁵⁵　khu⁵⁵.
　　　下午　　　　（话）（趋）收工　然后　家里　去（缀）
"下午收工后回家。"

（30）ti⁵⁵　sɿ³¹za²⁴　to⁵⁵　tʃhiɛ⁵¹　qhua³¹　ti⁵⁵　khə⁵⁵　ʃtʃy³¹　si³¹.
　　　这　桌子　　上　（话）　碗　　一　（趋）　放　（缀）
"这桌子上，摆了一个碗。"

领格语域话题与谓语动词的某个论元具有领属关系，例如：

（31）tə⁵⁵gɯ⁵⁵　tʃhiɛ⁵¹, qhu⁵⁵　gɯ⁵⁵　ko³¹　n̥i⁵⁵　zəu³¹.
　　　他　　（话）　头　（话）　很　　痛　（缀）
"他啊，头很痛。"

（32）a⁵⁵tʃhin⁵⁵　tʃhiɛ⁵¹, tə³¹ga²⁴　m̥in³¹　gɯ⁵⁵　ko⁵⁵tsɿ⁵⁵　gɯ³¹
　　　阿庆　　（话）　他的　　女儿　（话）话　　（话）
　　　tʃɿ³¹　dzuŋ⁵⁵　zəu³¹.
　　　说　　会　　（缀）
"阿庆啊，他女儿话会说了。"

上位语域话题与谓语动词某个论元具有上下位概念的关系。例如：

（33）sia³¹sʉ⁵⁵　tʃhiɛ⁵⁵, tə⁵⁵gɯ⁵⁵　phin³¹ko³¹　gɯ⁵⁵　ko³¹　ʑdʑia⁵⁵　zəu³¹.
　　　水果　　（话）　他　　苹果　　（话）很　喜欢　（缀）
"水果呢，他最喜欢苹果。"

具体语境中，有的话题与述题之间没有直接的语义关系，需要依靠语境或其他预设才能关联起来，这样的话题属于背景语域话题。例如：

（34）ti⁵⁵ ʂɿ³¹ ɡɯ⁵⁵ n̠e²⁴je³¹ ɑ⁵⁵ bie⁵⁵ maŋ³¹ tsin⁵⁵.
　　　这　事　（话）你（施）我　对　不　见怪
　　　"这事啊，你别怪我。"

（35）o⁵⁵ti⁵⁵ mɛn³¹ ɡɯ⁵⁵, tə⁵⁵ʐɿ⁵⁵ mə⁵⁵de³¹ʂɿ⁵⁵ thəuŋ⁵⁵ tʂɑ³¹ʂɿ³¹ si⁵⁵.
　　　那　火　（话）他们　幸好　早　发现　（缀）
　　　"那场火，幸好他们发现得早。"

（36）zuɛ³¹ tʃn³¹ ɡɯ⁵⁵ ɛ⁵⁵ʐɿ⁵⁵ mə³¹sie⁵⁵ tə⁵⁵ɡɯ⁵⁵ bie⁵⁵ nə³¹dʑia³¹ si⁵⁵.
　　　路　修　（话）我们　都　　他　对　辛苦　（缀）
　　　"修路（的事）啊，我们都很感谢他。"

2.2.2.2 拷贝式话题

所谓拷贝式话题，指话题跟句子中的主语、宾语甚至谓语动词完全同形或部分同形，同形成分之间在语义上也是同一的（徐烈炯、刘丹青，2007）。普米语里也存在拷贝式话题。例如：

（37）ɡo³¹ ɡɯ⁵⁵ tʂ⁵⁵pa³¹ o⁵⁵ti⁵⁵ ɡo²⁴ də³¹, min⁵⁵ ɡɯ⁵⁵ o⁵⁵ti⁵⁵
　　　山　（话）还是　那　　山　是　人　（话）那
　　　min⁵⁵ʐɿ³¹ maŋ⁵⁵ də²⁴.
　　　人们　　不　是
　　　"山还是那座山，人（已经）不是那些人了。"

（38）ɑ⁵⁵ sua³¹ ɡɯ⁵⁵ sua³¹ san⁵⁵ di²⁴ sua²⁴ min⁵⁵ da⁵⁵da³¹.
　　　我　数　（话）数　（缀）但　数　没　清楚
　　　"我数是数了但没数清楚。"

（39）xɯ⁵⁵ ɡɯ³¹ maŋ³¹ ʃei⁵⁵, dʑ³¹tʂa³¹ ɡɯ⁵⁵ tʃhie⁵¹ dʑ³¹tʂa³¹ ʃei⁵⁵.
　　　打　（话）不　（缀）骂　　（话）（话）骂　　（缀）
　　　"打是不打了，骂还是会骂。"

（40）ʂɿ⁵⁵ ɡɯ⁵⁵ ʂɿ⁵⁵ ŋin⁵⁵ʂɿ³¹ di²⁴ ɑ⁵⁵ba⁵⁵ je³¹ maŋ³¹ qatʃ⁵⁵ zəu³¹.
　　　去　（话）去　想　　但　我的爸爸（施）不　行　说　（缀）
　　　"去是想去但我爸说不行。"

（41）tʂɿ³¹ gɯ⁵⁵ ba³¹la⁵⁵ thə³¹ gua⁵⁵ ʃei³¹ tʂɿ³¹ zəu³¹ di²⁴
说 （话）赌博 （趋）戒 （缀）说 （缀）但

tʂɿ⁵⁵pa³¹ ba³¹la⁵⁵ zəu³¹.
还是 赌博 （缀）

"说是说要戒，其实还在赌。"

2.2.2.3 分句式话题

分句式话题是由小句充当的话题。例如：

（42）n̠i⁵⁵n̠aŋ³¹ tsʉ⁵⁵ gɯ³¹ do³¹ ti⁵⁵ gɯ³¹ tə⁵⁵gɯ⁵⁵ tʂa³¹ʂɿ³¹ zəu⁵⁵.
自己的 儿子（话）笨 状（话）他 知道 （缀）

"自己的儿子笨，他知道。"

（43）tə⁵⁵gɯ⁵⁵ xa³¹ ʂɿ⁵¹ tʃhiɛ⁵⁵ go³¹tsi²⁴ ji⁵⁵tʂɿ²⁴ khə³¹ bʒan⁵⁵ si³¹.
他 （趋）去（话）鸟 就 （趋）飞 （缀）

"他一过去啊，鸟就飞了。"

（44）a⁵⁵xua⁵⁵ ʐɿ⁵⁵zei³¹ dzu³¹ ʒdʒia⁵⁵ zəu³¹ gɯ³¹,
阿花 活儿 做 喜欢 （缀）（话）

a⁵⁵ dzən⁵⁵ maŋ³¹ ʒəu⁵⁵.
我 相 不 信

"阿花爱干活儿，我不相信。"

（45）sʉ²⁴ ko³¹ dzue⁵⁵ gɯ³¹ sɛ³¹tua²⁴ nə³¹ ʃtʃy⁵⁵ nəuŋ³¹ xa³¹
果子 很 结 （话）树枝 （趋）压 （连）（趋）

kuŋ⁵⁵ ʃtʃyɛ⁵⁵ si³¹.
弯 使 （缀）

"果实结得很多啊，把树枝压弯了。"

2.3 单一话题与多话题

一个句子中只有一个话题，可视为单一话题；包含两个甚至两个以上的话题，可视为多话题。例如：

（46）siaŋ²⁴ tʃhiɛ⁵⁵ tə⁵⁵ ʂɿ⁵⁵ tɛ⁵⁵ n̠in²⁴ də³¹.
明天 （话）（趋）新 一 天 是

"明天是新的一天。"（单一话题）

(47) tɑ⁵¹　tʃhie⁵⁵　n̪i⁵⁵min⁵⁵　gɯ⁵⁵　ʃ⁵⁵fpie³¹　gɯ⁵⁵　tʂhuɑ⁵⁵　min⁵⁵
　　 现在（话）病人　　（话）巫师　　（话）请　　人
　　 ʃɿ²⁴　mɑŋ³¹　zəu⁵⁵.
　　 有　　没　　（缀）
　　 "现在啊，病人啊，没有人请巫师（治病）了。"（多话题）

多话题结构中，两个话题之间如果有上下位关系，则语序固定，不能任意交换顺序。例如：

(48) ti⁵⁵　mi̪n³¹　səuŋ⁵⁵　tsɿ³¹　gɯ³¹　tʃm³¹n̪i⁵⁵　ti⁵⁵　gɯ³¹　xɑ⁵⁵ti³¹　ʃu⁵⁵？
　　 这　 姑娘　　三　　个　 （话）哪　　 一　（话）更　 漂亮
　　 "这三个姑娘哪一个更漂亮？"

(49) tʃm³¹n̪i⁵⁵　ti⁵⁵　gɯ³¹　ti⁵⁵　mi̪n³¹　səuŋ⁵⁵　tsɿ³¹　gɯ³¹　xɑ⁵⁵ti³¹　ʃu⁵⁵？
　　 哪　　　 一（话）这　 姑娘　　三　　个 （话）更　　 漂亮
　　 "哪一个，这三个姑娘更漂亮？"

多话题结构中，两个话题之间如果有领属关系，则语序比较灵活，可根据语用需要选择要使用的语序以及是否使用话题标记。如下面的八个例句都是符合语法的，但在话题的主次顺序、语用上是否有强调的意味、强调的对象等方面有一定的差异。例如：

(50) də³¹dzə⁵⁵　tʂho³¹　phji⁵⁵　dzuŋ⁵⁵　tə⁵⁵　n̪i⁵⁵　si³¹.
　　 这里　　　庄稼　　好　　（助）（趋）长　（缀）
　　 "这里庄稼长得好。"

(51) də³¹dzə⁵⁵　tʂho³¹　gɯ⁵⁵　phji⁵⁵　dzuŋ⁵⁵　tə⁵⁵　n̪i⁵⁵　si³¹.
　　 这里　　　庄稼　　（话）好　　（助）（趋）长　（缀）
　　 "这里庄稼啊，长得好。"

(52) də³¹dzə⁵⁵　tʃhie⁵⁵　tʂho³¹　phji⁵⁵　dzuŋ⁵⁵　tə⁵⁵　n̪i⁵⁵　si³¹.
　　 这里　　　（话）　　庄稼　　好　　（助）（趋）长　（缀）
　　 "这里啊，庄稼长得好。"

（53）də³¹dzə⁵⁵ tʃhiɛ⁵⁵ tʂho³¹ gɯ⁵⁵ phji⁵⁵ dzuŋ⁵⁵ tə⁵⁵ n̩i⁵⁵ si³¹.
　　　这里　（话）庄稼　（话）好　（助）（趋）长（缀）
　　　"这里啊，庄稼啊，长得好。"

（54）tʂho²⁴ də³¹dzə⁵⁵ phji⁵⁵ dzuŋ⁵⁵ tə⁵⁵ n̩i⁵⁵ si³¹.
　　　庄稼　这里　　好　（助）（趋）长（缀）
　　　"庄稼这里长得好。"

（55）tʂho²⁴ də³¹dzə⁵⁵ tʃhiɛ⁵⁵ phji⁵⁵ dzuŋ⁵⁵ tə⁵⁵ n̩i⁵⁵ si³¹.
　　　庄稼　这里　（话）好　（助）（趋）长（缀）
　　　"庄稼，这里啊，长得好。"

（56）tʂho³¹ gɯ⁵⁵ də³¹dzə⁵⁵ phji⁵⁵ dzuŋ⁵⁵ tə⁵⁵ n̩i⁵⁵ si³¹.
　　　庄稼（话）这里　　好　（助）（趋）长（缀）
　　　"庄稼啊，这里长得好。"

（57）tʂho³¹ gɯ⁵⁵, də³¹dzə⁵⁵ tʃhiɛ⁵⁵ phji⁵⁵ dzuŋ⁵⁵ tə⁵⁵ n̩i⁵⁵ si³¹.
　　　庄稼（话）　这里　（话）好　（助）（趋）长（缀）
　　　"庄稼啊，这里啊，长得好。"

多话题结构中，对比话题的主话题标记tʃhiɛ⁵⁵有强调对比作用，通常不省略，次话题标记gɯ³¹则可加可不加。例如：

（58）ɑ⁵⁵ tʃhiɛ⁵⁵ pɛ³¹tsŋ⁵⁵ pjɑ⁵⁵（gɯ⁵⁵）ʐdʒiɑ³¹,
　　　我（话）花　　　蓝　（话）　喜欢
　　　tə⁵⁵gɯ⁵⁵ tʃhiɛ⁵⁵ pɛ³¹tsŋ⁵⁵ n̩ɛ⁵⁵（gɯ⁵⁵）ʐdʒiɑ³¹.
　　　他　　（话）花　　　红　（话）　喜欢
　　　"我喜欢蓝花，他喜欢红花。"

3 普米语话题的特点与功能

从不同角度出发可对话题进行更为全面细致的描写，可从构成话题的成分、语法表现以及语用功能等出发，对普米语话题的特点与功能进行概括。

3.1 普米语话题的构成特点

普米语主语充当话题最为常见,通常位于句首,在句法关系上是全句的主语,在语义角色上是施事者,同时也是该句的话题,句子的常见语义模型是"施事/主语/话题+受事+动作"。例如:

(59) ɛ³¹ɳe⁵⁵ je³¹ tʃhiɛ⁵⁵ dʒɿ⁵⁵ zɿ³¹ ʃɿ³¹ ʃei³¹.
我　　(施)(话)　鱼　　抓　　去　(缀)
"我要去抓鱼。"

受事宾语做话题也比较常见,这类话题在句中位置比较灵活,可位于句首,也可位于主语之后,常见语义模型为"受事话题+施事/主语/话题+动作"或"施事/主语/话题+受事话题+动作"。受事宾语做话题时,通常会构成多话题结构。例如:

(60) phja³¹tsa⁵⁵ gɯ³¹ tə⁵⁵gɯ⁵⁵ dzɿ⁵⁵ maŋ³¹ zɤu⁵⁵.
肥猪肉　　(话)　他　　　吃　　不　(缀)
"肥猪肉他不吃。"

(61) ɳi²⁴ qa³¹le⁵⁵ mə⁵⁵ ɛ⁵⁵tʃi³¹ khə³¹ ʃtʃi⁵⁵ si³¹?
你　杯子　(话)　哪里　(趋)　放　(缀)
"你把杯子放哪儿了?"

时间、地点状语做话题时,位置也比较灵活,可位于主语之前或之后,常见语义模型为"状语话题+主语/话题+动作"或"主语/话题+状语话题+动作",构成的也是多话题结构。例如:

(62) ti⁵⁵ tɛ³¹ ɳi³¹ ɳin⁵⁵ gɯ³¹ a⁵⁵ mzɛn³¹pa³¹tie⁵⁵ tʂa³¹ zɤu³¹.
这　一　二　天　(话)我　竹椅　　　　　　编　(缀)
"这几天我在编竹椅。"

(63) tə⁵⁵gɯ⁵⁵ tɛ³¹tshi²⁴ ga³¹ dʒ³¹ gɯ⁵⁵ man⁵⁵ta⁵⁵ to⁵⁵ dzyn⁵⁵ si³¹.
他　　一辈子　的　时间(话)兰坪　　上　住　(缀)
"他一辈子都住在兰坪。"

(64) go²⁴ khu⁵⁵ tʃhiɛ⁵⁵ ʒdʒyn²⁴ ʒdʒiəuŋ³¹ dzɿ⁵⁵ zɤu³¹.
山　上　(话)　马　　草　　　吃　(缀)

"马在山上吃草。"

（65）ɑ⁵⁵ o⁵⁵ti⁵⁵ go²⁴ khu⁵⁵ tʃhiɛ⁵⁵ wo³¹ ti⁵⁵ təuŋ⁵⁵.
　　　我　那　　山　上　（话）老虎　一　看见
"我在那座山上，看见了一只老虎。"

3.2 普米语话题的语法特点

3.2.1 话题优先

普米语是话题优先型语言，有多个话题标记，能做话题的成分类型也较为丰富，话题所处的句法位置灵活多样，话题的使用频率很高。刘丹青（2009）认为话题优先表现在话题成为语法系统中一种基本、现成而常规的句法位置，在句法系统中被高度凸显，而不仅是作为一种语用成分。它不但使语用上的话题可以充分利用这种位置得到句法实现，而且还可以让话题位置完成在其他语言中由其他成分或手段完成的表义任务，随之形成很多难见于非话题优先语言的话题结构种类。这与其他某个要素在某种语言的句法中占据优先地位而发生的情况是一致的。普米语话题在语言结构中的表现也是如此，具有话题优先的特点。

话题与句子的动态信息分布有关，不仅仅是一个语用概念，而且在句法上被凸显，可以得到句法实现。凸显的方式通常是语序、停顿或标记。普米语的话题成分用居后的话题助词加以标记，话题标记能够视语用的需要而定，是灵活、动态、可变的。例如：

（66）go²⁴ khu⁵⁵ tʃhiɛ⁵⁵ pin²⁴ wu⁵⁵ min⁵⁵ʐ̩³¹ o⁵⁵khu⁵⁵ tʃʅ⁵⁵ nə³¹
　　　山　上　（话）树林　里　人们　　那里　水（趋）
　　　tsyn⁵⁵ zəu³¹.
　　　引　　（缀）
"在山上的树林里，人们在那儿引水下来。（话题为山上）"

（67）go²⁴ khu⁵⁵ pin²⁴ wu⁵⁵ tʃhiɛ⁵⁵ min⁵⁵ʐ̩³¹ o⁵⁵khu⁵⁵ tʃʅ⁵⁵ nə³¹
　　　山　上　树林　里（话）人们　　那里　水（趋）
　　　tsyn⁵⁵ zəu³¹.
　　　引　　（缀）

"在山上的树林里，人们在那儿引水下来。（话题为山上的树林里）"

（68）go²⁴ khu⁵⁵ pin²⁴ wu⁵⁵ min⁵⁵z̩³¹ tʃhiɛ⁵⁵ o⁵⁵khu⁵⁵ tʃ¹⁵⁵
山　　上　　树林　里　　人们　　（话）　那里　　水

nə³¹ tsyn⁵⁵ zəu³¹.
（趋）引　　（缀）

"在山上的树林里，人们在那儿引水下来。（话题为人们）"

（69）go²⁴ khu⁵⁵ pin²⁴ wu⁵⁵ min⁵⁵z̩³¹ o⁵⁵khu⁵⁵ tʃhiɛ⁵⁵ tʃ¹⁵⁵
山　　上　　树林　里　　人们　　那里　　（话）　水

nə³¹ tsyn⁵⁵ zəu³¹.
（趋）引　　（缀）

"在山上的树林里，人们在那儿引水下来。（话题为那儿）"

（70）go²⁴ khu⁵⁵ pin²⁴ wu⁵⁵ min⁵⁵z̩³¹ o⁵⁵khu⁵⁵ tʃ¹⁵⁵ tʃhiɛ⁵⁵ nə³¹
山　　上　　树林　里　　人们　　那里　　水　（话）（趋）

tsyn⁵⁵ zəu³¹.
引　　（缀）

"在山上的树林里，人们在那儿引水下来。（话题为水）"

（71）go²⁴ khu⁵⁵ pin²⁴ wu⁵⁵ min⁵⁵z̩³¹ o⁵⁵khu⁵⁵ tʃ¹⁵⁵ nə³¹ tsyn⁵⁵
山　　上　　树林　里　　人们　　那里　　水　（趋）引

tʃhiɛ⁵⁵ jin²⁴ wu⁵⁵ zdi⁵⁵ zəu³¹.
（话）　地　　里　　浇灌　（缀）

"在山上的树林里，人们在那儿引水下来，浇灌农田。（话题为人们在那儿引水下来）"

成句时话题先行，而且一个句子可以有不止一个话题。上述例句，在特定聊天场景中（絮絮叨叨的、散漫的介绍性聊天），完全可以变成同时出现两三个话题的多话题句，例如：

（72）go²⁴ khu⁵⁵ tʃhiɛ⁵⁵, pin²⁴ wu⁵⁵ tʃhiɛ⁵⁵,
山　　上　　（话）　　树林　里　　（话）

min^{55}z̩^{31} o^{55}khu^{55} tʃɿ^{55} gɯ^{31} nə^{31} tsyn^{55} zou^{31}.
人们　　那里　水　（话）（趋）引　　（缀）

"在山上啊，树林里啊，人们在那儿引水下来，浇灌农田。"

普米语的话题标记仍具有形态变化特征，这也是普米语话题优先实现在语法层面的一个明证。第一，普米语的话题标记通常有数的分工变化，充当话题的成分为单数时，多以话题助词 gɯ^{55} 为标记；充当话题的成分为复数时，多以话题助词 tʃhiɛ^{55} 为标记。

第二，普米语时间类话题仍有形态变化的标记方式。普米语时间类话题有两种标记方式：一是用话题助词 tʃhiɛ^{55} 标记，这与非时间类的其他话题标记方式一样，属于无形态变化的分析式标记[①]。二是以形态变化的方式标记话题。标记话题的形态变化又分两类，一类是词根内部屈折，另一类是声调屈折。普米语以 i 或 in 收尾的时间名词如 pʉ^{55}n̠i^{31}（今天）、no^{31}sin^{55}（早晨、上午）等能以词根的屈折变化标记话题，有强调话题或渲染情感的作用。屈折方式是 i、in 改读 iaŋ，声调大多也同时发生变化。

时间名词		时间名词做话题	汉义
pʉ^{55}n̠i^{31}	→	pʉ^{55}n̠aŋ^{24}	今天
ʒə^{55}n̠i^{24}	→	ʒə^{55}n̠aŋ^{24}	昨天
ʂɿ^{55}n̠i^{24}	→	ʂɿ^{55}n̠aŋ^{24}	前天
n̠in^{55}	→	n̠aŋ^{51}	白天
z̩^{55}dʒie^{31}n̠in^{55}	→	z̩^{55}dʒie^{31}n̠aŋ^{55}	第二天
ʒɿ^{31}min^{55}	→	ʒɿ^{31}miaŋ^{51}	今晚
sin^{55}min^{31}	→	sin^{55}miaŋ^{31}	明晚
pʉ^{55}sin^{55}	→	pʉ^{55}siaŋ^{51}	今早
no^{31}sin^{55}	→	no^{31}siaŋ^{51}	早晨；上午
ʒɛ^{31}n̠i^{24}	→	ʒɛ^{31}n̠aŋ^{24}	古时候

---

① 时间类话题用助词 tʃhiɛ^{55} 标记的例句详见前文，此处不再赘述。

例如：

（73）a⁵⁵ ẓ⁵⁵dʑie³¹ȵaŋ⁵⁵ ji⁵⁵tʃʅ²⁴ ʃən⁵⁵ san³¹.
我 第二天 马上 走 （缀）
"我第二天啊，就走了。"

（74）pɥ⁵⁵siaŋ⁵¹ ɛ³¹ȵe⁵⁵je³¹ sin³¹tʂhə²⁴ dzu⁵⁵ san³¹.
今早 我（施） 早饭 做 （缀）
"今早啊，我做了早饭。"

（75）zə⁵⁵ȵaŋ²⁴ ȵi²⁴ ʑdʒəuŋ⁵⁵ ɬi⁵⁵ ʃəuŋ³¹ si³¹,
昨天 你 羊 放 去 （缀）
pɥ⁵⁵ȵaŋ²⁴ phja³¹ ɬi⁵⁵ ʃəuŋ³¹.
今天 猪 放 去
"昨天啊，你去放羊，今天啊，你去放猪。"

时间类话题也可不进行词根屈折，仅以声调屈折的方式标记话题。如下例中的话题ȵin⁵⁵（白天）以词根屈折加声调屈折的方式进行标记，话题二ʃue⁵⁵（晚上）则仅以声调屈折的方式进行标记。句中ʃue⁵⁵（晚上）的声母、韵母皆未变，通过声调从本调⁵⁵调变为⁵¹调的方式，标记出了话题的身份，起到了语用上的对比和强调作用，例如：

（76）ȵaŋ⁵¹ ẓ⁵⁵ʐe³¹ dzu³¹, ʃue⁵¹ go³¹tsi³¹ tha³¹ ʃʅ⁵⁵ ʐəu⁵⁵.
白天 活儿 做 晚上 鸟 打 去 （缀）
"白天干活，晚上去打鸟。"

普米语标记时间类话题时，使用添加话题助词tʃhie⁵⁵的分析性手段，与使用词根屈折、声调屈折的形态变化手段功用基本相同。如：pɥ⁵⁵ȵi³¹ "今天"、tʃhie⁵¹（话题助词）"今天啊"的语义表达、语用效果，与pɥ⁵⁵ȵaŋ²⁴（词根屈折/声调屈折）"今天啊"是基本相同的。例如：

（77）pɥ⁵⁵ȵaŋ²⁴ gui⁵⁵ tʂhuŋ⁵⁵ qa³¹ʐo³¹ ʃʅ³¹.
今天 雨 下 好像 要
"今天啊，可能要下雨。"

（78）pɨ⁵⁵n̠i³¹ tʃhiɛ⁵¹ gui⁵⁵ tʂhuŋ⁵⁵ qa³¹zo³¹ ʃɿ³¹.
　　　今天　（话）雨　下　　好像　　要
　　"今天啊，可能要下雨。"

同一个句子里形态变化手段与分析性标记手段可同时使用，其作用仍然是强调话题，但强调程度相对更重。例如：

（79）pɨ⁵⁵n̠ɑŋ²⁴ tʃhiɛ⁵¹ gui⁵⁵ tʂhuŋ⁵⁵ qa³¹zo³¹ ʃɿ³¹.
　　　今天　（话）雨　下　　好像　　要
　　"今天啊，可能要下雨。"

作为黏着/屈折型语言，普米语表示语法意义的形态变化比较丰富。话题标记上保留的形态变化特征，充分说明普米语的话题优先不仅是语用上的优先选择，而且有明确的语法层面表现手段。

3.2.2 话题标记具有多功能性

普米语最常用的话题标记是话题助词 gɯ⁵⁵ 与 tʃhiɛ⁵⁵，这两个助词源自实词，做话题标记时起指示、强调话题的作用，在复句中还能起到关联、连接作用，正处于由助词向连词演变的语法化过程之中，一词多用的情况很普遍，话题标记具有多功能性。

3.2.2.1 话题标记的来源

话题助词 gɯ⁵⁵ 与 tʃhiɛ⁵⁵ 由实词虚化演变而来，有不同的来源，gɯ⁵⁵ 可能来自指示代词 tə⁵⁵gɯ⁵⁵（这），由原本指代功能发展出指示作用，gɯ⁵⁵ 的话题指示作用或正源于此。例如：

（80）tə⁵⁵gɯ⁵⁵ ɑ⁵⁵ pɨ⁵⁵ ʃei³¹.
　　　这　　我 （助）（缀）
　　"这东西我要。"

（81）tə⁵⁵gɯ⁵⁵ n̠i²⁴ ʒdʒu⁵⁵, di³¹ gɯ⁵⁵ dzə⁵⁵ sta⁵⁵ ʃtʃiɛ²⁴.
　　　这　　你　拿　　那 （话）这儿　在　　使
　　"这个你拿去，那个让它在这儿。"

话题助词 tʃhiɛ⁵⁵ 可能来自名词 tʃhiɛ⁵⁵ "时，时候"。例如：

（82）ʐə⁵⁵ɲi²⁴　ɲi³¹ʐ⁵⁵　xɑ³¹　tʂhuŋ⁵⁵　tʃhiɛ⁵⁵　ɑ⁵⁵　təuŋ⁵⁵.
　　　昨天　　你们　　（趋）出来　时　　我　看见
　　　"昨天你们来的时候我看见了。"

（83）o⁵⁵　tʃhiɛ⁵⁵　ɑ⁵⁵　din³¹phzən⁵⁵　to⁵⁵　miaŋ³¹　pin⁵⁵　san³¹.
　　　那　时　　我　北京　　　　上　　兵　　当　（缀）
　　　"我那时候在北京当兵。"

因此，普米语时间类话题通常都用 tʃhiɛ⁵⁵ 做话题标记。而且，由于时间与空间在认知上的密切关联，地点、方位等属于空间范畴的话题，也多使用 tʃhiɛ⁵⁵ 做话题标记。例如：

（84）dʑ⁵⁵　to⁵⁵　tʃhiɛ⁵⁵　ɑ⁵⁵　ʃ⁵⁵　man³¹　zəuŋ⁵⁵.
　　　街　　上　（话）我　去　不　（缀）
　　　"街上我不去。"

（85）pɯ⁵⁵ɲi³¹　tʃhiɛ⁵¹　wu³¹ʃ³¹ɬi⁵⁵　gɑ³¹tə⁵⁵　dʑi⁵⁵　thu³¹　ɲin⁵⁵　dzuŋ³¹　si³¹.
　　　今天　　（话）正月　　　的（趋）数　　六　　天　　到　（缀）
　　　"今天是正月初六。"

3.2.2.2 话题标记的助词功能

话题标记 gɯ⁵⁵ 与 tʃhiɛ⁵⁵ 作为助词，具有多功能性。首先，gɯ⁵⁵ 与 tʃhiɛ⁵⁵ 能够标记话题，具有话题助词功能。其次，在有施受关系的语句中，话题助词常兼有对象助词的功能。普米语常以施事助词与话题助词相结合的方式，同时强调动作行为的施事者与受事者。由话题助词同时承担起对象助词的功用，与施事助词配合使用，以强调句中的多个论元成分，同时增强标记的语音清晰度。例如：

（86）ɲe⁵⁵je³¹　nə³¹　tsiu⁵⁵　si⁵⁵　min⁵⁵　gɯ³¹　ɛ⁵⁵gɯ³¹　də⁵⁵？
　　　你（施）（趋）打　（缀）人　（话）　谁　　是
　　　"你打的人是谁？"

（87）ɑ⁵⁵xu²⁴　je³¹　ɲi⁵⁵ɲaŋ³¹　tʂən⁵⁵　gɯ⁵⁵　thiəŋ²⁴　thəuŋ⁵⁵　si⁵⁵　tʃ³¹də³¹.
　　　阿虎（施助）自己　　房子（话）盖　　完　　（缀）说
　　　"阿虎说自己的房子已经盖好了。"

在助词 gɯ⁵⁵（或 tʃhiɛ⁵⁵）双重标记作用下，受事者的话题身份、受事对象身份都很清晰明确，因此，语序也比较灵活，受事话题既可位于施事者之后，也可位于施事者之前，出现在句首的位置。例如：

（88）wo⁵⁵ gɯ³¹ mə³¹tsɿ⁵⁵ guɛ⁵⁵jɛ³¹ xɑ³¹ xkɑ²⁴ thə³¹ suɛ³¹ si⁵⁵.
　　　老鼠（话）猫　　（施）（趋）咬（趋）杀（缀）
　　"老鼠被猫咬死了。"

（89）ti⁵⁵ ɬu³¹dzi³¹ gɯ⁵⁵ phzən⁵⁵ min⁵⁵zɛ³¹jɛ³¹ mə⁵⁵də⁵⁵ man³¹
　　　这　东西　（话）普米　人们　　（施）　怎么　　叫
　　　pɯ³¹　zəu³¹？
　　　（助）（缀）
　　"这个东西普米人怎么说？"

话题助词兼做对象助词时，与施事助词的强调重点不同，形成明确的分工互补关系。如下面两例中使用话题助词时强调的是话题，使用施事助词时则强调的是施事者。二者分工明确，功能不同。例如：

（90）ti⁵⁵ tsɯ⁵⁵ nəuŋ³¹ m̥in²⁴ nə⁵⁵ tsɿ³¹ tʃhiɛ⁵⁵ tiɛ²⁴ti²⁴ ʒdʒiɑ⁵⁵
　　　这　小伙子　和　　姑娘　两　个　（话）　互相　　喜欢
　　　pɯ⁵⁵　zəu³¹.
　　　（助）（缀）
　　"这一对青年男女正相爱。"

（91）ti⁵⁵ tsɯ⁵⁵ nəuŋ³¹ m̥in²⁴ nə⁵⁵ tsɿ³¹ guɛ⁵⁵jɛ³¹ tiɛ²⁴ti²⁴ ʒdʒiɑ⁵⁵
　　　这　小伙子　和　　姑娘　两　个　（施）　　互相　　喜欢
　　　pɯ⁵⁵　zəu³¹.
　　　（助）（缀）
　　"这一对青年男女正相爱。"

最后，当施事者做话题时，助词 gɯ⁵⁵（或 tʃhiɛ⁵⁵）还可以用来标记施事者。但由于施事助词是比话题助词优先级别更高的语义关系助词，因此，话题助词兼做施事标记的语句比较少见。例如：

（92）ti⁵⁵ min⁵⁵ gɯ³¹ a⁵⁵ phje⁵⁵ xa⁵⁵ zdi³¹ nəuŋ³¹ ʂa³¹ zəu⁵⁵.
　　　这　人　（话）我　向　（趋）做　（连）笑　（缀）
　　　"这人嘲笑我。"

3.2.2.3 话题标记的连词功能

话题标记 gɯ⁵⁵ 与 tʃhie⁵⁵ 源自实词，在发展为话题助词之后，仍然走在继续关系化、虚化的发展道路上，逐渐演变成语义更虚、依附性更强的连词。其中 tʃhie⁵⁵ 有演变成"的话"的倾向，例如：

（93）tə⁵⁵gɯ⁵⁵ maŋ³¹ ʃɿ⁵⁵ tʃhie⁵⁵ min⁵⁵ ji²⁴ ma³¹ qa⁵⁵.
　　　他　　不　去（话）人　够　不　会
　　　"他不去的话人就不够了。"

（94）ȵi²⁴ ʐdʑa²⁴ tʃhie⁵⁵ min⁵⁵ʐɿ³¹ mə⁵⁵də⁵⁵ pʉ³¹ qa³¹？
　　　你　拿　（话）别人　　怎么　　做（缀）
　　　"你拿走的话，别人怎么办？"

gɯ⁵⁵ 的连词功能尚不明显，仅在推论因果复句中有演变成"既然"的倾向。例如：

（95）tɛ³¹ ʃtʃyu⁵⁵ mə⁵⁵ʂɿ⁵⁵ dzu²⁴ phja³¹ zəu⁵⁵ gɯ³¹
　　　一　次　　每　　做　坏　（缀）（话）
　　　mə⁵⁵də⁵⁵wɛ³¹ʐɿ³¹ də³¹ gɯ³¹ phji⁵⁵ pʉ⁵⁵nə³¹　sʉ⁵⁵zdʉ³¹ khu³¹.
　　　为什么　　　　是（话）好　地（趋）　　想　要
　　　"（既然）每次都失败了，就要好好想想是为什么。"

3.2.3 普米语话题的语用功能

话题在信息结构中属于交际双方已知的旧信息，在不使用话题标记时，"话题+述题"的常见信息表述模式为"已知信息+未知信息"。此时，话题是隐性的、次要的，"主语+谓语"等句法框架是显性的、主要的。例如：

（96）ti⁵⁵ ȵyŋ³¹tʂhue⁵⁵ maŋ³¹ ȵyŋ³¹ ti⁵⁵.
　　　这　糯米　　　不　糯　状
　　　"这（种）糯米不糯。"

上例的主语是"这糯米"，话题与主语重合，属于无标记话题。这样的句子就属于典型的句法显性结构，不强调话题。

由于话题标记能够起到强调、凸显话题的作用，使用了话题标记的语句话题的强调程度会明显加强，信息含量也会相应增强。上例可以添加话题助词，构成有标记话题句。当使用话题助词gɯ⁵⁵时，表示对话题的强调，传递"是这种糯米不糯"的强调意味；当使用话题助词tʃhiɛ⁵⁵时，隐含对比话题，传递"这种糯米不糯（但别的糯米软糯）"的对比意味，也有强调作用。例如：

（97）ti⁵⁵ ȵyŋ³¹tʂhuɛ⁵⁵ gɯ⁵⁵·tʃhiɛ⁵⁵ maŋ³¹ ȵyŋ³¹ ti⁵⁵.
　　 这　糯米　　　（话）（话）　不　　糯　　状
　　 "这（种）糯米啊，不糯。"

当一个句子中有多个话题时，主话题在前，次话题以及次次话题等在后，按照自然语序排列信息的强调层级，添加了话题标记的话题，其强调程度更高。如下面例句中两个话题标记都可加可不加，添加话题标记会起到加大信息含量的作用。例如：

（98）mɛ³¹guɛ²⁴ wu⁵⁵ tʃhiɛ⁵⁵ mɛ³¹ gɯ⁵⁵ ko³¹ ta⁵⁵.
　　 火塘　　 里　（话）　火　（话）　很　大
　　 "火塘里火很旺。"

从信息传递的角度看，话题结构是普米语传递信息的优选手段，交际双方可随语境变化、语用需要随时选择不同的话题，表达需要强调的信息内容，使得"话题+述题"结构的信息含量、语用效果等功能优于单纯的"主语+谓语"框架。

4 余论

本文描写了普米语话题的主要类型、特征与功能，认为普米语话题类型丰富，是典型的话题优先型语言，充当话题的成分类型多样，语序自由，话题标记相对具有特色，一部分话题标记仍残留有形态变化的特点。普米语的语言类型与其他藏缅语一样，正处于逐渐向分析型语言转变的发展过程之中，这一演变倾向在语用概念的话题上也有所表现，说明"话题"不仅仅是语用概念，还是具现于语法且能"反作用"于普米语语法体系的概念。

汉语界有学者认为，"主题标记从古汉语中消失，促成了从SVO向SOV的转变"。反观现代汉语，信息结构和句法结构也不都是铁板一块，新近日益明显的句中语气词专职化倾向以及易位现象的规律化倾向十分值得注意。普米语由于正处在语言类型演变的转型期，话题的语序灵活，类型多样，话题标记的形态手段与分析手段共存，提供了深入研究汉藏语话题与句法、语用平面关系的新观察点，值得对其进行更深入的探讨。

主要参考文献

[1]曹逢甫.主题在汉语中的功能研究：迈向语段分析的第一步[M].北京：语文出版社，1995.

[2]陈平.汉语双项名词句与话题：陈述结构[J].中国语文，2004（6）：493-507.

[3]戴庆厦.景颇语的话题[J].语言研究，2001（1）：100-105.

[4]胡素华.凉山彝语的话题结构：兼论话题与语序的关系[J].民族语文，2004（3）：9-15.

[5]李春风.拉祜语的话题标记[J].民族语文，2015（5）：40-48.

[6]李洁，李景红.拉祜语的话题句[J].民族语文，2014（1）：48-55.

[7]李泽然.论哈尼语的话题[J].中央民族大学学报，2007（5）：74-79.

[8]刘丹青.汉语中的非话题主语[J].中国语文，2016（3）：259-275.

[9]石毓智.汉语的主语与话题之辨[J].语言研究，2001（2）：82-91.

[10]史有为.话题、协同化及话题性[J].语言科学，2005（3）：3-22.

[11]徐烈炯，刘丹青.话题与焦点新论[M].上海：上海教育出版社，2003.

[12]徐烈炯，刘丹青.话题的结构与功能（增订本）[M].上海：上海教育出版社，2007.

[13]许余龙.汉英篇章中句子主题的识别[J].外国语，1996（6）：3-9.

[14]赵燕珍.论白语的话题标记及其语用功能[J].中央民族大学学报，2013（3）：129-134.

[15]周士宏，宁瑶瑶.现代维吾尔语的话题结构[J].北京师范大学学报，2012（4）：52-58.

[16]周国炎，赵哲.布依语的话题结构[J].中央民族大学学报，2020（3）：159-167.

羌语话题标记的话语功能

董 瑶

摘要: 文章开篇分析了语言的话题和话题性,羌语话题的编码方式以及话题标记的分布环境;然后将各论元话题性转换为所指的语篇"延续性(Continuity)"来讨论。基于统计分析,通过所指在3个参项上的表现得到羌语话题性与表现形式之间的对应关系以及各语义角色的话题性表现。结合这两方面结果,从话语功能角度论证了羌语话题标记的功能是凸显话题。

关键词: 羌语;话题标记;话语功能

1 引言

语言是一种社会交往工具,产生于又应用于日常交际行为,以实现互动参与者之间的信息交流。信息形式和意义之间无必然联系,但选择什么样的形式表达意义,这受到互动参与者和实际情景的影响。说话者先有表达的意愿,然后对听话者的认知状态和当下情景加以了解,运用已有的语言使用经验表达出来,务求听话者能正确理解。意义和形式之间并非一一对应,通常有多个语言形式表达相同的意义,区别在于不同的形式有不同的信息分布方式,即信息结构不同。然而,在具体互动情景下,说话者会选择当前最合适的一种形式。

Lambrecht（1994）提到信息结构的分析包括以下四个相互独立又关联的范畴。

一是命题信息：语用预设和语用断言，预设与说话者对听话者在说话当下知识、认知状态的假设有关。

二是识别与激活程度：与说话者在说话当下对表达所指在听话者大脑中的表征假设有关，也与这些表征在谈话过程中所经历的变化有关。

三是话题：具体语篇环境下，表现在语篇所指和命题相关性（Aboutness）。

四是焦点：它使命题中的断言不同于预设，并使句子有所要表达的信息。

说话者的一个陈述即为一个断言，表达了所要传递的一个信息，希望听话者了解的一个命题。它包括旧信息和新信息，旧信息是话题和话题相关的预设，新信息是关于话题的陈述（van Valin & LaPolla，1997）。命题所表达的内容与话题所指相关，且话题是预设的一部分，换言之，话题所指在之前的命题中出现过。听话者对话题的熟悉度越高，信息理解的过程就越容易，交流也就越轻松。所以，对听话者而言，越熟悉的事物越容易成为话题。说话者预测听话者对某一事物的熟悉程度，也就是某一所指在听话者认知中的状态，使其具有了不同的信息地位。LaPolla（1995）分出 Active（已激活）、Accessible（可及）、Inactive（未激活）、Anchored（锚定）和 Un-anchored（未锚定）五种认知状态，做话题的可能性依次降低。听话者对信息的认识可能是来源于以往生活经验，也可能是从语篇或当前情景中获得。那么，不同激活状态的所指不仅在成为话题的可能性上不同，在句法表现上也有不同。

最凸显的话题表现形式为话题标记。出现在对比语境中的话题标记在很多话题优先型语言中都有表现，如：汉语、日语、朝鲜语和彝语。上述研究均提到话题标记具有引入新话题或标记对比话题的功能。比如：日语的wa和韩语的-nun，被认为具有标记话题和对比性功能。Ilkyu Kim（2015）基于韩语语料库提出这实际上是源自-nun凸显话语所指功能。刘林军（2013）认为各语言话题标记具有凸显话题的共性，只是在专职性和强制性方面表现有所差异。胡素华、赵镜（2015）认为彝语中既有专职话题标记，又有兼职话题标记，专职话题标记 li^{33}、nɯ^{33} 只在判断句中有强制性倾向。

羌语各方言有专职的话题标记，但是在句子中选择性出现（黄成龙，2008）。话题的语用功能是告诉听话者断言内容的关涉对象，话题标记具有凸显话题的作用。然而，何时需要凸显话题呢？基于对羌语语篇的梳理，本文发现主要有以下几种情况：一是引入新话题，之后所陈述的事件有新的关涉对象；二是话题没有发生变化，但是需要重申；三是在多个话题的对比环境中；四是有其他实体，如施事论元对话题产生干扰。话题标记虽在需要凸显话题的时候出现，但也是选择性出现的，并不具有强制性。但在对比环境下，多个事件之间形成比较，所关涉的对象常会带上话题标记，若第一个话题带话题标记，则均须带话题标记；若第一个话题不带话题标记，其后话题则可带可不带。

本文尝试从话题标记在语篇中出现的环境和条件来说明话题标记的使用是为了凸显将要陈述内容所关涉的对象。说话者在引入新话题、重申旧话题、多个话题处于对比环境或出现话题干扰项时，都有凸显话题的必要性，常使用话题标记的形式。

以上陈述有两方面需要解释：一是为什么需要凸显话题？二是为什么话题外的施事会对话题识别造成干扰？文章将以此来论证羌语话题标记的凸显功能及其必要性。第一部分讲述要表达的信息如何通过语言呈现出来，以及话题和话题标记在信息传递中的功能；第二部分讲述羌语话题的编码方式和话题标记的分布环境；第三、四部分将以语篇为基础，通过统计结果分析说明羌语小句中论元与话题、话题和语义角色之间的关系；第五、六部分为讨论和结论。

2 句法表现

Li & Thompson（1976）把世界语言分为四种基本类型，其中，话题优先型语言的句法会突出表现话题，话题-陈述结构成为句子的一般性结构。Gundel（1988）认为各语言中话题-陈述关系最普遍，最明显的表现方式体现在句法位置上。Foley & Van Valin（1984）提出话题常通过句法位置编码，要么在句首，要么在句尾。

羌语中话题-陈述是最基本的结构，话题一般出现在句首，受语用功能制约。黄成龙（2006）提出羌语表现出的典型语序是：

名词短语（NP）$_{[S]}$+谓语（VP）　　　　　　　（不及物动词句）
名词短语（NP）$_{[A]}$+[名词短语（NP）$_{[P]}$+谓语（V）]VP（及物动词句）

名词短语部分常充当句中话题，谓语部分是关于话题的陈述。这是典型的句子结构，此外还有双话题结构、话题链结构和布景话题结构（secondary scene-setting locative or temporal topic）（黄成龙，2006），具体选择要看互动场景和说话者的表达意图。

除了句法位置上的表现，羌语话题还可选择性添加话题标记。同时，话题在语篇中也常省略不出现，是最高频的表现方式，则此形式下话题标记自然也无法出现。羌语格标记系统中，施事标记并非强制性出现，只在需要与其他语义角色进行区别时使用，而除了施事之外的语义角色都须带有相应的格标记，与话题标记的出现条件类似。

Givón（1983）提出语篇中名词短语所指的话题性是一个连续统，连续统上不同的位置对应着不同的句法编码方式，而且表现出如下共性（话题延续性由高至低）：零形回指（Zero Anaphora）＞非重读/黏着性代词、一致关系（Unstressed/Bound Pronouns or Grammatical Agreement）＞重读/非黏着性代词（Stressed/Independent Pronouns）＞右向移位有定性名词短语（R-Dislocated DEF-NP's）＞常规语序有定性名词短语（Neutral-ordered DEF-NP's）＞左向移位的有定性名词短语（L-Dislocated DEF-NP's）＞对比性话题化位移名词（Y-Moved NP's）＞分裂/焦点结构（Cleft/focus

Constructions）＞有指无定名词短语（Referential Indefinite NP's）。

羌语的常规语序为SV/APV，右向移位有定性名词短语，是相对有标记的形式。本文具体介绍了羌语中话题的编码方式，例句均来自LaPolla & Huang（2003）所附的Text3和Text5。

2.1 零形回指

句首位置的话题可由小句中承担各语义角色的论元来充当，但及物句施事A和不及物单一论元S最为常见。羌语语篇中，零形式出现频率最高，是话题无标记形式，可以承担小句中任一语义角色，最常见的是A、S、P或领属论元。例如：

（1）Text 3

122 (ʂkup–le:)　　　　dʐy–le:　　　　i–ɕtɕi,
　　猿猴–DEF:CL　　门–DEF:CL　　DIR–推
　　χa–la–ha　　　　tha　　　　zi–kui–ŋiau,
　　针–DEF:一–pl　　那儿　　在–NAR–PART

123 χa–la–ha　　　　japə–le:–ta　　　　ə–tʂə–ŋiaufu.
　　针–DEF:一–pl　　手–DEF:CL-LOC　DIR–刺–LNK
　"猿猴推开门，针在那儿，刺了猿猴的手。"（省略领属论元）
　……

132 (ʂkup–le:)　　　　sa　　tuetue–ke:–tɕi
　　猿猴–DEF:CL　　血　（拟声）–INDEF:CL-ADV
　　da–qa–jantɕi,
　　DIR–去–后

133 mə–law　　qhəɹqhəɹ–kəi,　　mə–law
　　火–DEF:一:堆　扒开–NAR　　火–DEF:一:堆
　　i–ʂue–ŋi.（省略A论元）
　　DIR–点着–ADV
　"猿猴流着血走过去，扒开火堆，点起了火……"
　……

151 (ʂkup–le:) da–ɬa, buzd–le:–ta dʑiq
猿猴–DEF:CL DIR–滑 楼梯–DEF:CL 坎

ɦa–qə–i–stu.（省略 S 论元）
DIR–去–HS–PART

"猿猴滑倒，从楼梯摔了下去。"

……

154 (ʂkup–le:) ɦa–la, thəl–le:–wu
猿猴–DEF:CL DIR–来 杵–DEF–CL–AGT

155 ɦe–tɕite ɦe–tɕite ɦe–tɕite–ŋiaufu.（省略 P 论元）
DIR–打 DIR–打 DIR–打–LNK

"猿猴一下来，石杵就不停敲打它。"

2.2 话题/施事标记

羌语都用后置附缀形式标记话题，但各方言土语中话题标记有所差异，主要有 –ŋuəŋi、–ʂə 和 –te/–tə³³ 等（黄成龙，2008），北部方言内部也不统一，如荣红话和曲谷话都是用 –ŋuəŋi，知木林话用 –ʂə。荣红话的话题标记 –ŋuəŋi 和羌语的其他土语点一样也是选择性出现的，从其出现环境看，主要有以下四种情况：引入新话题或重申话题时，接下来事件关涉的对象带有标记；列举或对比事件、引述语、叹词后出现标记。–ŋuəŋi 还可以出现在 ɦatse、ɦala 等叹词之后，类似于话语标记（Discourse marker）功能，ŋi 可以和另一个连词 tu 替换，形成 –ŋuətu 形式。

2.2.1 引入新话题、重申话题

语篇由一系列不同的话题组织而成，在引入新话题时会使用话题标记标示话题的更替，但话题标记并不表示话题所指的变化，而表示所陈述事件关涉对象的变化。即使没有话题标记的出现，话题的转变也能顺利发生，但有话题标记会使话题得到凸显，听话者能更准确地捕捉到接下来的陈述是关于该对象，不是其他对象。所以，话题标记的功能不是"换"话题，而是"凸显"话题，只是在换话题时更需对新话题加以凸显，使听话者更容易处理信息，不致造成误解。在话题标记性上，零形式是最无标

性的，名词短语是最有标记性的，而加上话题标记的名词短语，其标记性无疑是更强了（van Valin & LaPolla，1997、2005）。例（2）是Text3的开篇一段，ʂkup（猿猴）是第一次出现，上文是kapətʂ（孤儿）做话题，接下来是关于猿猴的陈述，所以ʂkup带有话题标记。例如：

(2) Text 3

3 ŋuə-kəi-tɕu,　　tu　　　　ɦala　　ʂkup-le:-**ŋuəɲi**
　　COP-NAR-PART RESULT　INT　　猿猴-DEF:CL-TOP

4 ɦa-tsu　　kapətʂ　　tou　　　dʑə　　kantɕhi-kui-tɕu,
　INT-这个　孤儿　　DEF:一:CL　吃　　计划-NAR-PART

5 kapətʂ　　lou　　　　dʑə　　kantɕi:-tu,　ɦala,　kapətʂ.
　孤儿　　DEF:一:CL　吃　　计划-LNK　　INT　　孤儿
"那个猿猴呢，计划吃这个孤儿。"

然而，并非所有新话题都带有话题标记。当陈述内容较多时，相比陈述内容较少的情况，话题更易带话题标记，因在话题链中，话题控制的辖域越大，关涉的内容越多，标记性自然也需更强。再如例（3）和（3'），出现在相同环境中，都是别人问这个孤儿为什么哭，孤儿予以回答，回答内容也相似，只是（3'）中更详细，更多，就用了话题标记。例如：

(3) Text 3

22 jə-kui-tɕu.　　ɦa　　**qa**　　tɕəu-la　　ou-tɕi
　　说-NAR-PART　INT　　1sg　家-LOC　一:CL-EXC

23 me-ʐa-wa,　　ʂkup-te:　qa　　dʑə:.
　　NEG-在:1sg-EMPH　猿猴-DEF:CL 1sg　吃:PRS
"我家里只有我一个人，猿猴回来吃我。"

(3') Text 3

35 **qa-ŋuəɲi**　　tɕəu-la　　ou-jə　　me-ʐa-wa,
　　1sg-TOP　　　家-LOC　　一:CL-EXC NEG-在:1sg-EMPH

36 tatə　　lə　　me-ʑi,　　ma　　lə　　me-ʑi,
　　爸爸　也　　NEG-在　 妈　　也　　NEG-在

37 ep-ew   me-ʑi   ɦa-kou   ŋua-ʂə,
   爸-妈   NEG-在   INT-INDEF:一:CL   COP:1sg-LNK
38 tɕəu-la   ɦa-xtʂəp-ŋike,   ʂkup-le:-wu   qa   dʑa:.
   家-LOC DIR-暗-后   猿猴-DEF:CL-AGT 1sg   吃:PRS
"我家里只有我一个人，爸爸也没有，妈妈也没有，天黑以后猿猴就回来吃我。"

话题有时并不是在当前对话中新引进的，但说话者在陈述信息过程中担心涉及的非话题论元被听话者误当作是新话题时便再次重申、强调，以帮助对方识别话题。语篇中，施事与话题的相关度很高，施事易被看作是新话题。羌语施事标记-wu是非强制出现的，但作为非话题的施事，常会加上标记-wu以区别于话题。当小句中有生命度相近的两个论元时，话题易被认为由施事充当。例（3′）的35—37行，话题都是"我"，是以零形式出现，但到38行，"我"成了受事，"猿猴"是施事且带施事标记，"我"换以代词形式出现在次话题位置上，与零形式相比，其话题标记性更强了，也是话题性变弱了。这是因为没有承担预期中的施事角色，当有另外的施事角色出现在句中时，说话者可能会选择再次重申原来的话题。例如：

（4）Text 3

154 jankhui-le:-ʐaχua   ɦa-qa,   xsə   thəl-le:
    臼-DEF:CL-里面   DIR-去   新   杵-DEF:CL
155 qəpatʂa: ʂə,   ɦa-la,   thəl-le:-**wu**
    头:LOC   在   DIR-来   杵-DEF:CL-AGT
156 ɦe-tɕite   ɦe-tɕite,   ɦe-tɕite-ŋiaufu,   ɦa-tsu
    DIR-打   DIR-打   DIR-打-LNK   INT-这个
157 ʂkup-te:-**ŋuəŋi**   ŋi-qəti-ŋi
    猿猴-DEF:CL-TOP   DIR-杀死-ADV
158 da-ʁu-kui-wa.
    DIR-丢-NAR-EMPH

"（猿猴）……掉进楼梯口的石臼里。然后，石杵在它身上不停地砸啊砸啊砸，就这样把猿猴砸死了，然后(他们)把它扔了。"

语篇中，146—154行的句子都以ʂkup"猿猴"做话题，但154行出现了论元thəl（杵）在句中做不及物句的单一论元S，整个小句是句子焦点，话题不变。到155—156行中，thəl（杵）成了施事，原来的话题做受事，仍然以零形式出现。到157行，thəl（杵）在小句中仍然做施事，还是以零形式出现，它在这里成为话题，原话题ʂkup（猿猴）的话题性变弱，需要重申，便以名词短语的形式出现，且带有话题标记。

2.2.2 对比环境

话题标记在列举或对比的环境下出现的可能性较高，尤其是当列举的第一项带话题标记，后几项带上话题标记的概率非常高，这已经形成了一种高频模式。听话者听到第一项后就会预测有后几项的出现，说话者在说第一项时，也常计划要说后几项，所以已知会有几个话题的交替出现。说话者在陈述每个事件时都需要凸显其关涉的话题，使听话者更易区分。如例（5），前文χa（针）、qusap（剪刀）、ɕtɕiɕtɕaq（鹊）、noʁu（乌鸦）、χsutsqha（胃）、jankhui（臼）和thəl（杵）作为kapətʂ（孤儿）遇见的事物依次出现，再次指出它们各自所在的位置时，都带有话题标记。例如：

（5）Text 3

106 χa-le:-**ŋuəɲi**　　　ɦala
　　针 –DEF:CL-TOP　　INT

108 ...zi̥-kəi,　　　　　qusap-tou-**ŋuəɲi**
　　在 –NAR　　　　　剪刀 –DEF:一:CL-TOP

110 ...ɦa-nə-kəi,　　　　ɕtɕiɕtɕaq-tou-**ŋuəɲi**
　　DIR–睡 –NAR　　　鹊 –DEF:一:CL-TOP

112 noʁu-le:-**ŋuəɲi**...　ɦa-nə-kui,
　　乌鸦 –DEF:CL-TOP　　DIR–睡 –NAR

113 ...χsutsqha-le:-**ŋuəɲi**
　　胃 –DEF:CL–TOP

114 jankhui-le:-**ŋuəɲi**
　　臼 –DEF:CL–TOP

116 ɦa-nə-kui-tɕu,...　　thəl-le:-**ŋuəɲi.**
　　DIR–睡–NAR–PART　杵–DEF:CL–TOP

"针呢，插在门上；剪刀呢，睡在孤儿旁边的床上；喜鹊呢，睡在火堆里；乌鸦呢，睡在水缸里；胃呢，睡在楼梯口；石臼呢，在楼梯底部；石杵呢，在楼梯顶部。"

-ŋuəɲi 由系词 ŋuə 和状语标记 ɲi 组成，除此之外，还有一个类似结构 ŋuətu，tu 是连词，也和 -ŋuəɲi 有类似功能，对话题具有凸显功能。例如：

（6）Text 5

qe:ˈ**ŋuə-tu,**　　　　"juanʁuai"　　ʂpə-k-tɕi-wa,
以前–COP–LNK　　　员外　　　　称–INF–3pl–EMPH

pitɕi-**ŋuəɲi**　　　　"ʐmətʂi"　　ʂpəˈ,qe:ˈ　　ŋuə-tu,
如今–TOP　　　　　皇帝　　　　称:1pl　　以前

juanʁuai.　　　　　ɦa-tu.
COP–LNK　　　　　员外–INT–RESULT

"以前呢，我们称为员外，如今呢，我们就称皇帝。"

2.2.3 引述语

语篇中涉及人物对话，说话者紧贴着引述语前出现时会带话题标记 -ŋuəɲi 或者施事标记 -wu。重申话题时，施事很有可能成为话题，当施事做话题时，如果已有施事标记 -wu，则不能再加话题标记 ŋuəɲi，而其他格标记无此限制。在带引语时，两者也有类似的分布。如例（7）中 16 行的 χa（针）和第 20 行的 qusap（剪刀）在引语前分别加了 -ŋuəɲi 和 -wu 标记。例如：

（7）Text 3

16 χa-le:-**ŋuəɲi,**　　　　　"ha-qu　　me-tɕhi-wa,

针 -DEF:CL-TOPEXCL　害怕 -NEG　想 -DTV

maha-ȵi-ŋuəȵi.

晚上 -ADV-TOP

17　qa　ʔu-gul　zu-lu-ɑ:-wɑ,"　jə-kui-tɕu

　　1sg　2sg-朋友　DIR-来 -1sg:PRS-EMPH　说 -NAR-PART

……

20　e-tʂepe-kəi-tɕu,　qusap-te:-**wu**

　　DIR-遇见 -NAR-PART　剪刀 -DEF:CL-AGT

21　"a　ʔu　ȵiɣi-pe-wa?　ȵi-χua-ȵi　kə-zei-n-ɑ?".

　　EXCL 2sg 什么 -成 -Q　WH-因为 -ADV　这样 -哭 -2sg-Q

"针说：'不用怕，晚上我来给你作伴。'……剪刀说：'你怎么了？为什么哭啊？'"

2.2.4 叹词后

-ŋuəȵi 出现在 ʔa tsəi（就这样）、ʔa ke（就这样）等词后，起到承上启下、语篇连接的作用，类似的还有 ʔatu、ʔa tsəi-ȵi 等结构，也就是 ʔa+（指示代词/ke）+ (ŋuə)tu/(ŋuə)ȵi 等结构会出现，表连接功能。此处的 -ŋuəȵi 不表现为典型的话题标记功能，而是将 -ŋuəȵi 前的"旧"内容作为"新"内容的背景，以连接前后内容。例如：

（8）Text 3

　　113 **ɦa　tsəi-ŋuəȵi,**　χsutsqha-le:-ŋuəȵi.

　　　　INT　这样 -TOP　胃 -DEF:CL-TOP

　　"这样以后，胃呢？"

……

（9）Text 5

　　131 tə-χquatʂ-kə,　ɦa-tha　da-χlɑ:

　　　　DIR-偷 -去,　INT-那儿　DIR-过:PRS

　　　　jəsai-wa,　**ɦala-ŋuəȵi**　tha

　　　　快 -EMPH　INT-TOP　那儿

……
137 minjy–tɕiəu–kaula. ɦa–tu　　　　phawu–le:　wutɕupu–ŋa…
名誉–就–高啦　　INT-RESULT　姐姐–DEF:CL　丈夫–COM
"那儿可以过去，然后，那……名誉就高啦。然后，姐姐和丈夫……"

2.3 有定性标记

语篇叙述部分只有在首次引入第一个角色kapətʂ "孤儿"的时候用了无定标记kou，之后再引入其他角色，即便首次引入也都使用有定标记tou/le/te，第3句中ʂkup "猿猴"也是首次引入语篇中，使用有定标记。例如：

（10）Text 3

1qe:ˈ–qe:ˈ–tu　　　　ɦala　kapətʂ　　kou　ŋuə–kei–tɕu,
以前–以前–LNKINT　孤儿　INDEF:一:CL　COP–NAR–PART
……
3tu　　　　ɦala　　ʂkup–le:–ŋuəɲi
RESULT　　INT　　猿猴–DEF:CL-TOP

3 方法和数据

Danes（1974）从语篇层面研究话题，提出语篇由一系列不同话题组织起来，也就由一系列关于不同话题事件的陈述组合而成。Givón（1983）把共享同一个话题的系列小句叫作"主题段落"（Thematic Paragraph），其开始、中间、结束位置都有不同的句法表现。说话者需预测听话者对话语的熟悉程度以保障交流的顺畅。Givón把话语的预测性（Predictability）转化为对话题的延续性（Continuity）进行研究，每个话题段落之间并非完全割裂，语篇中的每个名词短语都有一定程度的话题性，主要表现在小句层面NP所指的延续性上。延续性主要通过以下三个参项（Givón，1983）来衡量。

一是指称距离（Referential Distance）：NP在当前小句中以任何形式出现，再到之前最后一次出现在小句中，其间所间隔的小句数目。最小的值是1，最大的值选择为20。

二是持续性（Persistence）：NP在之后的多少个小句中继续作为论元。最小的值为0，表示没有延续。

三是可能的干扰/歧义（Potential Interference/Ambiguity）：前文中是否其他NP会干扰作为新话题NP的指称。常由语义来确定，结果只有"是"或"否"。常在该句的前1至5个小句中确定干扰项，如果没有干扰项，赋值0；如果有1个或1个以上干扰项，赋值1。

乐耀、陆筠怡（2023）在此基础上提出3种测量话题连续性的方法：

回数法：当前被测话题到之前最后一次出现在小句中，之间间隔的小句数目。最小值是1，而最大值设定为20。

歧义法：前文中是否有别的指称形式会干扰话题的识别。由语义来确定，结果只有"是"或"否"。通常在该句的前3个小句中确定干扰项。如果没有干扰项，赋值1，如果有1个或1个以上干扰项，赋值2。

衰减法：话题在之后的多少个小句都继续出现。最小的值为0，表示没有延续；最大值没有限制。

乐耀、陆筠怡（2023）将话题分为首现话题和复现话题，而话题连续性包括首现话题的重要性和复现话题的可及性两个维度。重要性关注当前话题在后续语篇中的重要程度，通过衰减法测量；而可及性关注当前话题识别的难易程度，通过回数法和歧义法测量。任何一个NP都有话题性，但并非所有NP都能成为话题。当然，未激活的信息，其话题性较低。从Cooreman（1983）调查Chamorro语的结果看，话题的不同编码形式对应的话题性有等级之分，具体表现为：一致关系/零回指＞代词＞有定名词短语＞无定名词短语。话题在语篇中常以代词或零形式表达，这些不同表达形式和话题的标记性有所对应，其中，零形式是最无标记性且话题性最强的形式，而名词短语是相对有标记的形式（Van Valin & LaPolla，1997），具体如图1所示。

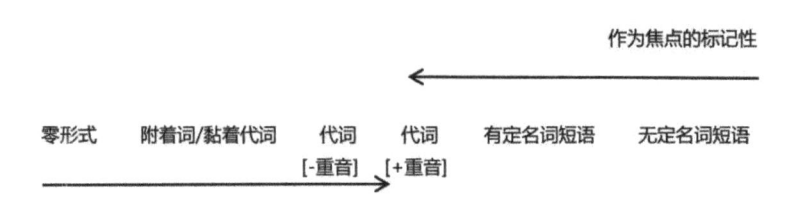

```
                                              作为焦点的标记性
                                    ←─────────────────────────
   零形式    附着词/黏着代词    代词      代词    有定名词短语    无定名词短语
                             [-重音]   [+重音]
   ──────────────────────→
```

图 1 不同功能下话题可能的编码形式

羌语是藏缅语族羌语支语言，分为南、北两大方言（孙宏开，1981；刘光坤，1998），文章使用 La Polla & Huang（2003）所附的口述故事转写材料（Text3），基于羌语北部方言荣红话长篇语料进行分析描写，能较好反映当地人的日常语言使用习惯。为了探究论元与话题的关系，文章将采用乐耀、陆筠怡（2023）测量话题连续性的3个方法来定量分析论元所指的话题性如何与话题这一句法结构相关联。因为所分析语篇为已出版文献所附的长篇故事，因此需注意以下四点。

第一，内容中会涉及叙述、对话，叙述以第三人称视角描写，对话以故事中人物的第一、二人称视角进行描写。统计小句数时，会把对话和叙述分开，叙述部分只剩第三人称的叙述。

第二，羌语的动词有一致关系标记，且为强制出现，无法独立于其他编码方式进行讨论，所以本文暂不讨论一致关系。

第三，因为处理的是文本材料，无法得知韵律上的特征，所以统计的单位是小句，而不是韵律单元（Intonation Unit, IU）。

第四，在统计言说类动词 jə（说）、kele（问）等时，将参与对话的双方都作为小句所指事件的参与者进行统计。

在 Text3 文本中，叙述型语篇总计145个小句，每个小句有不同的论元，常见为1—2个，即使以零形式出现，也需要记为出现的NP。长篇故事中涉及故事中人物的对话，对话内容中有71个小句，需要与故事叙述中实体的指称距离和持续性分开计算，因为对话和故事叙述是发生在两个世界中的事件，名词短语的所指延续性互不记入对方的小句数。

4 结果分析

如表1、表2所示，该表列出了叙述语篇的复现话题中各形式对应的回数值和歧义值表现，零形式的出现频率最高，回数值相对其他形式偏低，即指称距离最小，话题性较高。各形式在歧义值上相差不大。

表1 复现话题中不同形式的回数值表现

	1	2	3—8	9	11—19	20	总数	平均值
零形式	136	7	2	0	0	0	145	1.1
光杆名词（+数量结构/格标记）	5	0	0	0	1	3	9	8.7
有定名词短语	11	1	2	1	2	6	23	7.7
有定名词短语+话题标记	3	3	0	1	3	3	13	9.9
有定名词短语+旁格	6	0	1	1	1	2	11	6.8
有定名词短语+施事格	6	2	0	0	1	0	9	3.2
其他	2	0	1	0	0	0	3	1.0

表2 复现话题中不同形式的歧义值表现

	1	2	总数	平均值
零形式	21	124	145	1.9
光杆名词（+数量结构/格标记）	1	8	9	1.9
有定名词短语	1	22	23	2.0
有定名词短语+话题标记	0	13	13	1.0
有定名词短语+旁格	0	11	11	1.0
有定名词短语+施事格	0	9	9	1.0
其他	2	1	3	1.3

如表3所示，该表列出了首现话题中不同形式的持续值表现。光杆名词的持续值相比包含有定名词短语的结构较高，而持续值最高的是无定名词短语。

表3 首现话题中不同形式的持续值表现

	0	1	2—7	62	总数	平均值
光杆名词（+数量结构/格标记）	0	0	1	0	1	3.0
有定名词短语	1	1	0	0	2	0.5
有定名词短语+话题标记	1	1	0	0	2	0.5
有定名词短语+旁格	5	1	7	0	13	2.4
无定名词短语	0	0	0	1	1	62.0

如表4所示，在Text3文本的叙述语篇的145个小句中，62%的论元是以零形式出现。以零形式出现的论元又以语义角色为A和S的最多，各占30%和40%左右，而话题为P的情况较少，只占4.8%，话题不是句子的论元，但是与核心论元有领属关系或"整体-部分"关系，形成双话题结构的类型也只有6.8%，省略的是双话题结构的主要话题。从各语义角色讨论，论元以S出现的概率最高，而S论元最常以零形式出现在小句中，占比高达69.5%。而论元A虽然在语篇中出现的频率没有S高，但是A论元和S论元一样，以零形式出现的概率很高，为75%。而论元P最常是以名词短语的形式出现，相比另两个论元，在语篇中出现时话题性都较低。而在一个及物小句中，听话人会倾向于将A作为话题，来统摄之后的小句，如果是P做了新话题，则可能会使用话题标记。在该语篇中担任与格角色的名词短语较多，且基本都以零形式出现，与此篇论文对言说类动词的论元处理有关，把听者都处理为与格，因为若要以有形形式出现，会带上与格标记 -ta。

表4 不同语义角色论元的形式表现（叙述）

语义角色	数量	零形式	光杆名词	有定名词短语	有定名词短语+施事格标记	有定名词短语+话题标记	有定名词短语+处所格标记
S	82	57（69.5%）（39.3%）	5（6%）（55.5%）	8（9.7%）（32%）	-	10（12.1%）（66.6%）	-
A	56	42（75%）（28.9%）	-	2（3.5%）（8.0%）	9（16%）（100%）	3（5.3%）（20%）	-
P	21	7（33.3%）（4.8%）	-	11（52.3%）（44%）	-	1（4.7%）（6.6%）	-
与事	29	27（93.1%）（18.6%）	-	-	-	-	-
领有者	13	10（76.9%）（6.8%）	-	3（23%）（12%）	-	-	-
处所	18	-	4（22.2%）（44.4%）	-	-	1（5.5%）（6.6%）	12（66.6%）（100%）

如表5所示，在对话中，除开第三方来讨论说话双方在句中充当不同语义角色时的形式表现，依然是S角色出现概率最高，也有参与者是直接作为事件的谈论对象出现，不在小句中承担具体的语义角色。而带话题标记的有S和就以话题出现的成分。从话题标记出现的背景来看，主要是在引入新的话题时出现，在Text3的对话中是当说话者拿到话轮开始说话，以下发言都是关于自己时，第一个小句首先以 qɑ-ŋuəŋi（1SG-TOP）"我呢"开头。

表5　不同语义角色论元的形式表现（对话）

语义角色	数量	零形式	代词	代词+话题标记
S	33	12（36.4%）（38.7%）	17（51.5%）（65.4%）	4（12.1%）（66.7%）
话题	10	8（80%）（25.8%）	0（0%）（0%）	2（20%）（33.3%）
受益者	10	9（90%）（29%）	1（10%）（3.8%）	0（0%）（0%）
P	6	0（0%）（0%）	6（100%）（23.1%）	0（0%）（0%）
A	3	2（66.7%）（6.5%）	1（33.3%）（3.8%）	0（0%）（0%）
领有者	1	0（0%）（0%）	1（100%）（3.8%）	0（0%）（0%）

由表4和表5可得，句中的论元以语义角色S出现的概率最高，而同时S以零形式分布的概率是最高的。如图2所示，零形式的持续性最高，即话题性最高，对于说话双方来说，零形式的出现说明话语内容是关于该所指的，所以更容易预测以零形式出现的论元所指已被激活，会持续以话题性很高的零形式出现，又因为零形式中出现角色S、A的概率是很高的，所以听话者会预测接下来的零形式所指会以S或A的角色出现在句子中。而角色P更倾向于以有定名词的形式出现。话题连续性次高的形式是有定名词短语，在句中承担角色P的概率最高，而有定名词带话题标记的形式话题连续性相对较低，说明话题标记不是用来标记话题性强的成分，而是有其他的语用功能。所以对于说话双方来说，在具体对话中，可以合理预测零形式在句子中充当的是S或A，并且是当前句子的话题。

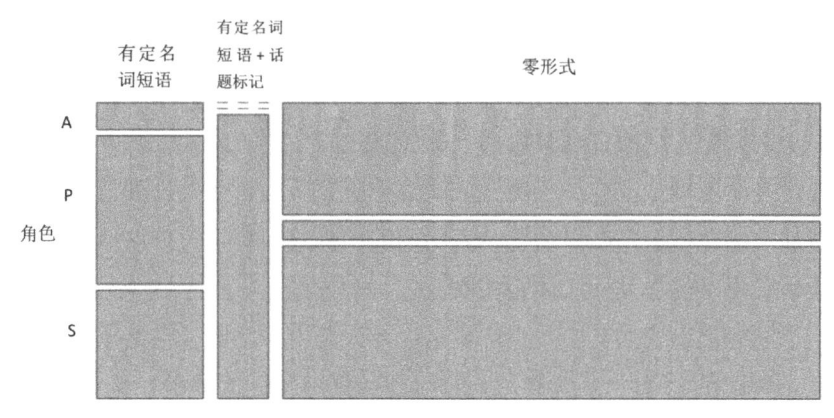

图 2　各形式与语义角色的分布关系

5 结论

文章开篇提到要说明话题标记的主要功能是凸显话题有两方面需要论证：一是为什么需要凸显话题；二是为什么话题外的施事会对话题识别造成干扰。从第 2.2 节话题标记的分布环境的介绍，可以看出话题标记的出现主要是由语言的交际功能决定，说话者在表达信息时，会用句法结构来表示话题，句中的每个论元都有一定话题性，话题性是从论元所指在上下文中的连续性表现获得，所以论元所指在不同的小句中话题性不同，但无论论元所指的话题性高低，都向听话者传达了一些信息，说话者会选择其中一个或多个论元作为话题，获得话题的句法编码，说话者选择哪个论元作为话题与要表达的内容相关，但话题用什么形式来表达，与该话题在语篇中表达的话题性相关。话题性与上下文相关，在话题连续性等级中最高的论元，则对话双方的预测度也最高，倾向于用最缩略的形式零形式来表示，话题性较低的倾向于用名词短语形式表示。也即论元所指的语篇连续性决定了论元的话题性，而话题性又影响了论元在句子中的表现形式。

羌语中的话题有时会带上话题标记来凸显其话题功能，话题标记的出现是非强制的，但具有倾向性，主要出现在引进新话题、重申话题、对比、有干扰项等环境中，虽然话题标记的分布有一定规律，但即使在可能出现的环境中，是否使用也由说话者主观决定，主要是从语言的交际用途出发考量。说话者在表达一组具有不同的话题的信息时，为了使听话者能轻易辨别话题，从而在理解说话人的表达过程中更省力，说话人会在有必要时带上话题标记，会在可能造成误解或需要听话者额外处理信息的话题位置加上话题标记来凸显话题，表明当前所陈述内容是关于该话题的，避免听话者将事件与其他实体相关联。

话题标记出现的其中一个环境是说话人要重申话题，在共享一个话题的几个连续的句子中，当有一个非话题的施事论元A或单一论元S出现，单一论元S所在的小句通常是作为句子焦点提供关于话题相关事件的新信息，而施事论元A所在小句，受事P承担了句子的话题，听话者会认为施事论元A有成为新话题的可能，所以当接下来的话题仍然是由受事P的所指来充当时，说话者倾向于使用话题标记来提醒听话者。论元A有此干扰作用，就是因为论元A所指的话题性普遍较高，A以话题出现的可能性比非话题高，相应地P作为话题的可能性较小。这是通过将论元所指的话题性转化为在语篇中的连续性来作统计分析得出的，零形式在语篇中连续性最高，即话题性最强，是话题最高频的表现形式，而论元A和S最常以零形式出现，话题性通常高于P，更容易被当作话题。当A和S话题性表现较低，但仍作为句子的话题出现时，会用施事格标记、话题标记来凸显其语用地位。所以施事格标记也表现出了类似话题标记的功能。

文章从话题标记在语篇中的分布环境谈起，基于羌语的口述长篇故事，从话语功能的角度，运用统计方法，探究了话题标记的实质，论证了话题标记的话题凸显作用。话题标记的凸显话题功能是为了满足听话人的认知需要，所以在羌语中表现为选择性使用，只在信息处理较繁复时会出现，提升听话人对话语的预测力，减少话语解码难度，最终目的是实现语言的交际功能，因此虽然跨语言中话题标记的专职性和强制性方面表现不一致，但都共享着凸显话题的语用功能。

主要参考文献

[1]BAKER W J，陈平.从"信息结构"的观点来看语言[J].国外语言学，1985（2）：4-10.

[2]陈平.话语分析说略[J].语言教学与研究，1987（3）：4-19.

[3]胡素华，赵镜.诺苏彝语话题标记的功能及其话题类型[J].民族语文，2015（3）：55-67.

[4]黄成龙.蒲溪羌语研究[M].北京：民族出版社，2007.

[5]黄成龙.羌语的话题标记[J].语言科学，2008（6）：599-614.

[6]刘光坤.麻窝羌语研究[M].成都：四川民族出版社，1998.

[7]刘林军.从话语功能看话题标记的实质[J].语言教学与研究，2013（3）：91-98.

[8]孙宏开.羌语简志[M].北京：民族出版社，1981.

[9]徐烈炯，刘丹青.话题的结构与功能[M].上海：上海教育出版社，2018.

[10] FOLEY WILLIAM A, VAN VALIN, ROBERT D JR. Functional syntax and universal grammar[M]. Cambridge：Cambridge University Press, 1984.

[11] TALMY GIVÓN. Topic continuity in discourse: a quantitative cross-language study[M]. Amsterdam：John Benjamins, 1983.

[12] LAMBRECHT KNUD. Topic, focus, and the mental representations of discourse referents[M]. Cambridge：Cambridge University Press, 1994.

[13] LAPOLLA RANDY J. Pragmatic relations and word order in Chinese[M]. Amsterdam：John Benjamins, , 1995.

[14] VAN VALIN，RANDY J，LAPOLLA. Syntax: structure, meaning, and function[M]. Cambridge：Cambridge University Press, 1997.

信息结构视角下朝鲜语有标志被动句的汉译研究小议

金青龙

摘要：被动句是汉语和朝鲜语中重要的语法范畴。分为有标志被动句和无标志被动句。本文从语言信息结构视角，以韩国《中央日报》的韩文版和中文版翻译语料为研究对象，分析有标志被动句的翻译策略。信息结构是组织语言信息的一种结构，由信息单位组成，包含已知信息和新信息。翻译实践表明，朝汉互译的根本任务就是恰如其分地转换两种语言之间的信息。本文详细分析朝鲜语新闻报道原文被动句的句型、句式以及汉语新闻报道译文的句型、句式，探究朝译汉有标记被动句的对应关系，从信息结构视角分析出翻译上的特点。

关键词：朝鲜语；信息结构；被动句；翻译

被动句是汉语和朝鲜语中重要的语法范畴，分为有标志被动句和无标志被动句。本文在语言信息结构研究视域下，以韩国《中央日报》韩文版、中文版翻译语料为研究对象，分析有标志被动句的翻译策略。

信息结构是组织语言信息的一种结构，由信息单位组成，包含已知信息和新信息。已知信息指说话者或作者认为听话者或读者已经知道的信息，可以是上文已经提到的信息，也可以是说话者或作者认为听话者或读者可以凭借语境或已有知识推测出来的信息；新信息指说话者或作者认为听话者或读者并不知道或无法推测出来的信息，是交际或书面传达信息的重点。

翻译实践表明，朝汉互译的根本任务就是恰如其分地转换两种语言之间的信息。

朝鲜语有标志被动句的句式如下。

（1）K1：NP1＋NP2＋被动标记＋（词缀）被动词

（2）K2：NP1＋NP2＋被动标记＋（되다 tweda）被动词

（3）K3：NP1＋NP2＋被动标记＋（지다 tsida）被动词

（4）K4：NP1＋NP2＋被动标记＋（받다 patta）被动词

（5）K5：NP1＋NP2＋被动标记＋（당하다 taŋhada）被动词

汉语有标志被动句的句式如下：

（1）C1：NP1＋被动标记＋NP2＋VP

（2）C2：NP1＋被动标记＋VP

（3）C3：NP1＋被动标记＋NP2＋VP＋N3

NP为名词短语（Noun Phase），VP为动词短语（Verb Phase），N为名词（Noun）。

本文力图详细分析朝鲜语新闻报道中原文被动句的句型、句式以及汉语新闻报道中译文的句型、句式，探究朝译汉中有标记被动句的对应关系，从信息结构视角分析其翻译方面的特点。

1 引言

长久以来翻译研究领域主要以定性研究为主，随着语料库翻译学的发展，特别是双语语料库对翻译学研究贡献的增大和其客观性，翻译研究也逐渐由定性研究转为定量研究。

语料库翻译学以双语语料库或翻译语料库为研究对象，通过统计及理论分析方法探究翻译的本质、过程及现象。语料库翻译学始于20世纪80年代，Blum-Kulka & Levenston（1983）、Vanderauwera（1985）等对欧

洲不同语言间的翻译进行了广泛研究，我国在这一领域的研究始于21世纪初期。我国在语料库翻译学研究方面主要以汉英为主，其他语种特别是对作为小语种的朝鲜语与汉语的双语语料库翻译研究并不多见。황은하（2009）与황은하（2013）中均涉及利用双语语料库分析朝-汉网络新闻稿标题及标题标点符号的翻译问题。

本文基于语料库翻译学理论探究朝鲜语有标志被动句的汉译现象。分属不同语系的朝鲜语和汉语，被动句在运用方面呈现出较大差异。被动是受外力推动而动，或受他人的影响或牵制而发生行动，因此被动句是陈述的一种类型。최현배（1937，1975）认为朝鲜语的被动句一般由述语被动词来表现，同时需要作为陈述主体动作的承受者。黎锦熙（1983）也有类似表述："凡述语用外动词的被动式就不是叙述主语的动作了，是说明主语被人的动作涉及的情形……"

现从韩国《中央日报》①网站上随机选取2010年至2018年的400篇朝鲜语新闻报道以及相应的400篇汉语翻译新闻报道，形成翻译语料库，并以此语料库作为研究对象，从信息结构视角探究朝鲜语与汉语中有标志被动句的翻译及相关现象。

2 信息结构视角下朝-汉被动句的句型与句式

2.1 信息结构

信息结构是指把语言组织成为"信息单位"的结构。语言信息结构研究始于二战前布拉格学派；20世纪60年代后期，韩礼德在布拉格学派信息结构理论基础上结合语篇功能和篇章结构研究把信息理论在语言学中的应用提升到新的高度。韩礼德（1985，1994）认为话语是一个完整的语义单位，说话者把言语组织成信息单元，每个信息单元由已知信息和新信息组成。已知信息一般指交际双方共享的信息，可从文化语境、情景语境或

---

① 《中央日报》是韩国三大报刊之一，网络新闻除朝鲜语外，还有英语、日语、汉语新闻网站。

语言语境中析出，而未知信息是信息发出者希望接受者了解或关注的核心信息。信息焦点是新信息的标志，是说话人希望听话人重点关注的信息内容，语篇就是在新旧信息的不断交替中向前扩展和推进。

常态交际语境下，句子的信息传递遵循句末中心原则。所谓句末中心是指把新信息安排在句子后半部，信息焦点安排在句子末端。

如：도적이　　　경찰에게　　　잡혔다.
　　小偷　　　被警察　　　　抓了
　　已知信息　　新信息　　　　信息焦点

"小偷被警察抓了。"

一般来说，朝-汉两种语言都是按照从已知到未知的认知顺序组织信息，且句尾多用来承载信息焦点。被动句的结构亦是如此。

2.2 朝鲜语被动句的句型与句式

朝鲜语被动句根据蕴含实质性被动内容的VP可分为"词缀"被动句、"-되다"被动句、"-지다"被动句、"-받다"被动句、"-당하다"被动句五种句型。

2.2.1 朝鲜语被动句的句型

（A）"词缀"被动句：在动词词根后加"이/히/리/기"等后缀充当被动词VP。

a. 오늘 수익금이 좋은 일에 <u>쓰인다고</u> 생각하니 힘들지 않다.

b. 그는 폐쇄회로TV（CCTV）에 <u>찍히지</u> 않기 위해 엘리베이터를 이용하지 않고 계단으로 빠져나갔다.

c. 분명히 중국 국경 안에 있었는데 북한군에게 <u>끌려갔다</u>.

（B）"-되다"被动句："-되다"附加于部分体词之后充当被动词VP，或"-게 되다"附加于谓词词干之后充当被动词VP。

a. 천안함은 북한 연어급 잠수정이 발사한 어뢰에 의해 <u>침몰됐다고</u> 민·군 합동조사단은 밝힌 바 있다.

（C）"-지다"被动句："-지다"附加于谓词词干之后充当被动词VP。

a. 톱 배우 겸 가수 엄정화 (41) 가 갑상선암 투병 중인 사실이 <u>밝혀졌다</u>.

（D）"-받다"被动句："-받다"附加于他动性体词之后充当被动词 VP。

a. 제주해역에서만 자라는 붉은 빛깔의 홍해삼은 '바다의 인삼'으로 불리는 등, 육질과 맛, 효능에서 우수성을 <u>인정받고</u> 있다.

（E）"-당하다"被动句："-당하다"附加于作用性体词之后充当被动词 VP。

a. 운동선수 절반 "<u>구타 당해봤다</u>", 26%는 성희롱·성추행 경험.

根据上述朝鲜语被动句实例可知朝鲜语被动主要由谓语来表现，出现被动标志的仅有（Ab）、（Ac）和（Ba）。根据有无被动标志又可分为有标志被动句和无标志被动句。无标志被动句从信息结构角度可视为仅出现已知信息和信息焦点，并未明确呈现新信息。

朝鲜语被动句中值得关注的是附加于施事者之后的被动标志，但很多被动句不带有作为动作主体的施事者，即不标有被动标志。即使出现被动标志也按不同类型受到制约。首先，最为明显地标出施事者功能的被动标志是"-에 의해"；但最受关注的被动标志是与格形态"-에게, 에, 께, 한테"等，"-에게"用于标记有情物施事者，"-에"用于标记非情物施事者，但"-에"具有与格功能及处格功能，仅是与格功能的"-에"附加于非情物施事者之后时才具备被动标志功能，处格不具有被动标志功能。如（Aa）的"-에"就是处格形态，（Ab）的"-에"就是与格形态，表被动。"-께, -한테"与"-에게"相似，用于标记有情物施事者表现被动形式，但在书面语被动句中出现频率较低。

2.2.2 朝鲜语被动句的句式

최재영·임미나 (2008) 将朝鲜语被动句的句式表现如下。

NP1 + NP2 + VP

被动标志-에게等（与格）-에 의해	他动词词根+后缀（이/히/리/기） 作用性体词/谓词词干+"-되다" 谓词词干+"-어 지다" 他动性体词+"-받다" 作用性体词+"-당하다"

参照上述形式可将朝鲜语有标志被动句的句式整理如下。

a. K1句式：NP1+NP2+被动标志+（词缀）被动词

b. K2句式：NP1+NP2+被动标志+"되다"被动词

c. K3句式：NP1+NP2+被动标志+"지다"被动词

d. K4句式：NP1+NP2+被动标志+"받다"被动词

e. K5句式：NP1+NP2+被动标志+"당하다"被动词

2.3 汉语被动句的句型与句式

汉语被动句根据有无被动标志可分为有标志被动句和无标志被动句，即形式被动句和意念被动句。无标志被动句不显示被动标志，作为动作对象的受事者出现于句首，有标志被动句中受事者出现于被动词后，并显示被动标志。

2.3.1 汉语被动句的句型

（A）无标志被动句

a.门开了。

（B）有标志被动句

a.被救回的船员中，已有7人被送往医院。

上述（A）是汉语无标被动句常见例句，虽然未出现被动标志，但从语义上可以看出是门已被打开。相反（B）则是由被动标志"被"字强调的被动语义。石毓智（2006）整理出了汉语中从古至今被动标志的变化过程，指出现代汉语中常用的被动形式标志只有"被、叫、让、给"四个。因此汉语被动句句型有"被字句""叫字句""让字句""给字句"四种类型，其中，"被字句"是现代汉语有标志被动句的典型代表，不仅用于书面语，也常用于口语。

不出现"被、叫、让、给"等被动标志的无标志被动句中,受事者成为主语,表达被动语义。吕叔湘(1982)指出"受、挨、遭"等语义为遭受动词用于文章,其主语便成为动作终点。

石毓智(2006)认为汉语中只有那些在历史上长期被用于标记被动语法现象的才被认定为被动标志,而偶尔出现的词汇不属于此范畴,"蒙、遇、遭"等具有被动语义的动词不具备虚词化被动标志特性。

2.3.2 现代汉语的有标志被动句式

C1句式:NP1 + 被动标志 + NP2 + VP

C2句式:NP1 + 被动标志 + VP

C3句式:NP1 + 被动标志 + NP2 + VP + N3

3 朝-汉有标志被动句翻译的对应关系分析

对照朝鲜语报道原文和汉语报道译文,发现朝鲜语报道原文中被动句有1800多句,其中带被动标志的仅有126句,这说明朝鲜语被动句主要通过述语被动词表示被动,被动标志不是其主要形式。相反,在汉语译文中,出现453句有标志被动句,这说明汉语对被动标志的依赖性强于朝鲜语。如表1所示,朝鲜语中被动标志功能最为明显的是"-에 의해",但其使用频率仅为11.90%;高频率的主要以与格被动标志为主,附于有情物之后的"-에게"占14.29%;附于非情物之后的与格"-에"使用最为活跃,占73.81%;同为与格的"-께"和"-한테"几乎不出现。汉语有标志被动句中"被"是典型标志,因此"被"字句占绝对优势,占98.01%,少量出现"让"字句,其他如"叫"字句、"给"字句几乎没有出现。这是因为汉语新闻报道中尽可能回避"叫"字句、"给"字句等口语化表述,所以汉语被动句中"被"字句占绝对优势是不争的事实。

表1　朝汉新闻报道中出现的被动标志统计

朝鲜语被动标志	数量	占比（%）	汉语被动标志	数量	占比（%）
－에 의해	15	11.90%	被	444	98.01%
－에	93	73.81%	让	9	1.99%
－에게	18	14.29%	叫	0	–
－께	0	–	给	0	–
－한테	0	–	–	–	–
总计	126	100%	–	453	100%

如表2所示，从被动句句式看，朝鲜语有标志被动句中最常见的形式是K2句式，占比61.90%；其次是K1句式，占比33.33%。如表3所示，汉语有标志被动句中C2句式占78.15%，这种句式是"被"字标志后并未附加施事者NP2（即新信息），而是直接修饰谓语的形式。换句话说，如实反映朝鲜语有标志被动句论元结构的汉语被动句句式本应该是C1句式或者C2句式，但汉译实践中呈现的却是缺少NP2（即新信息）论元的C2句式占绝对优势。

表2　朝鲜语有标志被动句统计

被动标志	被动句式	数量	合计	占比（%）
에	K1句式	39	93	30.95%
	K2句式	51		40.48%
	K3句式	–		–
	K4句式	3		2.38%
	K5句式	0		0
에게	K1句式	3	18	2.38%
	K2句式	12		9.52%
	K3句式	–		–

(111 在合计栏对应 에 和 에게 总和位置)

续表

被动标志	被动句式	数量	合计		占比（%）
에게	K4句式	3	18	111	2.38%
	K5句式	0			0%
에 의해	K1句式	0	15		0%
	K2句式	15			11.90%
	K3句式	-			-
	K4句式	0			0%
	K5句式	0			0%
总计	-	126	126		≈100%

表3　汉语有标志被动句统计

被动标志	被动句式	数量	合计	占比（%）
被	C1句式	30	444	6.62%
	C2句式	354		78.15%
	C3句式	60		13.25%
让	C1句式	6	9	1.32%
	C2句式	-		-
	C3句式	3		0.66%
总计	-	453	453	100%

此外，新闻报道的翻译过程中朝鲜语被动句式呈现出以下翻译对应关系。例（A）：朝鲜语K1句式的译文对应汉语C1、C3、主动句等句式；例（B）：朝鲜语K2句式的译文对应汉语C1、C3等有标志被动句式及主动句式，还有汉语无标志被动句式；例（C）：K4句式的译文对应汉语主动句式。

（A）朝鲜语K1句式的汉译对应关系

a. K1句式→C1句式

原文：그는 폐쇄회로TV（CCTV）에 찍히지 않기 위해 엘리베이터를 이용하지 않고 계단으로 빠져나갔다.

译文：同时他为了不被闭路电视（CCTV）拍到，没有使用电梯，而是从楼梯逃了出去。

b. K1句式→C3句式

原文：이제 대도시 주민들은 아파트 엘리베이터를 탈 때부터 수퍼마켓에 들어갈 때, 골목길을 걸어갈 때, 버스를 기다릴 때 등 하루 30번 이상 CCTV 화면에 잡힌다.

译文：现在大城市的居民们在乘电梯、进超市、走进胡同小路、等待公交车时等，每天都可能被摄影机拍摄30次以上，无论是谁都无法逃避。

（B）朝鲜语K2句式的汉译对应关系

a. K2句式→C3句式

原文：지난해 6월 유네스코에 의해 세계문화유산으로 등재된 조선왕릉 훼손이 심각한 상황이다

译文：去年6月被世界教科文组织认定为世界文化遗产的朝鲜王陵处于严重损毁的状态。

b. K2句式→汉语主动句式

原文：모두 문화재보호법에 위반되는 시설이다.

译文：这些全都违反了《文物保护法》。

（C）朝鲜语K4句式的汉译对应关系

a. K4句式→汉语主动句式

原文："중앙부처 국장이 산하기관 과장에게 돈 받은 사실을 적발했으나 즉시 돈을 회수하지 않고 화장실에 가도록 내버려 둬 국장이 돈 봉투를 변기 속에 버렸다"는 일화도 소개됐다.

译文：中央单位的局长收受其下属机关课长钱的事实被揭发了，但并没把钱从他身上搜出来就让其去了卫生间。

如表4所示，朝鲜语有标志被动句汉译过程中呈现出除C2句式以外的汉语被动句式，而译文中呈现最多的是汉语主动句式。K1句式翻译成汉语主动句式的占50%，K2句式翻译成汉语主动句式的占51.28%，K4句式翻译成汉语主动句式的为100%。

表4 朝鲜语有标志被动句汉译对应关系

朝鲜语有标志被动句式	汉语译文对应关系		
	被动句式	数量	所占比例
K1句式	C1句式	15	35.71%
	C2句式	0	—
	C3句式	6	14.29%
	主动句式	21	50%
	合计	42	
K2句式	C1句式	26	33.33%
	C2句式	0	—
	C3句式	5	6.41%
	主动句式	40	51.28%
	无标志	7	8.98%
	合计	78	
K4句式	主动句式	6	100%
	合计	6	

如从逆向角度查看汉、朝有标志被动句回译对应关系，就可以解释为什么汉语被动句中存在大量C2句式的问题。如表5所示，很多朝鲜语的无标志被动句被译成汉语有标志被动句C2句式。如前所述，朝鲜语的无标志被动句不体现被动标志，即句中没有出现动作施事者NP2（即新信息），但被动语义由谓词被动词来表达。汉语译文中被动语义仍由被动标志来表达，但论元结构上与朝鲜语原文结构相同，被动标志直接修饰谓词，并无动作施事者NP2的信息出现。

表5 汉-朝有标志被动句回译（逆向）对应关系

汉语译文有标志被动句式	朝鲜语原文回译对应关系		
	句式	数量	所占比例
C1句式	有标志被动句式	15	41.67%
	无标志被动句式	6	16.66%
	主动句式	15	41.67%
C2句式	有标志被动句式	15	4.24%
	无标志被动句式	246	69.49%
	主动句式	93	26.27%
C3句式	有标志被动句式	18	28.57%
	无标志被动句式	27	42.86%
	主动句式	18	28.57%

4 结论

本文以朝-汉新闻报道双语语料库为研究对象，从信息结构视角分析了朝-汉两种语言中有标志被动句的翻译对应关系，并总结出以下四个特点：

一是朝鲜语中有标志被动句在使用上没有无标志被动句活跃。这是因为朝鲜语被动句在很多情况下通过作为动作受事者的已知信息语境可推测出作为施事者的信息，故施事者信息不被认为是新信息而是旧信息。为避免赘述NP2被省略，被附于NP2后的朝鲜语被动标志也被省略，但作为信息焦点的大量谓词被动词照样可体现出被动语义。汉语中仅有少量诸如"受、挨、遭、蒙、遇"等带有被动语义的谓词被动词，而大部分被动形式需靠被动标志来表现。

二是关于被动标志的使用，朝鲜语中比起被动语义明显的"-에 의해"，更多地使用被动语义功能相对较弱的与格标志。相反，汉语中最受关注的是被动语义非常明确的"被"字句。

三是朝鲜语K1句式的译文对应汉语的C1、C3主动句等句式；朝鲜语K2句式的译文对应汉语的C1、C3等有标志被动句式及主动句式，还有汉语无标志被动句；K4句式的译文对应汉语主动句式。

四是通过汉-朝回译对应关系可知，翻译成汉语有标志被动句的朝鲜语新闻报道原文中无标志被动句式数量最多，其次是主动句式，有标志被动句式数量最少。这是因为朝鲜语的被动语义功能体现比起附加于新信息的被动标志，更主要的关注点是在作为信息焦点的谓词被动词上，而汉语被动标志既可修饰作为施事者的新信息，也可修饰作为信息焦点的谓词。

主要参考文献

[1]胡开宝.语料库翻译学概论[M].上海：上海交通大学出版社，2011.

[2]吕叔湘.中国文法要略[M].北京：商务印书馆，1982.

[3]黎锦熙.新著国语文法[M].北京：商务印书馆，1983.

[4]石毓智.语法化的动因与机制[M].北京：北京大学出版社，2006.

[5] HALLIDAY M A K.An introduction to functional grammar[M]. London: Edward Arnold, 1985/1994.

[6]최현배.우리말본[M].서울：정음사，1937/1975.

[7]최재영，임미나.한중 피동문 대조연구[J].중국학연구，2008(46)：39-63.

信息焦点与朝鲜语多义词 ta 的解读

崔延燕

摘要：本文采用选项语义学对焦点的定义及其分析框架讨论朝鲜语多义副词 ta 的不同用法与句子信息焦点的互动。文章主要从能否持重音、关联项特点、预设信息、句子所提示的问题等几个方面对 ta 的四种常用用法进行考察，辨析各义项的功能差异，展示信息结构理论在词汇语义研究中的重要作用。

关键词：选项语义学；信息焦点；朝鲜语；副词

1 引言

朝鲜语副词 ta 是一个多义词，有名词和副词两种词性。例如：
（1）a. ta-tul　　　mwe　　　hay
　　　ta-复数　　什么　　　做
　　　"大家都在做什么呢？"
　　b. ol　　saram-un　　ta　　wa-ss-ta.
　　　来　　人-话题　　ta　　来-过去-陈述
　　　"该来的人都来了。"
（1）a 中 ta 带复数标记，做主语，从形态和功能上都可确认是名词性的；（1）b 中 ta 出现在谓语部分，表总括，是副词性的。尽管（1）a、（1）

b中ta的词类不同，但语义上有明显的联系，都表示"全部"。除了量化，副词性的ta还有其他几种用法。《标准国语大辞典》（国立国语院编，1999）区分了三种悟形。例如：

（2）a. sin-i　　　ta　tal-ass-ta.

　　　鞋-主格　ta　磨损-过去-陈述

　　　"鞋全磨破了。"

　　b. wen　pyel　saram　ta　po-keyss-kwun.

　　　哟　奇怪　人　　ta　看见-将来-kwun

　　　"哟，真是什么人都能见着啊。"

　　c. swukcey-lul　haca-myen　cam-um　ta　ca-ss-ta.

　　　作业-宾格　　做-如果　　觉-话题　ta　睡-过去-陈述

　　　"要是做作业，觉都不用睡了。"

（2）a中ta是程度副词，表示状态达到了最大限度；（2）b中ta是语气副词，表惊讶同时有讽刺和感叹的意味；（2）c比较难理解，按照词典中的解释是"把尚未发生但无法实现的事描述成已实现了的事"，是一种反事实用法，字面义是"觉已经睡完了"，但实际表达"觉睡不成了"，这里的ta应看作时间副词，表示"已经"。

1.1 关于ta的研究概述

国内学者对于ta的讨论主要是与汉语"都"的对比（侯晓丹，2017）；国外相关文献相对丰富，关注的问题也更为多样。近年来有代表性的文章有장경현（Jang, Gyeong-hyeon；2018），描写了ta在共时平面上的句法语义表现，认为ta在句法上是副词，并未语法化为话语标记，而语义上所分化出的多种义项可归纳为"量化用法"和"非量化用法"两大类。김현주, 정연주（Kim, Hyun-ju, Jeong, Yeon-ju；2011）从历时角度考察ta的来源及词义孳生路径，提出ta的源头是表示"消尽"的动词，在连谓句中重新分析为表"完全、全部"的副词。ta"甚至"用法的产生与"N-kkaci ta V（连N都V）"格式关系密切，"惊异"用法则是"甚至"用法进一步虚化的结果。

이성범（Lee, Sungbom；2007）认为表"已经"的ta是一种特殊表现"否定衍推"，如字面义为"饭做完了"，实际描述的是"饭还没有做好"的情况，见例（3）。

（3）i rehkey　　kim-i　　　na-nun　　ke-l
　　　这样　　　蒸汽－主格　出－助　　事－宾格
　　　poni　　　pap-i　　　ta　　　　toi-ess-kwun.
　　　看见　　　饭－主格　　ta　　　　成－过去-kwun
"看见冒蒸汽了，饭很快就好了。"

笔者所搜集到的文献中，暂时没有看到对"反事实"用法较为深入的讨论，如（2）c；对"惊异"用法的分析也不多，如（2）b，特别是缺少对ta表惊异时与句末语气成分互动情况的全面描写。

1.2 研究内容

本文在前人研究基础上，从信息焦点视角考察副词ta多种义项的语义、语用差异；介绍与焦点相关的语义、语用现象以及对这些现象从"选项语义学"（Alternative Semantics）角度出发进行统一解释；讨论各义项与焦点的互动，包括ta能否重读，是否充当焦点算子，发挥量化功能时的量化域是什么，作为算子时关联项受到哪些限制，预设什么信息与会话含义等；总结文章的主要发现，并指出有待继续深入研究探索的方向。

2 焦点与选项

2.1 与焦点相关的语义、语用现象

本文采用选项语义学对焦点定义，认为焦点的功能在于激活语言片段的选项集（Alternative Set），可有多种标记方式，如重音、语序、特殊结构等。Rooth（1992）把和焦点相关的语义、语用现象归纳为如下几类。

问答一致（Question-Answer Congruence）：一个句子能否作为疑问句的恰当回答，与句中焦点位置密切相关。如"谁吃了螃蟹？"可以用"[张三]F吃了螃蟹"来回答，而不能用"张三吃了[螃蟹]F"来应答。

焦点副词（Focusing Adverb）：也叫作焦点算子（Focus Operator），诸如英语中的only，和不同焦点成分关联，使句子得到真值条件不同的语义解读。如S_1=She only eats [fish]F 和 S_2=She only [eats]F fish 两个句子都断言"她吃鱼"，但S_1可蕴涵"她不吃牛肉"，而S_2则不是；同样，从S_2可以推出"她不捕鱼"等选项，S_1则不可以。

级差含义（Scalar Implicature）：也译作"梯级衍推"，级差含义是格莱斯会话含义的特殊小类，其产生依赖于具体语境中语用尺度（Scale）。例如："及格<良好<优秀"构成成绩的尺度，根据这个尺度，听话人可从"张三[及格]F了"推出"张三没有得良好及以上"。

对比句（Contrastive Configuration）：对比句里包含（至少）两个对举的焦点成分。如"张三在[海淀]F校区，李四在[丰台]F校区"。对比焦点在解读时是相互参照的，互为彼此的语境选项。

光杆残留省略句（Bare Remnant Ellipsis）。例如：

（4）a. She beats [me]F more often than Sue（=than she beats Sue）.

"她打我比她打苏打得勤。"

b. [She]F beats me more often than Sue（=than Sue beats me）.

"她打我比苏打我打得勤。"

例（4）中是两个对比句，其特点是比较基准由一个经过省略的残留成分充当。该残留成分的解读与句中焦点位置密切相关。如果焦点是事件的受事，如（4）a，那么残留成分Sue也充当事件的受事；如果焦点为事件施事，如（4）b，则残留成分也需解释为施事。

2.2 选项语义学

选项语义学为解释以上与焦点相关现象提供了一个框架。该理论认为一个片段除了一般语义值（Ordinary Semantics），还有一个对应的焦点语义值（Focus Semantics）。例如：

（5）就[张三]F吃了螃蟹。

  a.张三吃了螃蟹。

  b.x吃了螃蟹。

c.{张三、李四、小王}

d. C={张三吃了螃蟹，李四吃了螃蟹，张三李四吃了螃蟹，张三小王吃了螃蟹，李四小王吃了螃蟹，张三李四小王吃了螃蟹}

例（5）的一般语义值是（5）a，"张三吃了螃蟹"，而它的焦点语义则是满足形式（5）b的所有命题集合。理论上这个变量 x 可以是任何个体，但具体语境会限定 x 可以指哪些人，如（5）c。由（5）c 可以得到选项集（5）d，这个选项集一定是句子焦点语义的子集。焦点副词"就"在句中发挥排除其他选项的功能，表明"张三吃了螃蟹"是 C 中唯一为真的命题，其他命题都为假。

以上是对焦点副词的分析，其他现象的分析方法大致相同，区别仅在于如何限制焦点语义。

3 Ta 与焦点的互动

本节描写不同用法 ta 和焦点的互动。

3.1 可做焦点的用法

表总括和完成义都是在进行量化，区别在于量化的是个体（人、事物）还是过程（事件发展、状态变化过程）。这两类用法的 ta 都可以重读，充当信息焦点，激活选项集。例如：

（6）a. ku saram-tul-i   ta   cip-ul   sass-ta

　　 那　人-复述-主格　ta　房子-宾格　买-过去-陈述

　　 "那些人都买了房子。"

　　b. ku saram-tul-i   cip-ul   ta sass-ta

　　 那　人-复述-主格　房子-宾格　ta　买-过去-陈述

　　 "那些人已经买了房子。"

（6）a 中表总括的 ta 会触发"一些、一半、大部分"等量化表达构成的选项集，因此，句子会有"只有一部分人买了房子、只有一半的人买了房子、大部分（而非所有人）买了房子……"等对比项。朝鲜语重音焦点同样具有排除选项的功能。具体而言，（6）a 会排除选项集中所有不能被"他们全部买了房子"所蕴涵的命题，如："他们只有一部分人买了房子"。（6）b 和（6）a 相似，表完成的 ta 会触发"刚开始、交易过半、接近完成……"等选项，句子除了表达一般语义，还会由于焦点的排除选项功能而产生"那些人不是刚开始买房子"等会话含义。

3.2 焦点副词用法

第一，表"甚至"用法，是典型的焦点副词，不重读，可以离开动词前位置，出现在其所关联的焦点成分之后。例如：

（7）a. ku   saram-tul-i   ta   cip-ul   sa-ss-ta.
　　　　 那   人-复述-主格   ta   房子-宾格   买-过去-陈述
　　　　 "连那些人都买了房子。"

　　　b. ku   saram-tul-i   cip-ul   ta   sa-ss-ta.
　　　　 那   人-复述-主格   房子-宾格   ta   买-过去-陈述
　　　　 "那些人连房子都买了。"

　　　c. Chelswu-nun   wuntongcang eyes ta chayk-ul ilk-ess-ta.
　　　　 Chelswu-话题   运动场   在   ta 书-宾格   读-过去-陈述
　　　　 "Chelswu甚至在运动场看过书。"

（7）a 中，当句子焦点为主语时，ta 出现在主格标记之后；（7）b 的焦点是宾语，此时的 ta 不能出现在主语后，而要出现在宾语后；（7）c 中焦点是处所，ta 可放在处所短语之后、宾语之前。

"甚至-ta"的功能是引入一个预设（Liu，2017），以（7）a 为例，一般语义是命题 p="那些人买了房子"；主语是句子信息焦点，激活对比项"张三、李四和小王、刘律师"等，构成选项集 {p=那些人买了房子，即 p_1=张三买了房子、p_2=李四和小王买了房子、p_3=刘律师买了房子……}。Ta 预设了 p 是选项集中可能性最低命题。

需要注意的是，ta 不表增量（Additive）。例如：

（8）a. Chelswu   ka   ta   wa-ss-ta.
　　　　 Chelswu   主格   ta   来-过去-陈述

"连Chelwu都来了。"

  b. Chelswu to wa-ss-ta.
   Chelswu 也 来–过去–陈述
  "Chelwu也来了。"

（8）b预设了有除Chelswu之外的其他人来，但（8）a并没有这个预设，即使Chelswu是第一个来参加活动的人，（8）a也可以为真。

ta不仅可以如（7）a-c那样向左关联种种论元，也可以向右关联句子的谓语。例如：

（9）Chelswu-nun nemwu tewe ta ssureci-ess-ta.
  Chelswu-话题 过于 热 ta 晕倒–过去–陈述
  "Chelswu热得都晕过去了。"

（9）中的焦点是谓语"晕倒"，与之形成对比的为"流汗、脸红、呼吸困难"等症状。句子预设了"Chelswu得晕过去"可能性最低的一种情况。

关于ta的"惊异"用法，还有一些情形。例如：

（10）a. ku saram-tul-i cip-ul sass-kwuna.
   那 人–复述–主格 房子–宾格 买-kwuna
   "那些人买了房子啊。"

  b. ku saram-tul-i cip-ul ta sass-kwuna.
   那 人–复述–主格 房子–宾格 ta 买–kwuna
   "那些人还买了房子呢。"

（10）a和（10）b构成一组最小对立对，（10）b包含ta，而（10）a不包含，因此可以确定ta的语义贡献。这两个句子都表示的"那些人买了房子"是说话人新得到的信息，句末kwuna传达了这种含义。二者不同在于（10）a不表达惊讶的语气，也就是"那些人买了房子"符合说话人预期；而（10）b则有明显的惊讶意味，"那些人买了房子"超出了说话人预期。

第二，"惊异-ta"和"甚至-ta"有细微不同。例如：

（11）语境：A和B两个人在讨论他们的朋友Chelswu会不会讲其他语言。

    A: Chelswu-nun　　hane-lul　　ta　　hal cul　　al-a-yo.
       Chelswu-话题　汉语-宾格　ta　　说　　　知道-陈述-敬语
       "Chelswu连汉语都会说。"

    B: Chelswu-ka　　hane-lul　　ta　　hay?
       Chelswu-主格　汉语-宾格　ta　　说
       "Chelswu还会说中文呢？"

（11）A中的ta表"甚至"，可以推知说话人A知道"Chelswu会说汉语"，并且认为和其他选项"Chelswu会说英语，Chelswu会说西班牙语，Chelswu会说蒙古语……"等相比，"Chelswu会说汉语"是可能性最低，最让他感到意外的。说话人B的认知显然和A不同。(11) B是一个反问句，表明B对A刚刚传达的信息感到惊讶，但只能由此推论B之前不知道Chelswu会汉语，而不能推出B和A有相同的预设——认为"Chelswu会说汉语"是各种选项中最不可能的。从与焦点关联而言，"甚至-ta"关联的是谓语或具体论元，焦点的对比项可以构成某种语用尺度（如：语言习得难易的排序），而"惊异-ta"则是把全句作为焦点，选项集只包括两个命题，即句子本身及其否定命题。

3.3 小结

3.1和3.2两小节所讨论ta与焦点的互动情况可总结如下表所示。

功能/义项	汉译	是否重读	可否做焦点	句法位置	关联项
总括	全部、都	通常重读	可做焦点	量化域之后	-
完成	已经、全	可重读	可做焦点	谓语中心词前	-
甚至	甚至、连…都	不可重读	可做焦点	焦点后/动词前	元、谓语
惊异	居然、还	不可重读	不可做焦点	谓语中心词前	全句

4 余论

本文以"与信息焦点的互动"为切入点，讨论了朝鲜语副词 ta 几种义项之间的语义、语用差异。文中事实支持장경현（2018）将 ta 的多种用法归纳为"量化用法"和"非量化用法"观点。前一类 ta 可以重读，自身可做句子焦点；而后一类用法 ta 则是充当焦点算子，不可重读，通过与句中不同位置的焦点相关联发挥其功能。本文借鉴选项语义学的分析方法，从两个维度辨析了"甚至-ta"和"惊异-ta"的差异。即第一，所关联的焦点："甚至-ta"所关联的焦点是主语、宾语、状语、谓语等局部片段，而"惊异-ta"关联的是宽焦点，即全句。第二，预设的语用信息："甚至-ta"预设了焦点及其对比项可构成一个语用尺度，根据这个尺度，句子所表达的命题是选项集中所有命题里可能性最低的，"惊异-ta"则并不预设语境中有这样一个尺度。

非焦点副词发展为焦点副词是在许多语言中都存在的现象。如现代汉语的"都"和 ta 一样，既有全称量化（即"总括"）的用法，也有表"甚至"的用法，而"甚至"义焦点副词进一步演变为表惊讶的语气词也无独有偶，如粤语的 tim1（添）。例如

（12）a. Keoi5dei6 bun1 uk1 tim1.
　　　佢哋（他们）搬　　屋　　添
　　　"他们要搬家！"（Winterstein 等，2018）

　　b. Kam4jat6 tai2zo2 saam1 bun2 tim1.
　　（昨天）睇-咗（完成体）三　　本　　添
　　　"昨天甚至读了三本书。"

根据 Winterstein 等（2018）的研究，（12）a 只单纯表示说话人对新获取的信息感到惊讶，而（12）b 则预设了比它可能性更高的其他命题，如"我今天读了两本书"。朝鲜语和汉语各方言都没有亲缘关系，但在这些语言中观察到了相似的语义演变模式。那么，这种相似是偶然的还是有某种理据呢？这一问题留待另文讨论。

主要参考文献

[1] AIKHENVALD ALEXANDER Y. The essence of mirativity[J]. Linguistic typology, 2012, (16): 435–485.

[2] CHUNG KYUNG-SOOK. Spatial deictic tense and evidentials in Korean[J]. Natural language semantics, 2007, (15): 187–219.

[3] LIU MINGMING. Varieties of alternatives: mandarin focus particles[J]. Linguistics & philosophy, 2017, (40): 593–642.

[4] ROOTH MATS. A theory of focus interpretation[J].Natural language semantics, 1992, (1): 75–116.

[5] 김현주, 정연주. 양화사 '다'의 형성과 의미 확장[J]. 한국어문학 국제학, 2011(16): 264–290.

[6] 이성범. 양화 표현 '다'의 의미 처리 연구[J]. 언어와 정보사회, 2007 (8): 61–78.

[7] 장경현. 부사 '다'의 의미와 기능[J]. 언어사실과 관점, 2018(45): 61–84.

现代维吾尔语语气助词的话题和焦点功能

吾麦尔江·吾吉艾合麦提

摘要：信息结构的概念在20世纪60年代由著名语言学家韩礼德引入语言研究，后来Chafe（1976）、Lambrecht（1994）、Fery & Krifka（2008）、Johanson（2014）等国外学者对此进行了系统而深入的研究；张伯江和方梅（1996）、武果（1998）、徐烈炯和刘丹青（1998）、潘海华（2005、2012）、王蓓（2006、2010）、周士宏（2016、2020）等国内学者对此也早有所关注和探讨。近几年，学者们主要有王蓓（2013）、吐尔逊·卡德尔（2013、2015）、阿不都热西提·亚库甫（2016）、王海波（2019）等开始研究阿尔泰语系语言的信息结构。现有成果从不同语法层面谈到话题、焦点、韵律等问题，涉及语义、语用、韵律、形态、句法等层面。维吾尔语中的语气词虽然没有丰富的形态变化，但在句法中具有不可忽视的语法功能，诸如–la、–mu、–ču、–dA、–γu/–qu等语气词在信息结构中具有重要的话题和焦点功能。

关键词：维吾尔语；语气词；话题；焦点

1 信息结构理论与国内外研究动态

伦敦功能学派语言学家Halliday（1967）第一次提出信息结构这一概

念，指出英语句子一般都有信息单位，信息结构通过音系感知来体现。在此之前，布拉格学派代表人物 Mathesius 从实际切分理论角度探讨句子，并提出主位（Theme）、述位（Rheme）等概念，主位指已知信息，述位则是新信息（贾媛、杨喆，2018）。

20世纪70至90年代，Chafe、Prince、Lambrecht 等学者从人的意识对信息焦点的影响、信息的分类标准、信息结构与命题的关系等方面对信息结构进行了深入考究。

Chafe（1980、1987）认为意识在语言信息结构中起关键作用，并对焦点产生直接影响，Chafe 同时将信息三分为已知信息、新信息和可及信息。Prince（1981）以话语模型为基础提出了全新的分类标准，认为语言交际中的信息可分为新实体、可推断性实体和可激活性实体。这种分类以大量语料分析为依据，对第二语言教学具有一定的参考价值。Lambrecht（1994）认为信息与词汇、句法之间的关系一般是通过语言所指和命题关系来体现，提出信息关系论，并强调它在信息结构中的核心作用。

21世纪以来，Randy J. LaPolla（2005）、Fery & Krifka（2008）、Zimmermann & Féry（2010）、Johanson（2014）等学者从句法、语篇、交际、语序、语境等角度对不同语系多种语言的信息结构进行了深入的探讨。

国内学术界对信息结构理论的研究和探讨也取得了一定的成果，他们主要有张伯江和方梅（1996）、武果（1998）、徐烈炯和刘丹青（1998）、潘海华（2005、2012）、王蓓（2006、2010）、陆俭明（2014、2018）、周士宏（2012、2016、2020）等。这些学者主要以汉藏语系语言中话题和焦点为研究重点。我国少数民族语言信息结构研究也得到越来越多的关注，并取得了一定的成果，如戴庆厦（2001）、胡素华（2004）、赵燕珍和李云兵（2005）、李泽然（2007）、黄成龙（2008）等学者以南方少数民族语言事实为依据，围绕信息结构展开了系列专题研究。阿尔泰语系的信息结构研究近几年来也引起学者们的重视并取得了初步成果，如周士宏和宁瑶瑶（2012）、王蓓（2013）、吐尔逊·卡得（2013、2015）、阿不都热西提·亚库甫（2016）、力提甫（2017）、阿尔达克·托合达尔别克

（2018）、王海波（2019）、郭昊（2020）、阿迪来（2020）等结合阿尔泰语系语言中维吾尔语、哈萨克语、乌兹别克语的话题和焦点进行了一系列专题研究。

维吾尔语属阿尔泰语系SOV型语言，是典型的黏着语，形态变化较为丰富，语序相对较为灵活。本文将在以往研究成果的基础上分析现代维吾尔语中五个常用语气助词标示话题和焦点的功能。

2 维吾尔语中几个常用语气词的话题与焦点

本文主要探讨追问语气助词–ču、惊异语气助词–γu/–qu、断然语气助词–dä/–tä、限制语气助词–la和追加语气助词–mu（即–mu2）标示话题和焦点的功能。

2.1 语气助词–ču

在现代维吾尔语中，常用于一般名词和名词性词组之后，表示追问上下文所关注的人或事物，具有强调作用，与名词和名词性成分一起做句中话题。它的功能类似于现代汉语中的"呢"。例如：

（1）Siz–ni–ču,　　Alim　　čaqir–wat–idu.
　　 你–ACC–PART　阿里木　叫–CONT–NPST3sg
　　 "阿里木在叫你呢。"

（2）Bu　yarning　hawa–si–ču,　　bäk yaxši.
　　 这　地方　　气候–3POS–PART　很　好
　　 "这里的天气很好。"

2.2 语气助词 –γu/–qu

A：这一语气助词常出现在句中特定词语之后，与其后将要提出的问题相比，该成分所代表事件的发生具有必然性或不可改变性。语气助词与相关名词、代词、静词性词组同作句中话题。例如：

（3）Bu–ni–γu al–duq,　　　ämdi qandaq qil–i–miz?
　　 这–ACC–PART买PST1pl　怎么　　　做NPST–1pl

"这个玩意儿是买上了，现在该怎么做呢？"

B：出现在条件句前一分句末尾，强调主句要做出的判断更有把握，是句子的话题。例如：

（4）Bar-sa-ŋ-ɣu　　　　　yaxši　bol-a-t-ti.
　　　去 -COND-2sg-PART　好　　成 -NPST-CONT-PST
　　　"你去呢，确实好。"

2.3 语气助词 -dä/-tä

-dä/-tä 在维吾尔语语法书中一般被描述为断然语气助词，表示对句子中所叙述事件的钦佩或夸奖。从信息结构角度看，它可做从句的话题标记，也可标记组合焦点。

A：做从句话题标记，用来表示对句中所叙述事件的惋惜或遗憾。例如：

（5）Siz　kör-mi-di-ŋiz-dä,　　　　šuŋa　šundaq　dä-y-siz.
　　　您　看 -NEG-PST-2sg-PART　因此　那样　　说 -NPST-2sg
　　　"可惜啊，您刚才没有看到，所以这么说。"

B：标记组合焦点，用来表示对句中所叙述事件的钦佩或夸奖。例如：

（6）Usul　de-gän-ni　　　　oynay-du-dä　　　bu　qiz.
　　　舞蹈　说 -ADJL-ACC　跳 -3NPST-PART　这　姑娘
　　　"这位姑娘是个跳舞高手。"

2.4 语气助词 -la

限制语气助词 -la 可出现在句中任何静词类词组后，表示句中做出的结论或判断只限于与它所结合的词或词组所表达的内容上，句中常与副词 päqät 一起使用，具有排他焦点功能（Yakup，2016）。例如：

（7）Bu　iš-ni　　päqät　män-la　　bil-i-män.
　　　这　事 -ACC　只有　我 -PART　知道 NPST-CONT-PST
　　　"只有我知道这件事。"

（8）Muällim　u-ni　　kör-üp-la　　　tonu-wal-di.
　　　老师　　把他　看 ADVL-PART　认识 SELF-PST

"老师一看见他就认出来了。"

2.5 语气助词 –mu（即 –mu2）

维吾尔语中的语气助词–mu，一是表达疑问语气意义–mu（即–mu1），二是表达"也、还"的追加语气意义–mu（即–mu2）。本文关注后者，主要有以下两种用法。

A：用于句中静词类词干后，表示该词干所表达的内容也该在上下文关注的范围内，可标示包含焦点（Yakup，2016）。例如：

（9）sän　bar-sa-ŋ,　　män-mu　bar-i- män.
　　 你　去–COND-2sg　我–PART　去–NPST-1sg
　　 "你去，我就去。"

B：出现在感叹句中某些形容词或副词之后，进一步加强该形容词或副词所表达的程度意义，也可做句中焦点。例如：

（10）Čirayliq-mu　bayča　i-kän　　bu.
　　　漂亮–PART　公园　是–EVID　这
　　　"这个公园太美丽了。"

3 结语

语气助词在不同语言中均可标示话题和焦点是一种常见的语言现象。本文以维吾尔语标准语为语料，从信息结构角度出发观察现代维吾尔语口语中五个常用语气助词标示话题和焦点的功能，认为追问语气助词–ču、惊异语气助词–γu/-qu与名词和静词性成分一起做句中话题，断然语气助词–dä/-tä可标示组合焦点，限制语气助词–la类似于汉语和英语中的"只有"、"only"，可做焦点算子，可标示排他焦点，语气助词–mu（即–mu2）可标示包含焦点。

主要参考文献

[1]高松.话题焦点敏感算子"可"和语气词"呢"的比较[J].哈尔滨

学院学报，2009（6）：127-131.

[2]袁毓林.汉语句子的焦点结构和语义解释[M].北京：商务印书馆，2012.

[3]吐尔逊·卡得，吾守尔·斯拉木.维吾尔语话题的韵律表现[J].新疆大学学报，2015（5）：126-132.

[4]王蓓，吐尔逊·卡得，许毅.维吾尔语焦点的韵律实现及感知[J].声学学报，2013（1）：92-98.

[5]王海波.从言语交互功能分析语气助词：以维吾尔语ču和汉语"呢"的比较为例[J].满语研究，2019（1）：64-71.

[6]周士宏，宁瑶瑶.现代维吾尔语的话题结构[J].北京师范大学学报，2012（4）：52-58.

[7]周士宏.汉语句子的信息结构研究[M].北京：北京师范大学出版社，2016.

[8] ABDURISHID YAKUP. Focus in Turkish and Uyghur: a preliminary report on an ongoing contrastive investigation[J]. Turkic languages, 2016, (20): 113-128.

[9] WU GUO. Information structure in Chinese[M]. Beijing: Peking University Press, 1998.

维吾尔语-ču式话题句的结构与功能

迪丽妮嘎尔·菲达

摘要：–ču通过凸显某一话题域的对比性成分而标示话题，促使其前面成分转换为具有"对比性"的话题。本文以语言事实为依据力图从信息结构理论角度揭示现代维吾尔语–ču式话题句的结构和语用功能，尝试解释现代维吾尔语语气助词–ču具有引导和标示对比话题的作用、是典型的对比话题标记。基于维吾尔语–ču式话题句的调查结果，–ču式话题句广泛存在于口语交际中，语气助词–ču在语用方面的表现形式和特征与相关语言相比既有共性又有个性。

关键词：维吾尔语；对比话题；语用功能

1 引言

众多学者认为，–ču是"现代维吾尔语中转化为词尾的'纯粹的'语气词"。在收集语气助词–ču语料过程中，主要根据–ču在各类维吾尔语语法书中的定义，对众多语料例句在语用方面的表现形式和特征进行了整理和筛选，发现现代维吾尔语语气助词–ču既可以出现在疑问句中表示追问语义，又可以缀接在非疑问句末的祈使式谓语后表示各种语气色彩，还可以缀接在句首话题后成为话题标记。

现代维吾尔语语气助词–ču有三个变体：–ču/-čü/-šu。比较古今维吾尔语可发现公元9世纪以前的文献语言中没有使用语气助词–ču的痕迹。–ču作为语气助词最早出现在《突厥语大辞典》(11世纪70年代)中，定义为"–ču是表示强调的助词"，如："käl ču."[你来吧（你一定来）]，"barma ču."[你不要去啦（你绝不要去）]。–ču的这种形式应是现今发现最古老的词性和特征。在后期维吾尔语文献语言中–ču以各种不同形式和语义出现在一些文献作品里，特别是在察合台维吾尔语文献作品的句法结构中，–ču语气助词处于词干前的语序位置，与现代维吾尔语口语文学中–ču缀加于词干后的语序位置形成鲜明对比。显然是维吾尔语早期文学语言受波斯、阿拉伯语影响颇深，致使书面语与口语的发展明显脱节，因而形成这样的差异。例如：

（1）a. ču äždähayi atäš dut salur här bišägä ahim.

"我经受的凌辱如喷火的巨龙使天地硝烟弥漫。"

b. Bäsdor yiraq ägär yürüp gül yüzigä qäramaqim, közgä salur ču tiräliq kün yüzigä näzarädur.

"远处观赏你的容貌已使我心旷神怡，敢目视阳光只会让你眼前暗如墨玉。"

c. Qilay nalä baqib güldäk yüzüŋä, ču bulbullarɣa äpɣan wäqti boldi.

"我泣不成声望着你的花容月貌，因为百灵鸟哀戚的季节已来到。"

d. Köŋül ču bilmäyin öz häddini seni söydi, balawu ɣussä bilä mubtälä keräk bolsa.

"我的心无所畏惧地爱上了你，把忧愁和苦难浸进了心坎里。"

察合台维吾尔语文献语言中ču一般有四种含义：一是出现在名词或名词短语前，表示"像……一样"，如例（1）a 17—18世纪诗人再利力（Zälili）的作品；二是出现在句首或谓语前表示"原因、时间和条件"，如例（1）b 19世纪前后古姆纳姆（Gumnam）的作品；三是表示"因为"之意，如例（1）c 15世纪诗人阿塔伊（Atayi）的作品；四是出现在一些词语之前表示强调，如例（1）d 15世纪诗人卢提费（Lutpi）的作品。

口语色彩浓厚的-ču，其语义及表达形式在这一时期文献语言作品中出现的频率并不高，特别是现代维吾尔语非书面语疑问句中-ču的问句形式如"Mamut käldi, Äxmätču"（马木提来了，艾合买提呢）至今都无法论证其历史渊源。

2 话题的界定及特征

维吾尔语话题研究仍处于探索阶段，还未取得明确而一致的定义。Li & Thompson（1984）提出注重话题语言（Topic-Prominent Language）的八个特征，并阐述了话题和主语的七个区别。根据维吾尔语话题结构类型与功能特征，这八个特征与维吾尔语话题特征基本一致。维吾尔语话题的基本特征是：带有话题标记、句首性、有定性、旧信息、"双重主语"及可"话题化"。

一般情况下，辨别话题的主要依据是语序，话题总是出现在句首，其后是说明。"维吾尔语的话题结构与汉语的话题结构一样，话题位于句子的前部，述题位于句子的后部，形成'话题+述题'结构"。把话题置于句首是一种常见现象，一般认为句首是被话题占据的特有位置。维吾尔语话题句首性特征还需在句首话题成分后加语气助词-ču作话题标记，即-ču式话题句。维吾尔语缀加于句首成分后的-ču具有标示话题的作用，可以省略。当-ču标示某一成分为话题时，可通过"原位+ču"或"移位+ču"的手段使该成分在句首成为话题。

维吾尔语是形态丰富的黏着语，既有格标记又有话题标记，但格标记常不能离开体词为主的词类而存在。-ču式话题句的-ču是"句式、语调、语境功能都叠加于-ču上，表达'追问、肯定、解释、惊叹、商量、亲切、喜爱、警告、提醒、强调、建议、愿望、请求、催促、反问、祈求、遗憾'等多种语法语义功能"的语气助词。学界对-ču功能的多种解释正是由于-ču的语用功能比较复杂。为此，本文只涉及-ču式话题句的有关内容，-ču的话题问句和语气色彩形式暂时不在本文讨论范围之内，例如：

（2）a. Män-ču　　　　　bügün　　kino-ʁa　　　berip
　　　　我－主格－话题标记　今天　　电影－向格　　去
　　　　käl-di-m.①
　　　　来－动词过去时－单数第一人称
　　　　"我呢，今天看了一场电影。"

　　　b. Män,　　　bügün　　　kino-ʁa　　　berip
　　　　我－主格　　今天　　　电影－向格　　去
　　　　käl-di-m.
　　　　来－动词过去时－单数第一人称
　　　　"我呢，今天看了一场电影。"

　　　c. Män　　　bügün　　　kino-ʁa　　　berip
　　　　我－主格　今天　　　电影－向格　　去
　　　　käl-di-m.
　　　　来－动词过去时－单数第一人称
　　　　"我今天看了一场电影。"

例（2）a缀加-ču标记的mänču"我呢"位于句首，män"我"是话题，所以例（2）a是-ču式话题句；例（2）b män"我"是没有缀加-ču的话题，但是话题与述题之间存在明显的语音停顿，停顿可以成为辨认话题和主语的重要标记，这与无标记话题条件表现一致，所以例（2）b是无标记话题句；例（2）c män"我"只是主语，并无话题功能，是常规主谓句。可见，例（2）a和b均是以män"我"为话题，表示相同命题的话题句，它们的区别仅在于例（2）a为缀加语气助词-ču的-ču式话题句，而（2）b是省略了语气助词-ču，用明显的语音停顿来标示其前成分是话题的无标记话题句，例（2）c是没有话题只有主语的陈述句。

---

① 文中语料基本选自哈米提·铁木尔《现代维吾尔语语法》，北京：民族出版社，1987年；程适良《现代维吾尔语语法》，乌鲁木齐：新疆人民出版社，1996年；易坤琇、高士杰《维吾尔语语法》，北京：中央民族大学出版社，1998年；力提甫·托乎提《现代维吾尔语参考语法》，北京：中国社会科学出版社，2012年。部分为自拟语料。

Li & Thompson（1984）认为主语和话题都优先的语言"有两种同等重要而明显不同的句子结构：主语-谓语结构和主题（话题）-述题结构"，由此可以认定维吾尔语是"主语和话题都优先的语言"。实际上，在维吾尔语实际交流中，话题和述题之间在任何情况下都有明显的停顿，因为停顿也是划分话题的标准之一，如例（2）中-ču标记和语音停顿在区分话题和主语方面起了关键性作用。学界对话题的界定、所使用的术语都有所差异，但从话题属性看，话题可分为"非对比话题"（Non-Contrastive Topic）和"对比话题"（Contrastive Topic）。非对比话题也称"相关性话题"（Aboutness Topic)，指"关于句子要说的事"。对比话题是"带升调重音的话题"，根据-ču式话题结构与功能特征可认定-ču式话题是对比话题，-ču是典型的对比话题标记。

3 -ču式话题句的结构与功能

3.1 句首性

句子是传达信息最基本的单位，不同语序反映了说话人传达信息的不同意图。定义话题时常使用"话题处于句首"作为标准之一，被置于句首，为解释句子其余部分创建了一个框架。语言交际过程中，说话人首先要把自己要陈述的对象提出来，然后再加以阐释，而话题结构中的话题就是句子所陈述的对象。因此，话题出现在句首应该是最自然的语序。

在维吾尔语既有话题又有主语的话题句中，话题始终处于句首位置，或者话题在前主语在后，或者句首的成分既是话题又是主语。-ču式话题句中-ču标记出现的位置取决于整个句子话题语义表达的内容，它附着于句中某一成分之后，表明其前成分是句子的话题。从句法角度分析，-ču与其他词语之间并没有句法上的组合关系，不能从句法结构规则方面对它的功能作出解释，其出现与否取决于整个句子的语用安排。-ču在句法上可省略而不影响结构的完整，在语义上是个羡余成分，省略后也不影响意义。由此看来，-ču的作用只体现在语用方面：-ču式话题句中话题位置比较固定，-ču标记可以给句首的非话题成分赋予话题功能，使其成为话题。例如：

（3）a. Siz-ču　　　　　　　mušu　yär-dä
　　　你-主格-话题标记　这个　地方-时位格
　　　turup tur-uŋ,　　　　　biz　hazir　kel-imiz.
　　　等-助动词-第二人称单数　我们　马上　来-第一人称复数
　　　"你呢，就在这儿等着，我们马上就来。"
　　b. Munu　maqali-ni-ču　　　sän　　bügün　　tärjimä
　　　这　　文章-宾格-话题标记　你-主格　今天　　翻译
　　　qil-iw-ät.
　　　助动词-副动词-加重体
　　　"这篇文章呢，你今天翻译完。"

如果把上述例句看作话题和述题两部分，例（3）是典型的-ču式话题句；如果省略-ču标记，那么在话题后必须有明显的停顿；例（3）a siz 既带有-ču标记的话题，又带有主格标志（维吾尔语的主格是以零形式为标志的）的主语。换言之，例（3）a 句中位于句首的 siz 成分兼话题和主语双重职责；例（3）b 位于句首的 munu maqaliniču 是将句中带宾格的宾语通过话题化移位至句首而产生的结果，话题后的 sän 是主语，-ču式话题句在话题和主语同时出现的情况下，话题在前，主语在后。

在句法、语义、语用条件允许的情况下，维吾尔语被宾格、向格、时位格、从格等标示的句法成分都可以通过话题化充当句子的话题，可以原有的形式直接移到句首充当话题，原句法身份不发生变化。这与维吾尔语形态发达、语序自由等语法特征紧密相关。

-ču通常出现在句首标记话题，话题部分和述题部分之间可有较大的语音停顿。停顿和话题标记-ču连用一般是在话题较长的短语或小句中，话题较短时也可以和停顿连用，表示强调。实际发音过程中都有自然的语音停顿，但带主格的主语后常没有这样的停顿。

维吾尔语所有体词性成分都可放到句首，缀加-ču标记后成为话题。

动词的基本功能是作句子的谓语中心语，但也可以话题化，形成带有对比性动词话题句。例如：

（4）a. Toxtap–tur–ču,　　　　sän–dä　　　azraq
　　　 等–助动词–话题标记　你–时位格　一点儿
　　　 iš–im　　　　　bar–idi.
　　　 事情–第一人称　有–第三人称
　　　 "你等一下呀，我有事找你。"

　　　b. Män　　iš–im–ni　　　　　　　　tügit–äy–ču,
　　　 我–主格　事情–第一人称单数–宾格　做–副动词缀–话题标记
　　　 taza　　oyna–y–miz.
　　　 好好地　玩–副动词词缀–第一人称复数
　　　 "等我把事情办完，我们好好玩一玩。"

–ču引导的成分，无论是例（4）a动词话题toxtap–tur，还是例（4）b小句话题，都处于句首位置，与句子述题之间存在明显的语音停顿，这和一般的话题特征表现一致。例（4）a既有话题标记，又有语音停顿，强调并凸显话题；例（4）b动词短语中–ču标记位于小句祈使式动词谓语后，话题标记投射于整个小句，句末的–ču标记和语音停顿使其具有话题性质。当–ču标记加在主要动词上时，实际上是加在整个小句上，承载话题标记的动词谓语体现了说话人对整个小句内容的态度，所以例（4）b句中的整个小句为话题。

3.2 有定性

话题携带旧信息或已知信息，述题携带新信息。几乎所有语言中，话题必须是"有定"的，为了使话题成为可被谈论的成分，说话人和听话人都要认识了解该话题，否则说话人同要谈论的话语实体无法建立联系。语义特征之所以可直接定义话题，是因为它把说话人和听话人共同认识的话语实体标记为"有定"。普遍认为"无定"是用来标记说听双方尚未共同认识的话语实体，因此不能成为话题。

"无定"名词成分一般不会出现在维吾尔语–ču式话题句的句首，因句首成分基本上是"有定"或属于"有定"集群的成员。有定性是–ču式话题句话题的特征之一，维吾尔语话题在语义上排斥无定指成分，在始发句状态下的话题必须是定指或类指成分。例如：

（5）u-niŋ　　dadi-si-ču　　　　　　　härbiy　bol-ʁan.
　　　他–属格　爸爸–第三人称单数–话题标记　军　当–静词完成式
　　　"他爸爸曾在军队服役过。"

（6）* dada-ču　　　　härbiy　bol-ʁan.
　　　爸爸–话题标记　军人　当–静词完成式
　　　"爸爸曾在军队服役过。"

例句中 bu（这）、šu（那）、mušu（这个）、mawu（这个）、ašu（那个）、awu（那个）这些指人和物的指示代词或带有属格词缀等限定成分的名词或代词在语义上表定指。例（5）中定指的名词短语不但出现在句首，而且后面还有停顿，表现出明显的话题性质。话题的有定性实际上是对话题对比性的强化。例（5）中定指成分uniŋ可作为对比的背景，在去掉定指成分的情况下则不能成立，因为这是没有背景的始发句，非定指成分dada"爸爸"只能在上下文语境中得到确认。例（6）中无定指成分，也就没有对比语义，无论是否缀加–ču该句均不成立。

3.3 对比性

Krifka认为"对比话题指携带升调重音的话题，对比话题是焦点与话题的结合，可由包含一个焦点的相关性话题组成，该相关性话题具有与焦点一样标示选项的功能"。–ču标示的成分除表达基本信息外，还表达超出预测的附加信息，包含部分与整体的对比含义。例如：

（7）A: Dada-ŋ　　　　　bilän　ana-ŋ　　　　　nimä
　　　父亲–主格第二人称　和　母亲–主格第二人称　什么
　　　iš　qil-idu?
　　　事　做–第三人称将来时
　　　"你的父母亲是做什么的？"

B: Dada-m-ču　　　　　　　　aftobus šofir-i,
爸爸-主格第一人称-话题标记　公交车 司机-领属第三人称
ana-m-ču　　　　　　　　　uqutquči.
妈妈-主格第一人称-话题标记　教师
"我爸爸是公交车司机，我妈妈是教师。"

答句的焦点和话题均落在 dadam 和 anam 上，对于话题 dadam 有一个选项为 anam，对于话题 anam 有一个选项 dadam，并且均带有重音。维吾尔语的重音一般都落在最后一个音节。例（7）B 中，第二小句打断了原来的话题 dadam，是关于新话题 anam 的命题，其话题所指还未确立，相对于第一小句话题而言是新话题，两小句是一种对举关系。由于对举的两个事物常有对比意义，常称作对比话题。

3.4 -ču 式话题与主语

维吾尔语是话题和主语都优先的语言，即基本句子结构可以同时用话题-述题结构和主语-谓语结构两套形式表达。话题是话题-述题结构的成分，主语是主语-谓语结构的成分，符合话题"相关性"或"对比性"条件，且位于句首的成分就是话题，反之为主语。在一个句子里，话题和主语可以是同一个成分，也可以前面是话题，话题后是主语，还可以省略话题或主语。这完全取决于语境或上下文的内容。例如：

（8）a. Bu　　Ärkin　mualim-niŋ　kitab-i.
　　　这-主格　艾尔肯　老师-属格　　书-领属第三人称
　　　"这是艾尔肯老师的书。"

　　　b. Bu　kitap-ču　　Maxmut-niŋ,　u　　kitap-ču
　　　这　书-话题标记　马赫穆提-属格　那　书-话题标记
Anargül-niŋ.
阿娜尔古丽-属格
"这本书是马赫穆提的，那本书是阿娜尔古丽的。"

例（8）a 中 bu 是主语，不是话题，是以主语-谓语为基本结构的句子，该句主语 bu 是隐性动词 bolsa（是）的施事主语或论元，是常规的中性陈述。例（8）b中bu kitap和u kitap是对比话题，当说话人打断原有话题链，建立新话题关系时，说话人常要给听话人某种提示，可在语音上带重音，句中bu kitap和u kitap携带对比重音。

4 –ču标记的话题化与焦点化

话题化是说话者为把某一成分当作谈论对象移到句首的现象；焦点化指说话者为了把句中的某一成分当作叙述焦点而打破一般语序，将其移到受强调的位置。话题化的成分应该是已知的旧信息，焦点化的成分一般都带有新信息。

Krifka认为对比话题本身不表达信息包装，但它是话题与焦点的结合，对比话题常与对比焦点放在对比范畴中讨论，对比的关键在于必然存在的选项集。无论是对比话题还是对比焦点，都存在明确的选项集，其中仅有一个选项为真。

–ču话题标记也可以通过移位手段出现在句首或句首外，但–ču的主要功能是将句中的非话题成分移至句首，即经过话题化使句子的非话题成分成为话题。话题化目的在于使句中的非显著成分成为注意的中心，或成为某种对比性成分，把句中非话题成分移到句首成为述题的谈论对象。例如：

（9）A: Mi–ni　　　kim　　čaqir–di?
　　　我–宾格　　谁　　　叫–第三人称过去时
　　　"谁在叫我？"

　　　B: Siz–ni–ču　　　　　　Äxmät　　mualim　čaqir–iwatidu.
　　　你–宾格–话题标记　艾合买提　老师　　　叫–第三人称过去时
　　　"艾合买提老师在叫你。"

（10）A: Siz–niŋ　　qačan　　waqt–iŋiz　　　　　　　bar?
　　　您–属格　什么时候　时间–第二人称单数尊称　有
　　　"您什么时候有空？"

B: Hazir-ču　　　　qaraŋ,　　　　　　　　me-niŋ
　　　　　现在–焦点标记　看–祈使式第二人称单数　我–属格
　　　　　waqt-im　　　　　　yoq.
　　　　　时间–主格–第一人称　没有
　　　　　"现在呢，你看，我没有时间。"

（11）A: Äxmät　　　muälim-gä　nimi-ni　　ber-ip
　　　　　艾合买提　老师–向格　什么–宾格　给–副动词
　　　　　quy-imän.
　　　　　助动词–第一人称将来时
　　　　　"我把什么给艾合买提老师？"

　　　B: Mawu　kitap-ni-ču　　　　Äxmät　　muälim-gä
　　　　　这　　书–宾格–焦点标记　艾合买提　老师–向格
　　　　　ber-ip　　　quy-uŋ.
　　　　　给–副动词　助动词–第二人称尊称将来时
　　　　　"你把这本书交给艾合买提老师。"

例（9）B缀加-ču话题标记的sizni是通过话题化移至句首的宾格话题，主语Äxmät mualim在后，此为话题化结果。维吾尔语中缀接主格、宾格、属格、向格、时位格、从格的成分均可以话题化。例（9）B由宾格代词充当话题的män是在问句（9）A中出现的已知信息；例（10）B中的hazir-ču是通过焦点化移位到句首的排他焦点，是（10）A问句中疑问焦点qačan的答语，是具有对比性的新信息焦点；例（11）B宾语性成分在常规句中应紧挨谓语，但经过焦点化被移位至句首，成为排他焦点。因此，-ču标记在句首位置除了标示已知信息的对比话题外，还可以标示排他焦点。换言之，-ču标记在句首位置上既可以成为原位对比话题和话题化对比话题的标记，还可以成为焦点化排他焦点标记。例如：

（12）A: U　　　se-ni　　　adämgärčilik-ni
　　　　　他–主格　你–宾格　人情–宾格

```
        bil-mä-y-du                        dä-y-du.
        知道-否定-副动词-第三人称    说-副动词-第三人称
   "他说你不通人情。"
   B: Kim    däy-du?
      谁     说-非过去时第三人称
   "谁说的？"
   A': Baya    sa-ŋa      yelin-ʁan       adäm-ču.
       刚才    你-向格     求-静词完成式    人-焦点标记
   "就是刚才求你的那个人呀。"
```

例（12）A' "baya saŋa yelinʁan adämču" 是针对（12）B的提问，答语与预设中的认知成分构成对比，因为预设中的认知成分含有整体义，所以句义和预设在内容上形成对比，导致整体和部分的对比使全句具有强调义。例（12）A'全句是新信息，也是排他焦点，baya（刚才）与预测的附加信息"昨天、今天早晨"等构成对比；saŋa（向你）与"向我，向他"等构成对比；yelinʁan adäm（求情的人）与"骂你的人，不理你的人"等构成对比。

上述例句中位于句首-ču标示的成分在-ču标记作用下成为排他焦点。对比话题和排他焦点都具有对比特征，对比话题跟排他焦点最明显的对比差异在于：-ču引导的对比话题成分与整体形成对比，对比的是整个句子，而排他焦点对比的仅是焦点域内的焦点成分。换言之，带对比话题句子的整个表达中心仍然在对比话题后的成分上，句子的排他焦点是说话人赋予信息强度最强的部分，可以在语境或者知识背景的支持下省略其他部分，而对比话题不是说话人最想要强调的部分，在信息强度上其强度程度不如其后述题高，通常不能省略后面的部分。

（12）A'在回答过程中省略了（12）B的已知信息——谓语动词däydu，但句子仍然成立。-ču标记隐含了动词谓语däydu，因-ču标记还有一种特殊功能，可简化或省略其后成分，特别是在疑问句中用得非常频繁，如：Sän käldiŋ,Äxmätču?（你来了，艾合买提呢？）。在例（12）

A′中–ču标记除了标示新信息的排他焦点外，还起到简省动词谓语däydu（说）的作用。

维吾尔语–ču式话题句中对比话题的主要功能是以对比为主，而对比话题标记–ču在实际语言交流过程中总是被赋予重音，容易把人引入–ču标记功能就是"强调"的错误认识，而忽略了它标示话题的对比功能。

5 结语

现代维吾尔语语气助词–ču作为话题标记，符合学界对话题标记划分的标准原则，可认为是典型的对比话题标记。–ču话题标记缀接在位于话题位置的体词性成分后和动词性谓语小句后所产生的投射范围有较大差异，–ču标示体词性成分的核心词为话题，而标示动词性谓语时小句为话题。–ču话题标记的固定位置在句首，话题后有明显的停顿，并具有移位其他成分使其成为话题的特殊功能，与具有浮动性的其他标记形成鲜明对比。–ču标记以其只有"对比"功能的特征可以充当位于句首对比话题或排他焦点的标记。–ču话题标记标示的成分与认知成分中的整体内容形成对比，促使其前的成分获得话题性，成为话题，而话题不是说话人最强调的部分，在信息强度方面远不如其后述题，所以一般不能像排他焦点那样省略后面的部分。与此同时，–ču话题标记还有一种简省或隐含其后述题部分的特殊功能，进一步说明带话题句子的整个表达重点仍然在话题后的成分上。

关于–ču话题标记的历史渊源可以追溯到11世纪文献语言时期，它以古老的语气助词身份一直存留至今，频繁地应用于现代维吾尔语口语和文学作品中，完成了由最初的"强调"语气助词向对比话题标记的过渡和演化。

主要参考文献

[1]阿布力米提·艾海提·博古.察合台维吾尔语[M].乌鲁木齐：新疆

大学出版社，2011.

[2]范开泰.语用分析说略[J].中国语文，1985（6）：401-408.

[3]哈米提·铁木尔.现代维吾尔语语法[M].北京：民族出版社，1987.

[4]力提甫·托乎提.现代维吾尔语参考语法[M].北京：中国社会科学出版社，2012.

[5]麻赫默德·喀什噶里.突厥语大词典[M].北京：民族出版社，2002.

[6]徐烈炯，刘丹青.话题的结构与功能[M].上海：上海教育出版社，2018.

[7]王海波.从言语交互功能分析语气助词[J].满语研究，2019（1）：64-71.

[8]周士宏，宁瑶瑶.现代维吾尔语的话题结构[J].北京师范大学学报，2012（4）：52-58.

[9] ABDURISHID YALUP.Focus in Turkish and Uyghur: a preliminary report on an ongoing contrastive investigation[J]. Turkic languages, 2016, (20): 113-128.

汉语和维吾尔语话题结构的类型及其对应表达

伊卜拉伊木·马木提

摘要：汉语和维吾尔语话题结构的分布、语义和语用功能有所区别，二者话题化操作的实现方式有语序变换、受事成分前置化、领属成分前置化、名词短语前置化等。汉语属分析性特点较强的孤立语，其话题结构的前置性较为突出；维吾尔语的话题结构可表达为"NP/VP+i,si,ki"，还可通过非常规语序和句法手段来表达话题。本文基于汉语和维吾尔语话题类型梯级结构，力求详细概括相关语言事实，描写汉语和维吾尔语话题的类型及其对应表达方式。

关键词：有标记话题；语序类型；话题性前置；语法化

赵元任（1968）、Li & Thompson（1976、1981）、徐烈炯和刘丹青（2007）等学者先后对话题的属性、语法地位进行了详细讨论，主要探讨了汉语和英语中话题与主语的关系、话题的优先等级等问题。本文主要分析如何确定话题结构中话题处于句子的哪个位置、汉语和维吾尔语话题结构的分布异同及话题结构类型。

1 汉语–维吾尔语话题结构的分布

说话者选择作为话题的成分往往是双方已经知道的人或事物。从语用角度而言，话题是说话的起点，常是旧信息或熟悉的信息；从层次分析角度看，汉语作为一种话题优先型语言，话题在句子层次结构中占有特定位置，话题可以是句子的主语、宾语；从句子成分在句中的位置看，主语和宾语有其特定位置，但话题则不然，话题不一定在每一个句子中占有同样的位置或与某一特定句法成分重合。汉语话题研究中有"主语话题等同""主语话题不同"或"只有话题没有主语"等说法，这些均不同程度地讨论了汉语话题的分布。

从语言事实看，话题倾向前置于句首，这是大部分语言都存在的共性。话题前置于句首的特性可看作一种广义的话题标记。

1.1 汉语的话题标记

汉语中识别话题的形式标记主要有以下几个。

一是语序，句首位置和前置的NP（Noun Phrase，NP）结构。Li & Tompson（1984）、徐烈炯和刘丹青（2007）等认为这是话题的语序标记。

二是词汇手段（张伯江、方梅，1994），话题后加提顿词"啊/呀、吧、嘛、呢"等语气词。

（1）小明啊，机器操作技术挺不错。

（2）这栋大楼嘛，1921年已修完。

三是话题前加"至于""关于""说到""要说"等之类的结构助词（范开泰，2007；李宗江，2017）。

（3）说到提拔这件事，我早就失望了（我对提拔这件事早就失望了）。

（4）关于信息结构，语言学家各有各的理论依据（语言学家对信息结构各有各的理论依据）。

四是陆俭明（1993）提到的"非句子的自然重音所在"，此观点与张伯江、方梅（1994）提到的主位"非焦点"具有一致性。

五是通过把否定词加在句子述题成分之前表达话题。此类话题标记把话题结构与连动结构区分开（黄哲、刘丹青，2018）。例如：

（5）他去学校食堂不吃饭（他去学校食堂吃饭）。

（6）有些学生来到图书馆不看书（有些学生来图书馆看书）。

总之，话题的句法特征有可识别的句法标记，一般出现在句首，具有前置性，也可省略。从语义特征看，话题是述题关涉的对象，时间、工具、客体、受事、施事都可以作话题，话题和述题之间的关系比较松散，句子谓词成分的施事论元不一定是话题。从语用特征看，话题是说话者认为听话者已知的信息模块，为述题部分确立一个范围或框架。

1.2 汉语话题的基本结构

汉语话题结构的主要形式为"NP+主谓小句"，其中谓词前的NP可以是一个也可以是多个。汉语基本话题结构可分为话题化话题结构、左置话题结构和"汉语式"话题结构（悬垂话题结构）。汉语话题结构在句子中的分布类型如下。

i. 标句词短语（Complementizer Phrase，CP）＞话题＊＞焦点＞话题＊＞屈折词组（Inflactianal Phrase，IP）

在左缘结构中，话题可出现在焦点左右位置，其出现位置由话题与焦点之间的关系确定。

（7）小明啊，我不喜欢（ʃijawmiŋmu, meniŋ xoʃum joq）。

（8）小明，我不喜欢他/这个人/这个傻子（ʃijawmiŋmu, meniŋ uniŋ/bu adɛm/bu saraŋ bilɛn xoʃum joq）。

根据Rizzi（1997）的分析，从话题结构类型看，大部分语言中的话题和焦点结构分布几乎符合标句词短语＞话题＊＞焦点＞话题＊＞屈折词组这一结构类型。如果小句前是标句词短语，则出现在焦点之前。

ii. 屈折词组＞话题＊＞焦点＞话题＊＞动词短语（Verb Phrase，VP）

（9）苹果，我花了三块钱（mɛn almiʁa yʃ jyɛn xɛdʒlidim）。

（10）我不认识这个小伙子，张三（mɛn bu jigitni tonumajmɛn, yeni dʒaŋsɛnni）。

在这种结构中话题还是具有前置性，出现在焦点之前或焦点之后由具体语境、实际交际需求而定。

　　iii.a. 左缘结构：标句词短语＞话题*＞"连"字焦点＞屈折词组

　　b. 屈折内域：屈折词组＞话题＞"连"字焦点＞动词短语

　　根据Rizzi（1997）和Belletti（2004）对话题结构分布的相关研究，话题和焦点在左缘结构和屈折内域上的分布具有一致性，即"话题*＞焦点＞话题*"。

　　iv. 标句词短语＞相关性话题（Aboutness Topic，AT）＞悬垂话题（Hanging Topic，HT）＞左置话题（Left dislocated topic，LT）＞"连"字焦点＞屈折词组

　　在第四种分布类型中，话题的不同分类在句法结构中有不同的线性分布位置。相关性话题、悬垂话题、左置话题在句法结构中出现的位置与这三种话题的属性紧密相关。汉语中三种话题结构的分布有如下特点：一是悬垂话题和左置话题结构可同时出现（当悬垂话题和左置话题同时出现时，悬垂话题应处于左置话题的前面，即悬垂话题＞左置话题）；二是左置话题和话题化话题结构同时出现；三是悬垂话题和话题化话题结构同时出现。

1.3 维吾尔语话题结构的分类及其分布

　　基于语言事实，话题是句法结构中位于句子表层结构最左侧的NP，话题和句子其他结构之间很可能存在共指性、相同论元角色等关系。从信息发出者和接收者而言，话题是信息的出发点、已知信息；从语用方面看，话题是句子要谈论的有关事项；从语义角度看，句中施事、受事、时间、地点、工具、客体都可作为话题。

　　维吾尔语的话题结构与汉语中的话题结构同中有异，话题位于句子前部，述题位于句子后部，形成"话题＋述题"结构，这一特点与汉语相似。维吾尔语中语序手段表达的话题结构又可分为基础生成的话题和由宾语移位生成的有标记话题结构。前者包括话题与主语重合的无标记话题（话题性成分是句子动词的论元）以及话题与主语并不重合的非论元型话题。据此，本文认为维吾尔语话题结构可分为三种。

i.与主语重合的话题，即无标记话题

（11）buadεm　　kitab　　oqu-ʃ-ni　　jaxʃi kɵr-idu.
　　　这人　　　书　　　读 -副动词-宾格　喜欢 -第三人称
　　　"这个人，喜欢读书。"

（12）Li muellim　biz-niŋ　　ɦɵrmit-imiz-gε　lajiq.
　　　李老师　　　我们 -领属格　尊重 -第一人称复数　符合
　　　"李老师，我觉得他很值得尊重。"

话题与主语重合时具有双重功能，主语出现在话题位置时两者重合，但并非意味着话题等同于主语。例（11）buadεm 和（12）Li muellim 是句子的话题和主语。从标记角度对话题进行分类可以分成两个互相对立的下位类别，即无标记话题和有标记话题。

ii.关涉性话题（Aboutness Topic，AT）和框架设置话题（Frame Setting Topic，FST）

关涉性话题来自小句内部的论元结构，因此这种话题又称为"论元话题"，框架设置话题为后面的述题部分提供一个时间、空间或个体等方面的话题框架，表明述题所陈述的事件或命题在该话题所设置的框架内有效。这类话题与述题的语义关系比较松散。然而，关涉性话题由句中某一相关成分移位而形成，框架设置话题是基础形成的，不允许空位。

（13）u　　tʃaʃqan-ni　　myʃyk　jε-wεt-ti.
　　　那　老鼠 -宾格　　　猫　　吃 -使动-过去时
　　　"那只老鼠，猫吃了。"

（14）bu　birnεtʃtʃe kyn-niŋ-zi,　jamʁur　kɵp jaʁ-di.
　　　这　几个　　　日 -领属-语气词　雨　　多　下 -过去时
　　　"这几天，雨下得多。"

（15）ɵt-yp　　kεt-kεn　　uiʃ-lar-ni-tʃu,　　sεn baldur-raq
　　　过 -副动词　助动词-形动词　那事 -复数-宾格-语气词　你　早 -比较级
　　　unt-up kεt-kin-iŋ　　jaxʃi.
　　　助动词-形动词-第二人称单数　好

"那些往事啊，你早日忘掉。"

iii. 主话题（Primary Topic，PT）和次话题（Secondary Topic，ST）

根据话题在句中的位置和层次可以将话题分为主话题和次话题。徐烈炯、刘丹青（1998）认为主语前的话题是主话题，主语后是次话题。

（16）a. toxu-ni biz   je-mɛ-jmiz.

　　　鸡_宾格　我们　吃_否定式-第一人称复数

　　　"鸡，我们不吃。"

　　b. biz   je-mɛ-jmiz,   toxu-ni.

　　　我们　吃_否定式-第一人称复数　鸡_宾格

　　　"我们不吃鸡。"

（17）biz   toxu-ni je-mɛ-jmiz.

　　　我们　鸡_宾格　吃_否定式-第一人称复数

　　　"我们吃不了鸡了。"

维吾尔语中主话题往往是动词的受事论元，是一种通过移位形成的话题；次话题是动词的受事论元。从这两种话题的特征看，句法上次话题与小句的整合程度较高，主话题则不是；次话题的话题性不如主话题，其出现位置不在句首，话题性较弱，对比性较强。例（16）更符合汉语中"鸡，我们不吃了"中话题的对应表达。现代维吾尔语话题在句子中的分布为：

话题＊＞焦点＞话题＊

1.4 汉语-维吾尔语话题化操作的实现方式

戴维·克里斯特尔（2000）认为"话题化（Topicalization）是指一个结构成分移到句首位置充当话题"。戴炜华（2007）提出"主题化、话题化是使用一个标记结构使句子的某些成分突出"。汉语和维吾尔语话题化可通过物化标记、语音、语序等手段实现。

1.4.1 物化标记

物化标记是使用话题标记，诸如话题助词、提顿词、介词短语或介词形成的框式结构、带复指成分的名词短语都可作为物化标记。

汉语：

i. 提顿词：有"呢、啦、哪、嘛、啊、呀、吧、么"等

这些用作话题标记的提顿词虽然都来源于句末语气词（方梅，1994），但在意义上和形式上语法化程度较高，既不能出现在语篇开头，也不能用于话语终结处，而是后附在话题后，且后面必须有其他成分出现。

（18）他呀，从小都爱撒谎。

  u–mu, kitʃikidin–la jalʁan søz–lɛ–jdu.
  他 _-语气词_   小 _-语气词_   假   说 _-使动-第三人称_

（19）我呢，最不喜欢毫无目的的逛街。

  mɛn   barʁu,   mɛqsɛtsiz–la   kotʃa   ajlin–iʃ   bilɛn
  我   语气词   无意识 _-语气词_   街   逛 _-名动词_   后置词

  xoʃum   joq.
  嗜好   没有

ii. 介词短语或介词形成的框式结构也可以成为话题标记

汉语中有"就说……""就对于……""对于……而言""按……看""按照……来看""对于……""在……"等。在维吾尔语中"...gɛ nisbɛtɛn ejtqanda""...ɦɛqqidɛ""...toʁrisida""...ytʃyn"等框式结构也可以作为话题。

（20）关于这件事，我没意见。

  bu   iʃ   toʁrisida   me–niŋ   pikr–im   joq.
  这   事   后置词   我 _-领属格_   意见   没有

（21）对于真理而言，马克思主义哲学已给予了答案。

  ɦɛqiqɛt   torisida,   markissizimliq   pɛlsɛpɛ   dʒawab
  真理   后置词   马克思主义   哲学   答复

  ber–ip bol–ʁan.
  给 _-副动词-助动词-形动词_

iii. 带复指成分的名词短语：这个人、这东西、这件事

（22）小王这个人就是粗心。

　　　ʃijawwaŋ-mu, bu adɛm bɛk bipɛrwa.

　　　小王_-语气词_　这　人　很　粗心

维吾尔语中NP+mu, barʁu, tʃu等介词短语或介词形成的框式结构也可成为话题标记。

（23）阿里木啊，我认识他。

　　　alim-mu, mɛn u-ni tonu-jmɛn.

　　　阿里木_-语气词_ 我　他_-宾格_ 认识_-第一人称单数_

（24）这件事啊，你做的！

　　　bu-ni barʁu, sɛn qil-ʁan!

　　　这_-宾格_ 事_-语气词_ 你 干_-形动词_

（25）阿里木啊，我们乡邻们认识的好人。

　　　alim-tʃu, biz-niŋ mɛfiɛllɛ-diki-lɛr tonu-jdiʁan jaxʃi kiʃi.

　　　阿里木_-语气词_ 我们_-领属_ 社区_-时位格-复数_ 认识_-形动词_ 好　人

1.4.2 语音

话题部分与其他部分之间通过语音停顿或韵律特征来表示。

（26）水果，我喜欢苹果。

　　　miwi-lɛr-niŋ itʃidɛ mɛn almi-ʁa amraq.

　　　水果_-复数-领属格_ 里　我　苹果_-向格_ 喜欢

（27）家是我们最终回归的地方。

　　　a'ilɛ, biz axir qayt-idiʁan dʒaj.

　　　家　我们　最终　回归_-形动词_ 地方

1.4.3 语序

语序变换和话题成分置前化。

i. 语序变换

（28）这个人，我给他寄过信。

　　　bu adɛm-mu, mɛn uniŋ-ʁa hɛt ɛwɛt-kɛn.

　　　这 人_-语气词_ 我 他_-向格_ 信 寄_-形动词_

（29）我给这个人寄过信。

    a. bu adεm-mu, mεn uniŋ-ʁa hεt εwεt-kεn.

       这 人_语气词 我 他_向格 信 寄_形动词

    b. mεn bu adεm-gε hεt εwεt-kεn.

       我 这 人_语气词 信 寄_形动词

（30）在家，他是个好孩子。

    ɵy-dε u jaxʃi bala.([u] ɵydε jaxʃi bala/u/u, ɵydε.)

    家_时位格 他 好 孩子

ii. 受事成分前置化

（31）这本书，老师知道学生读过。

    a. bu kitab-ni muεllim oquʁuʧi-lar-niŋ oq-up

       这 书_宾格 老师 学生_复数_领属格 读_副动词

    bol-ʁanliq-i-ni bil-idu.

    助动词_形动词_第三人称_宾格 知道_第三人称

    b. bu kitab-ni oquʁuʧi-lar-niŋ oq-up bol-ʁanliq-i-ni

       这 书_宾格 学生_复数_领属格 读_副动词 助动词_形动词_第三人称_宾格

    muεllim bil-idu.

       老师 知道_第三人称

    c. muεllim bu kitabni oquʁuʧi-lar-niŋ oq-up

       老师 这 书_宾格 学生_复数_领属格 读_副动词

    bol-ʁanliq-i-ni bil-idu.

    助动词_形动词_第三人称_宾格 知道_第三人称

（32）香蕉，苏明剥了皮。

    a. ʃijaŋjidʒaw-niŋ post-i-ni Sumin aq-li-di.

       香蕉_领属格 皮_第三人称_宾格 苏明 剥_使动_过去时

    b. Sumin post-i-ni aq-li-di, ʃijaŋjidʒaw-niŋ.

       苏明 皮_第三人称_宾格 剥_使动_过去时 香蕉_领属格

（33）饭，他吃完了。

　　　　tamaq-ni　u jɛ-p　　bol-ʁan.

　　　　饭-宾格 他 吃-副动词 助动词-形动词

（34）学校，阿里木去了。

　　　　mɛktɛp-kɛ　alim　　bar-ʁan.

　　　　学校-方向格　阿里木　去-形动词

iii. 领属成分前置化

（35）孩子们的吵闹啊，我不太在意。

　　　　bali-lar-niŋ　waraŋ-ʧuruŋi-ʁi-ʧu　mɛn　anʧɛ　erɛnʃ-ip

　　　　孩子-复数　吵闹-语气词-语气词　我　不太　在意-副动词

　　　　kɛt-mɛ-ymɛn.

　　　　助动词-否定-第一人称单数

（36）我单位员工的意见，领导们不太支持。

　　　　idari-miz-diki　xizmɛtʧi-lɛr-niŋ　pikr-i-ni　　bargu

　　　　单位-第一人称复数　员工-复数-领属格　意见-第三人称单数-宾格　语气词

　　　　rɛfibɛr-lɛr　anʧɛ　qolli-mi-di.

　　　　领导-复数　不太　支持-否定-过去时

iv. 名词短语前置化

（37）哲学术语，我不太懂。

　　　　pɛlsɛpɛ　ataluʁ-lir-i-ni　　　mɛn　anʧɛ　ʧyʃin-ip

　　　　哲学　术语-复数-第三人称单数-宾格　我　不太　懂-副动词

　　　　kɛt-mɛ-jmɛn.

　　　　助动词-否定式-第一人称单数

（38）昨天来的客人，我小时候的朋友。

　　　　tynygyn　kɛl-gɛn　miﬁman (u)　me-niŋ　kiʧik

　　　　昨天　来-形动词　客人 他　我-领属格　小

　　　　waqt-im-diki　　dost-um.

　　　　时候-第一人称单数-时位格　朋友-第一人称单数

v. 其他成分前置化

（39）听着音乐写论文，我当然没有意见。

muzika aŋli-ʁatʃ maqalɛ jez-iʃ-qa nisbɛtɛn, me-niŋ
音乐　听₋副动词　文章　写₋名动词₋方向格　后置词　我₋领属格

ɛlwɛttɛ piker-im joq.
当然　意见₋第一人称领属　没有

（40）你今晚去看电影，我没有意见啊。

se-niŋ bygyn kɛtʃ-tɛ kino-ʁa ber-iʃ-iŋ-ʁa
你₋领属格　今天　晚上₋时位格　电影₋方向格　去₋名动词₋第二人称领属₋方向格

kɛlsɛk, me-niŋ piker-im joq.
后置词　我₋领属　意见₋第一人称领属　没有

第二、第三种手段在很多语言中都使用，物化标记的使用在部分语言中会省略。这几种手段中，物化标记最为明确，语音手段有时候在书面语中会表现不出来。

2 汉语-维吾尔语话题结构的基本类型

话题结构常通过某种语法、语用手段实现。不同语言的话题结构在特定语境中选用的手段不同，用哪一种手段由该语言的内部结构、话题-述题之间的关系等多种因素而定。

话题结构是"话题NP+述题主谓结构"，不同语言中通过话题凸显手段来构造信息单位模块。其中，话题NP在句中位置、制约条件、与谓词论元关系等是话题结构研究主要分析的对象。Li & Thompson（1976）、Gundel（1988）认为话题结构在人类语言中普遍存在。

2.1 汉语话题结构的类型

汉语话题结构的类型可从句子谓词的论元与话题的关系、话题在句中出现的位置、汉语本身的话题特点出发进行分类。本文把汉语话题结构分为话题化话题结构、左置话题结构和"汉语式"话题结构。

i.话题化话题结构

（41）饭他还没吃就去上课去了。

  tamaq-ni u je-mɛ-j-la ders-kɛ tʃiq-ip kɛt-ti.

  饭 -宾格 他 吃 -否定式-副动词-语气词 课 -方向格 出去 -副动词 去 -过去时

ii.左置话题结构

（42）这个人我跟他寄过信。

  bu adɛm-gɛ mɛn xɛt ɛwɛt-ip baq-qan.

  这 人 -方向格 我 信 寄 -副动词 试动体 -形动词

iii."汉语式"话题结构（也称为"悬垂话题"）

这一类被称为"汉语式"话题结构，也称为悬垂话题（Hanging Topic）。这类结构的话题与述题中动词并没有直接关系。例如：

（43）象鼻子长。

  burn-i   pil-niŋ   uzun.

  鼻子 -第三人称单数 大象 -领属格   长

（44）那场火，幸亏消防队来得早。

  u qetimqi otta ɦelimu jaxʃi ot ɵtʃyrgytʃi-ler baldur

  他 次   火灾 幸亏   消防队   早点

  yet-ip kɛl-di.

  到 -副动词 来 -过去时

（45）物价，纽约最高。

  mal baɦasi Nijujork-niŋ eŋ joqiri.

  物价   纽约 -领属格 最 高

（46）书，我喜欢读《红楼梦》。

  kitab-niŋ itʃi-de mɛn "qizil rawaqtiki tʃyʃ"-ni

  书 -领属格 里面 -时位格 我 "红楼梦" -宾格

  oqu-x-qa amraq.

  读 -名动词-方向格 喜欢

目前关于汉语话题结构的形成方式有两种观点：一是移位生成论；二

是基础生成论。其中，移位生成的话题由句子论元的受事、施事、时间、地点等移位而成。

2.2 维吾尔语话题结构的类型

从话题结构看，维吾尔语与汉语不一样，维吾尔语话题优先程度没有汉语强，其话题结构可分为话题化话题结构和通过特殊句型凸显的话题结构。

2.2.1 话题化的话题结构

维吾尔语可将受事宾语、状语话题化，通过语序手段进行移位。这种话题化与汉语移位形成的话题大致相同。

i. 通过语序的话题化（受事宾语、状语的话题化移位）

（47）bali-ni　　mɛktɛp-kɛ　　bygyn　　mɛn　　apar-d-im.
　　　孩子_-宾格　学校_-方向格　今天　　我　　送_-过去时-第一人称单数
　　　受事话题　受事_(弱)话题　时点话题　施事话题
　　　"孩子，我送去学校。"

（48）øj-gɛ　　　mɛn　　baldur　　qjt-t-im.
　　　家_-方向格　我　　早点　　回_-过去时-第一人称单数
　　　受事_(强)话题　施事话题
　　　"家，我早一点回。"

例（47）、例（48）的话题通过谓词论元移位而形成，谓词的哪一个论元具有前置性则作为话题，由话题的语用功能而决定。如上所述，话题的前置性、首发性、已知性特点通过话题化操作或句法手段等方式实现。

ii. 主语和话题的重合

（49）alim　　sinip　　baʃliq-i.
　　　阿里木　班级　　管理者_-第三人称单数
　　　"阿里木是班长。"

主语和话题重合是很多语言共有的特点，此时的话题无标记，句子主语具有话题功能。

2.2.2 特殊句型的话题结构

特殊句型在维吾尔语话题结构中占据重要位置，因维吾尔语是主语优先型语言，话题突出手段除移位之外还有形态和句法手段。维吾尔语特殊句型的话题结构有以下几种。

i. 拷贝式话题结构

（50）adɛm degen jɛnila adɛm, ɦajwan degen jɛnila ɦajwan.
　　 人　　助词　　还是　　人　　禽兽　　助词　　还是　　禽兽
"人还是那个人，禽兽还是那个禽兽。"

（51）u–niŋ　　koniliqi–ʁu　kona,　likin　iɛlɛt–kili　bol–idu.
　　 它_领属格　破旧_语气词　　破旧　但　　使用_能动体　助动词_将来时
"这东西，旧倒是旧，但还能用。"

拷贝式话题通过拷贝的方式凸显话题，即根据交际需要重复已知信息而形成。

ii. 小句作话题的话题结构

（52）u–ni　　imtian–din　　ɵt–ɛl–mɛ–p–t–u　　　　　　　de–sɛ,
　　 他_宾格　考试_从格　　过_能动体_否定_副动词_过去时_第三人称　说_条件式
　　 mɛn　buniŋ–ga　　iɛʃɛn–mɛ–j–mɛn.
　　 我　　这_方向格　　相信_否定_副动词_第一人称单数
"说他考不及格，我不相信这件事。"

（53）alim　　tɛtqiqat orni–da　　xizmɛt　　qil–iptu　　de–gɛn
　　 阿里木　研究所_时位格　　工作　　做_传据　　说_形动词
　　 gɛp,　uruq–tuqqan–lar　　qiziq–idiʁan　　tema.
　　 说法　乡亲们_复数　　感兴趣_形动词　　话题
"阿里木在研究所工作，这一说法是乡亲们感兴趣的话题。"

例（52）、例（53）表明，小句作话题时其后整个句子是话题小句的说明，通过小句后加 "degengɛp, desɛ, toʁrisida…" 等成分来实现。

iii. 论元分裂式话题结构

（54） kitab-tin dʒaŋsɛn ytʃ-ni   set-iw-al-di.
      书₋从格   张三   三₋宾格   购买₋副动词₋助动词₋过去时
      "书，张三买了三本。"

（55） dʒaŋsɛn kitab-tin ytʃ-ni   set-iw-al-di.
      张三   书₋从格   三₋宾格   购买₋副动词₋助动词₋过去时
      "张三，书买了三本。"（注：分裂式话题做"次话题"）

（56） dʒaŋsɛn kitabtin bu ytʃ-ni   set-iw-al-di.
      张三   书₋从格   这三₋宾格   购买₋副动词₋助动词₋过去时
      "张三书买了这三本。"

（57） ytʃ kitab-ni dʒaŋsɛn set-iw-al-di.
      三本书₋宾格   张三   购买₋副动词₋助动词₋过去时
      "三本书，张三买了。"

论元分裂式话题在维吾尔语中是比较常见的话题结构，由句子谓词论元前置化而形成。在句法层面上宾语和状语前置化时易作为句中话题。论元分裂式话题中名词性短语作为话题，包括名词、形容词、动词甚至小句作为定语的多种名词性短语。

iv. 分裂句式话题结构

分裂式话题结构是论元分裂式话题结构在句法层面上拓展到复句的现象，这种话题结构中第一句出现在话题位置的成分作为第二句话题，大部分情况下分裂句式话题句由名词化比较强的NP组成。

（58） u ʃundaq ɛstajidil jaz-di-ki, birɛr tal tʃɛkit-ni- mu
      如此   认真   写₋过去式₋语气词 一个   点₋宾格₋   语气词
      tʃyʃ-yr-yp   qoj-mi-di.
      落₋使动₋副动词 助动词₋否定₋过去式
      "他写得非常认真，连一个点都没有落掉。"

（59） u warqiri-di-ju, nemɛ di-gin-i-ni   unt-up
      他 喊₋过去时₋语气词 什么 说₋形动词₋第三人称₋宾格 忘掉₋副动词

qal-di.

助动词-过去时

"他大声喊了,可是忘了自己说什么。"

(60) mɛn-ʁu tonu-j-t-im, u ma-ŋa iʃɛn-mɛ-jdu

我-语气词 认识-副动词-过去时-第一人称单数 他 我-向格 相信-否定-第三人称

xalas.

罢了

"我就认识,他不相信我而已。"

3 结语

汉语和维吾尔语话题结构既有共性也有差异。其共性是话题均具有前置性,都可通过语序将话题置于句首,可通过停顿或添加助词等手段凸显话题;差异主要是现代维吾尔语的话题结构和句法成分都有语法标记,而汉语则相对缺乏。

维吾尔语是一种话题优先型语言,汉语话题句在维吾尔语中表达时可通过汉语话题对应词的前置化来表达。汉语论元式话题在维吾尔语中通过话题化来表达;部分汉语话题在维吾尔语中先前置化后再通过形态句法手段来表达。维吾尔语中语气词、后置词具有凸显话题的功能;无论左置话题还是右置话题,汉语和维吾尔语具有话题位置的一致性;汉语和维吾尔语中谓词论元与话题关系方面也具有一致性。

主要参考文献

[1] 白蓝.制图理论背景下汉语特指疑问句中话题与焦点的分布[J].吉首大学学报,2018(1):139-144.

[2] 蔡任栋,董燕萍.汉语话题化结构空位的心理现实性研究[J].现代外语,2010(3):64-71,109-110.

[3] 陈平.汉语双项名词句与话题:陈述结构[J].中国语文,2004(6):

493-507，575.

[4]付琨.试论和话题有关的几个概念[J].衡水学院学报，2008（5）：54-57.

[5]高顺全.句首位置与主题化[J].汉语学习，1998（5）：10-14.

[6]高顺全.与汉语话题有关的几个问题：与徐烈炯、刘丹青二位先生商榷[J].语言教学与研究，1999（4）：80-91.

[7]赫钟祥，赵世清.汉语主题句[J].大连大学学报，1999（10）：79-82.

[8]刘丹青.汉语中的非话题主语[J].中国语文，2016（3）：259-275，382.

[9]陆俭明.汉语句子的特点[J].汉语学习，1993（1）：1-6.

[10]陆烁，潘海华.汉语领属话题结构的允准条件[J].当代语言学，2014（1）：15-30，124.

[11]屈承熹.汉语功能语法刍议[J].世界汉语教学，1998（4）：28-42.

[12]屈承熹.汉语篇章语法：理论与方法[J].俄语语言文学研究，2006（3）：126-144.

[13]石定栩.汉语主题句的特性[J].现代外语，1998（2）：40-57.

[14]石毓智.汉语的主语与话题之辨[J].语言研究，2001（2）：82-91.

[15]史有为.话题、协同化及话题性[J].语言科学，2005（3）：3-22.

[16]唐正大.汉语名词性短语内部的话题性修饰语[J].当代语言学，2018（2）：159-178.

[17]朱德熙.语法讲义[M].北京：商务印书馆，1982.

[18]ABDURISHID YAKUP. Focus in Turkish and Uyghur: a preliminary report on an ongoing contrastive investigation[J]. Turkic languages, 2016, (20): 113-128.

[19]KUND LAMBRECHT. Information structure and sentence form: topic, focus and the mental representations of discourse referents[M]. Cambridge: Cambridge University Press, 1994.

哈萨克语话题初探

郭 昊

摘要：哈萨克语信息结构研究是相对较新的研究领域，其中话题又是至关重要的概念之一。它是说听双方谈论的对象和中心，是识别确定述题中所表达信息得以保存于共识集合内容中的某一实体或某一系列实体。哈萨克语中的话题倾向于由既知性信息充当，具有前置性等特征，其后可有短暂停顿或加语气助词。虽没有专门的话题标记，但语序在话题表达中发挥着重要作用，尝试提出语序是其话题标记，表达形式为：{主语、宾语、状语、定语的身份+句首位置}。暂时可将哈萨克语的话题三分为关涉话题、对比话题和框架设置话题，同时按照相关成分在句中位置和层次可分为主话题和次话题。基于语言事实，哈萨克语中存在话题–述题结构，即话题在前，述题在后。

关键词：哈萨克语；信息结构；话题；话题结构；话题类型

研究信息结构的理论和方法丰富多样，不仅与韵律、形态句法、语义、语用等语言学本身相关，而且与心理认知科学、形式逻辑学等相关学科之间也密切相关。

信息结构的研究内容主要有共识集合、焦点、话题、既知性等。自话题这一概念被提出后，其重要性正在被越来越多的研究者证实，研究成果颇丰，并在不断地发展和完善中。目前国内话题研究正如火如荼地进行着，研究视角新颖独特，语言资源丰富，成果不仅涉及汉语普通话，还有古代汉语、汉语方言、少数民族语言的话题研究。哈萨克语话题研究处于开始阶段，与不同类型的语言（方言）相比同中有异，既有共性又有个性。

1 话题的定义

Edward Sapir（1921）从逻辑学和心理学角度认为"说话的主题"可视为话题，"对该主题的陈述"可视为述题，而句子将二者联结起来。Charles Francis Hochett（1958）指出可从直接成分的名称"话题"和"说明"来认识主谓结构的特点，先选择并宣布一个话题，作为谈话的基点，然后就它作出说明。Chomsky（1971）认为话题是表层结构中属于主语位置的名词或名词性词组，即最左侧的位置（句首）。布拉格学派的学者主要研究捷克语、俄语、英语等，在这些语言中，话题常置放于话语出发点的位置，但这并不表示在世界上所有语言中均具有普适性。Randy J.LaPolla指出话题–述题（Topic–Comment）结构有别于主位–述位（Theme–Rheme）结构，二者虽都倾向于由已知信息充当，但主位始终在述位之前，话题则无须一定位于述题之前，菲律宾语的话题倾向位于句末。

哈萨克斯坦学者艾米诺夫在《简单句句法》中认为小句内可分为主位和述位两部分，并在《复合句句法》中论述了复合句的"主位–述位"结构及其在哈萨克语中的表现方式。艾米诺夫将主位称为"Tema"，将述位称为"Rema"，现代哈萨克语中将"话题"和"述题"分别译为"Tema"和"Rema"。本文认为话题–述题结构确实有别于主位–述位结构，但在具体使用中并不十分明晰。主位–述位结构以说话人为主，主位是说话人所选择的表述的出发点；话题–述题结构以听话人的认知状态为主，以此推测并选择何为话题，何为述题。话题可以是说话人选择交谈的起点，换言之，话题可以是主位，也可以不是，话题–述题结构中暗含了主位–述位和既知–未知信息的概念。

赵元任、徐通锵等认为主语等同于话题，均属于语法平面；朱德熙、范晓等认为话题属语用平面，主语属语法平面；徐烈炯、刘丹青认为话题和主语均为句法成分，二者句法地位平等；徐杰认为话题在最初始的层面上为语用概念，但作为语法特征指派给相关句法成分。

一直以来，话题和主语之间的关系看似难以区分，实际上主语是和谓语、宾语等并列的句法成分，主语与谓语有直接密切的关系；话题是说听双方选择句中某一句法成分作为谈论的对象或中心，可以和动词完全没有关系。从话题成分看，主语、宾语、状语、特定定语均可充当话题，并非仅仅局限于主语，而且当整个句子均为焦点时，主语也不再具有话题性，自然也就不是话题，所以话题区别于主语。从语义角度看，施事、受事等中心语义角色成分充当主语，话题则可由中心语义角色成分充当，也可由时间、处所、工具等外围语义角色成分充当。与此同时，哈萨克语中主语有主格标记，主语身份明确，但没有专用的话题标记，需通过词汇、韵律、形态、句法等手段予以标示。所以，话题和主语之间的关系虽然密切，但仍可从不同角度加以辨析并描写清楚。

话题是说话人从句中选择某一成分作为谈论对象，实际表达中有多个层次的选择或安排，如选择用词，选择句法结构关系，选择特定的某一个句子中出现几种句法成分，甚至选择让哪个句法成分做话题。如果单单将选择哪个成分做话题视为语用层面，这似乎不太符合逻辑。不过，实际交谈过程中，常会面临上述种种选择及顺序安排的问题，选择句中哪个成分充当话题是说话人主观上根据该成分在交际中所体现的信息价值加以判断和选择，这确实与语用相关。

Chafe（1976）指出信息包装指相对于信息本身而言信息如何得以呈现，Krifka（2012）认为信息结构这一术语是指自然语言中帮助说话人在考虑听话人当前信息状态的基础之上推进沟通交流之诸相。信息结构不仅研究信息如何被传递，也会研究如何影响信息本身的内容。在信息传递过程中，共识集合指双方共知共享并被听话人接受的信息，不仅包括被接受的一系列命题，还包括被引入共识集合中的一系列实体，交流的过程也是共识集合持续更新变化的过程。共识集合包括共识集合内容和共识集合管理，前者与信息结构中影响真值条件相关，后者与语用相关。话题的概念与人类存储信息形成记忆的方式和组织沟通交流的方式相关，Krifka（2012）认为，"话题成分是识别确定述题成分所表达的信息得以保存于共识集合内容中的某一实体或某一系列实体"。毋庸置疑，话题和述题是信息结构研究中的重要概念，话题–述题结构也是一种信息包装现象。例如：

(1) apam asanınıŋ yjine bardɤ.

[apa-m]^T　　　　[[asan-ı-nıŋ　　　　yj-i-ne]^F

[奶奶$_{-属人称1单}$]^T　[[阿山$_{-属人称3单-领格}$　家$_{-属人称3单-向格}$]^F

bar-dɤ -Ø]^C

去$_{--一般过去时-谓人称3}$]^C

"我奶奶到阿山家去了。"

(2) asanınıŋ yjine apam bardɤ.

[asan-ı-nıŋ　　　　yj-i-ne]^T　　[[apa-m]^F

[阿山$_{-属人称3单-领格}$　家$_{-属人称3单-向格}$]^T　[[奶奶$_{-属人称1单}$]^F

bar-dɤ -Ø]^C

去$_{--一般过去时-谓人称3}$]^C

"阿山家里去的是我奶奶。"

例(1)和(2)将相同的信息 asanınıŋ yjine（到阿山家）以不同形式进行包装：将(1)视为 apaŋ qajda bardɤ?（你奶奶去哪里了？）的答语，能够回答疑问代词的成分是句中焦点，携带语法重音，整个句子是关于 apam（我奶奶）的信息，相应地保存到共识集合内容中；将(2)视为 asanınıŋ yjine kim bardɤ?（阿山家里去了谁？）的答语，问句与相应答语中的焦点成分具有一致性，将 apam（我奶奶）调整至谓语动词前，使之占据语法重音所在的位置，成为句中焦点成分，asanınıŋ yjine（到阿山家）调至句首，成为句中话题成分，整句是关于 asanınıŋ yjine（到阿山家）的信息，相应地增加保存到共识集合内容中。因此，话题是句中信息传递的基点、说听双方谈论的对象或中心，述题是对话题的评论、陈述、说明或阐释。

说话人向听话人传递关于某个实体或某一系列实体的相关信息，被存储在说听双方的共识集合内容中，述题中的信息被保存到话题中，就像信息被存储在相应的文件夹系统中。这可以和共识集合内容当前的状态相关，也可以和长期的状态相关。

2 哈萨克语话题的特征

无论是孤立语还是屈折语，抑或是黏着语，不同类型语言之间的话题特征既有共性又有个性。哈萨克语在语言类型上属于黏着语，在语言系属上属于阿尔泰语系，其话题具有既知性、前置性，句中话题可由多种句法成分充当，话题之后可有停顿或加语气助词，但目前认为哈萨克语中没有专门的话题标记。

2.1 既知性

既知性被Chafe（1976）、Krifka（2008）等诸多语言学家使用，在早期信息结构研究中也以不同的理论方法进行了描写分析。

Krifka（2012）指出既知性是某一表达形式的意义存在于直接共识集合内容中。既知性所表达的意义存在于共识集合内容中，在共识集合中是否具有最大显著性，是否已经存储在共识集合中，是判断相关信息是否具有既知性特征的前提条件。

句中话题成分倾向于由既知性信息充当，但不具有绝对性，这由话题所承载的信息所决定。既知性信息通常是说话人主观上认为已被听话人获知的信息，是对对方认知状态的一种推断。既知性信息有两种来源：一是说听双方原本就共知的信息，另一种是在语境或上下文中提及或可被推测的相关信息。说话人判定所要传递的信息是听话人既知的，就被处理为既知性信息；反之则被处理为未知信息。如此便有以下几种可能出现的实际情况。

—	说话人认为听话人既知	说话人认为听话人未知
听话人实际既知	说话人（＋）听话人（＋）	说话人（－）听话人（＋）
听话人实际未知	说话人（＋）听话人（－）	说话人（－）听话人（－）

注："＋"代表信息既知，"－"代表信息未知。

既知性与信息是否为定指的密切相关。"定指的"是说听双方都能确定、辨识的具体信息，即具体的某一个或某一类确定的实体。说话人主观认为对于说听双方而言，信息关涉的对象是确定的，而且说话人在判定信息是否被听话人获知的过程中，还需考虑听话人能否将某一特定个体与同类个体、某一特定类别与其他类别区别开。如：kyn（太阳）对于说听双方而言都是既知且定指的信息；听话人根据说话人的描述可以把 bul qoj（这只羊）从羊群中区别开来，也可将羊与其他动物区别开。由此，说听双方确定的、可辨识的信息通常被视为既知性信息。

既知性和语境之间关系密切。语境可分为狭义语境和广义语境，相对而言，狭义语境较明确，广义语境较模糊，语境会对信息的既知性判断产生一定的影响，语境越具体，说话人的所指就越具体、明确，反之则越抽象、模糊。例如：

（3）qɤmɤz dʒaqsɤ kørmejmin.

"（我）不喜欢马奶子。"

（4）qɤmɤzdɤ iʃpejik.

"马奶子，咱们就不喝了吧。"

例（3）中的 qɤmɤz（马奶子）在广义语境中是通指，说话人可判定对方知道 qɤmɤz（马奶子）是什么，并且可以与其他类别的奶制饮品区分开。例（4）在狭义语境中是定指的，甚至可以指眼前餐桌上的一碗马奶子，说话人可判定听话人知道且很清楚指的是哪一个具体的个体。无论是狭义语境，还是广义语境，说话人认为 qɤmɤz（马奶子）为既知性信息，倾向于包装处理为话题。

既知性与信息的共享性也存在相关关系。共享信息可有以下三种不同类型：一是说听双方共享的背景信息；二是上下文或语境中出现过的信息；三是说听双方交谈中可获知的信息。例如：

（5）ajnur muʁalim seni ʃaqɤrdɤ.

"阿依努尔老师叫你呢。"

"ajnur muʁalim"对于说听双方而言是共享的信息。

（6）dʒaŋa aytqan mæselelerdi dʒazɤp boldɤm.

"刚才说的问题我都记下来了。"

"dʒaŋa aytqan mæselelerdi"在语境中已出现过，为共享信息。

（7）qolɤŋdaʁɤ kitap meniki ʁoj.

"你手中的书是我的哎。"

"qolɤŋdaʁɤ kitap"是出现在双方交谈场景中可获知的信息。

说听双方共知共享的信息具有既知性，在双方的共识集合中，较容易成为句中话题。

不同语言中，说话人认为某一信息对于听话人而言是既知的，就会使用特定形式予以标示，主要有词汇手段、韵律手段、形态句法手段等。词汇手段中的回指表达，包括人称代词、指示代词、附着成分、人称屈折、首语重复、定冠词等；韵律手段主要有停顿、去重音等；形态句法手段主要有助词、语序、删除等均可标示相关成分的既知性。

一般情况下，话题倾向于由既知性信息充当。焦点成分则被认为不是既知信息，会在韵律上予以突显；焦点和既知性是一对互补的概念，实际上，既知性信息也可以成为焦点成分，通常携带重音。因此，既知性并不是话题所独有的特征，只是在大部分情况下，既知性成分较容易成为句中话题，以此为谈论的对象、基点。

2.2 前置性

前置性指话题位于话题结构前端的情况，即话题位于述题之前。哈萨克语属SOV型语言，话题倾向位于句首，Randy J.LaPolla认为菲律宾语的话题倾向位于句末。然而，句首、句末概念本身好像并非十分明确。在语法学中，常用的术语有句首、句中、句末，这三个位置在句中的界限到底该如何区分？各自又包含多少语法成分？这本身就是具有一定模糊性的概念。汉语以动词为区分，动词所在位置为句中，动词之前为句首，动词之后为句末，而哈萨克语的正常语序中所有句子成分都在动词之前，句首常会被理解为句子的最前端。某一成分要成为句中话题，说话人常通过语序手段调整至句首位置。例如：

（8）aʁam mektepke bardɤ.

[aʁa-m-Ø]^T [mektep-ke bar-dɤ-Ø]^C

[哥哥$_{-属人称1单-主格}$]^T [学校$_{-向格}$ 去$_{--一般过去时-谓人称3}$]^C

"我哥哥去学校了。"

句首主语是句中话题。

（9）dʒyzimdɨ men dʒaqsɤ køremin.

[dʒyzim-dɨ]^T [men-Ø dʒaqsɤ kør-e(di)-min]^C

[葡萄$_{-宾格}$]^T [我$_{-主格}$ 喜欢$_{-现状现在时-谓人称1单}$]^C

"葡萄，我喜欢。"

通过语序手段将宾语调整至句首，成为句中话题。

（10）bygɨn, ol kitapxanaʁa baradɤ.

[bygɨn]^T [ol-Ø kitapxana-ʁa bar-adɤ-Ø]^C

[今天]^T [他$_{-主格}$ 图书馆$_{-向格}$ 去$_{-现状现在时-谓人称3}$]^C

"今天，他去图书馆。"

通过语序手段将状语调整至句首，成为句中话题。

2.3 话题后可停顿或加语气助词

哈萨克语话题后可有短暂停顿或加语气助词，可视为一种特征，但并非判断某一成分作为话题的标准。例如：

（11）bygɨn tysten keyin balalar baqʃasɤnda asɤq ojnap jyrdɨm.

"（我）今天下午在幼儿园里打羊拐玩儿了。"

190　中国语言话题研究

（12）[bygin tysten keyin]T// balalar baqʃasʏnda asʏq ojnap jyrdɨm.

"今天下午,（我）在幼儿园里打羊拐玩儿了。"

例（11）中无特殊停顿,动词身上的谓语性人称词尾已标示主语为"我",是关于"我"的叙述与说明;例（12）中在时间状语后停顿,成为句中话题成分,述题是对句中时间状语的说明,并将相关信息更新保存在共识集合内容中。

语气助词可将句中话题和述题分隔开。例如:

（13）men barʁoj, onʏ erekʃe dʒaqsʏ køremin.

[men-Ø]^T　barʁoj　　[ol-nʏ　erekʃe　dʒaqsʏ　kør-e(di)-min]^C

[我$_{-主格}$]^T　提醒语助　[他$_{-宾格}$　特别　喜欢$_{-现状现在时-谓人称1单}$]^C

"我呀,特别喜欢他。"

barʁoj 为提醒语气助词,其前为话题,其后为述题。句中提醒的一般是说听双方共知的人或事物,有语气助词则增添了说话人提醒听话人注意其后信息的语气意义,同时,语气助词也常伴随短暂的停顿。哈萨克语中话题后有短暂的停顿或加语气助词,会使话题性更明确,如果没有,这并不影响话题的身份。

2.4 哈萨克语的话题标记

一般所说的标记是指形态、助词等这样的显性形式,以标示出相关成分具有某种属性或特征。标记学说由布拉格学派的语言学家提出,Trubetskoy（Николай Сергеевич Трубецкой）最早使用双分法区别音位,用"±"表示语音特征的有无,具有某特征的成分称之为"有标记"成分,用"+"表示,反之则称之为"无标记"成分,用"-"表示。Jakobson 将标记理论（标记性）运用到音系学、句法学、形态学、语言习得等研究领域中,且产生了相当深远的影响。

话题研究中也常会使用标记这一术语,如日语的话题标记-wa只有一种功能,就是标记句中话题成分。上海话中语气词的功能类似于专用的话题标记,但哈萨克语中诸如bolsa、barʁoy、ʃr/ʃi等语气助词在一定程度上可标示话题,只不过是单向的:有它们是话题,但话题之后不一定非得有它们。与此同时,哈萨克语的语气助词虽可标示话题成分,但也只是诸多用法中的一种,尚不能认为是专门的话题标记。如疑问语气助词ʃr/ʃɨ可用在句中相关词语之后且要重读,其中一种用法是提示听话人关注其前词语所代表的信息。似乎这一种用法可标示句中的话题成分。除此之外,它仍有很多其他用法,不能因其中一种用法就称之为专用的话题标记,即不具有普适性。例如:

(14) ymit ʃɨ, tɑpsɤrmɑsɤn jɑzɤp boldɤ.

[ymit-Ø]^T　　ʃɨ　[tɑpsɤrmɑ-sɤ-n　jɑz-{ɤp bol}-dɤ-Ø]^C

[吾木提$_{-主格}$]^T　呀　[作业$_{-属人称3-宾格}$　写$_{-完成体法位--一般过去时-谓人称3}$]^C

"吾木提呀,已经把她的作业做完了。"

哈萨克语中语气助词、停顿在一定程度上可标示句中话题成分,若将其视为专门的话题标记,有待进一步确定。虽然语气助词在口语中伴随短暂的停顿,但句中是否使用语气助词、是否停顿并不是话题的充分必要条件。

语气助词和停顿与说话人的表达风格有关,说话人使用语气助词或停顿往往是为了表达特定的语气意义。换言之,哈萨克语中一些语气助词的部分用法离成为话题标记的标准还差得较远,一是使用语气助词不一定是话题,二是语气助词并不一定只出现在话题之后。

细观语言研究中的"标记",无形中将其局限于类似形态、助词这样"可见"的显性形式之内,实际上语序等也可标示相关成分是否具备某种属性或特征。有的语言有专门的话题标记,携带显性话题标记便可明确标示句中话题成分,日语的wa、拉祜语的lɛ^{33}和qo^{33}、彝语的li^{33}和nw^{44}、景颇语的ko^{31}、哈尼语的nɔ^{31}等。哈萨克语中虽没有公认专用的话题标记,但将句中主语、宾语、状语、特定定语和补语调至句首的位置是否具有一定普适性的标记,这是一个值得深入考究的问题。本文尝试提出{主语、宾语、状语、特定定语和补语的身份+句首位置}是哈萨克语的话题标记。

3 哈萨克语话题的类型

Krifka以选项语义学为理论背景，将话题分为关涉话题（Aboutness topic）和对比话题（Contrastive topics）；Féry将话题分为关涉话题、框架设置话题（Frame-setting topic）和熟知话题（Familiarity topic）；Beáta Gyuris将匈牙利语中的话题分为关涉话题和对比话题；Gasde从句法属性角度出发将话题分为关涉话题、论元话题和非论元话题三种类型；范开泰将话题分为结构话题与话语话题；陈平将话题分为事例话题、框架话题与范围话题；徐烈炯、刘丹青将话题分为主话题、次话题、次次话题。依据不同的分类标准会有不同的分类结果，基于语言事实，本文主要以Krifka和Féry的分类为依据分析哈萨克语中的话题类型，暂时三分为关涉话题、对比话题、框架设置话题，但关于话题的类型、表现形式和功能仍须进一步分析描写。

关涉话题和对比话题均可作为说话人表达的基点，向听话人传递关于某个实体或某一系列实体的相关信息，被保存在说听双方的共识集合内容中；框架设置话题为句中其余成分的解释说明提供一个框架。

3.1 关涉话题

话题和述题作为信息结构中的概念，与共识集合当前的状态相关，话题是说话人识别的实体，是述题所要关涉的对象或中心，且人类交流和记忆中的信息以"关涉性"的方式组织起来，因此就有关涉话题。关涉话题指句中其他成分所要关涉谈论的成分，其后述题中常有焦点成分。在匈牙利语等诸多语言中，关涉话题成分一般会被置于句首，哈萨克语中也同样如此。例如：

（15）ol bilimdi æri aqɤldɤ.

[ol]^T [bilimdi æri aqɤldɤ]^C

[他]^T [有知识的 又 聪明的]^C

"他不仅博学而且智慧。"

3.2 对比话题

对比话题和关涉话题一样，被置于话题域中。尽管位置有所区别，但在句中较容易区分，对比话题在形式上会有特殊的语调模式，通常有两种模式：一是上升调+停顿；二是下降+上升调。经过实证研究，关涉话题和对比话题的区别不在于基频重音类型，而在于二者重读音节的语调延伸和重读音节后的焦点。对比话题上升调出现的频率高于下降调。

对比话题本身并不构成信息包装的类别，而是代表话题和焦点的组合，由一个包含焦点的关涉话题组成，指明关涉话题的选项。例如：

（16）ʁalɤmdʒan: æset, yj iʃindegileriŋiz ne istejdi?

æset: meniŋ ækem ortalaw mektepte muʁalim, meniŋ ʃeʃem ykmet qɤzmetkeri, meniŋ æpekem de oqɤwʃɤ.

ʁalɤmdʒan　æset　　yj iʃindegi–ler–iŋiz　　ne　　iste–jdi–Ø
阿勒木江　　艾赛提　家里人 _复数_ _属人称2敬单_ 什么　做 _现状现在时_ _谓人称3_

æset　　[men–niŋ　[æke–m]^F]^T　[ortalaw mektep–te　muʁalim–Ø]^C
艾赛提　[我 _领格_　[爸爸 _属人称1单_]^F]^T　[中学 _位格_　老师 _谓人称3_]^C

[men–niŋ　[ʃeʃe–m]F]^T　[ykmet　　　　qɤzmetker–i]^C
[我 _领格_　[妈妈 _属人称1单_]^F]^T　[政府　工作人员 _属人称3_]^C

[men–niŋ　[æpeke–m]^F　de]^T　[oqɤwʃɤ–Ø]^C
[我 _领格_　[姐姐 _属人称1单_]^F 也]^T　[学生 _谓人称3_]^C

"——阿勒木江：艾赛提，您家里人是做什么的？

——艾赛提：我爸爸是中学教师，我妈妈是政府工作人员，我姐姐也是学生。"

在 æset（艾赛提）的答语中，对比话题由包含焦点的关涉话题构成，答语中的选项被突出，表明当前句子没有提供预期的所有信息。因此，对比主题在共识集合管理中是一种渐进式的增量回答，这与说听双方交流目的相关，并引导谈话发展的方向。正如上述问题被分解为三个子句进行回答，包含在关涉话题中的焦点具有突显对比的功能，这大概可视为对比话题的一种功能。

3.3 框架设置话题

框架设置话题常不易与关涉话题区分开，关涉话题一般是句中述题部分要谈论的对象或者中心，而框架设置话题主要是为句中剩余成分划定一个大致起作用的范围，提供一个谈论的框架。Chafe（1976）认为框架设置是将主要谓词的适用性限制在某一受限辖域内。

框架设置话题属于共识集合管理，与对比话题具有一定的相似性，共同之处在于二者的表达都是就当前话语交际中的需求而言的。具体而言，如果当前共识集合管理中包含一个信息更为全面清晰且实体也是既知性的预期，对比话题则指明了句中话题偏离了这一预期；如果当前共识集合管理中包含一个信息更全面而且也是既知性的预期，那么框架设置话题就会指明实际提供的信息仅限于所设置的特定层面。

Büring认为对比话题会引起一系列选项之上的一系列选项，通过焦点引入选项。选项在框架设置中也扮演着重要角色，并非只与焦点相关，对比话题、框架设置话题均可在选项语义学的理论背景中得到解释和说明。框架设置话题中，通常从一系列选项中选择一个，指明相关命题在该框架中是成立的。如果没有其他选项需要被考虑，也就没有必要设置一个明确而清晰的框架。

一般可将状语作为框架设置话题，被设置的框架常是既知性信息，如：—— How is John? —— {Healthwise / As for his health}Frame, he is [FINE]F."{关于他的健康}Frame，他很[好]F。"设置了答语的范围是关于身体健康方面的，而非其他方面。

哈萨克语中的格助词（后置词）可标示框架设置话题，如：yʃin（为了、对于）、bojʁnʃa、saj、sæjkes、meŋzes、qarata、qaraj、qarap（按照、根据、针对）、tuwralɪ、tuwrasɪnda (ʁɪ)、dʒøninde(gi)、dʒajlɪ、dʒajɪnda (ʁɪ)（关于、对于、就）等。

3.3.1 原因目的格助词 yʃin（为了、对于）

原因目的格助词yʃin有多种用法，其中一种用于判断句中谓语前的名词性词语后，其前名词性词语是命题得以成立的背景和参照物。这可理解为：在一系列选项中，只有特定的一个选项使相关命题在该框架中得以成立。例如：

(17) biz yʃin bul tabɤlmas asɤl.

  biz yʃin bul tabɤl-mas asɤl-Ø

  我们 对于 这 找到-或然否定 珍宝-谓人称3

  "对于我们来说，这是不可多得的宝物。"（张定京：《虚词》，第78页。）

3.3.2 依据关注格助词 bojɤnʃa、saj、sæjkes、meŋzes、qarata、qaraj、qarap（按照、根据、针对）

依据关注格助词一般用于向格名词性词语后，与其前词语结合成为句中状语，该名词性词语不仅是说话人所关注的对象或事物，而且是其后采取措施或行为的范围或促成因素。例如：

(18) tuwɤlɤwɤ mymkin bolʁan mæselelerge meŋzes, olar aldɤŋ alɤw ʃaralarɤn ojlastɤrdɤ.

  tuw-ɤl-ɤw-ɤ mymkin bol-ʁan mæsele-ler-ge meŋzes

  产生-被动态-动名-属人称3 可能的 有-经状形动 问题-复数-向格 针对

  olar aldɤŋ al-ɤw ʃara-lar-ɤ-n ojlas-tɤr-dɤ-Ø

  他们 提前 取-动名 措施-复数-属人称3-宾格 考虑-使动态-一般过去时-谓人称3

  "针对可能发生的问题，他们考虑了一些预防措施。"（张定京：《虚词》，第84页。）

3.3.3 范围格助词 tuwralɤ、tuwrasɤnda(ʁɤ)、dʒøninde(gi)、dʒajlɤ、dʒajɤnda(ʁɤ)（关于、对于、就）

这5个范围格助词前的词语是其后动作行为或事物关联涉及的范围，都用于主格名词性词语后，与其前词语结合成为句中状语，指明其后表达的范围或框架。例如：

(19) aqɤjqattɤŋ ølʃemi mæselesi tuwralɤ (tuwrasɤnda/dʒøninde/dʒajlɤ/dʒajɤnda) olar qɤzɤw talqɤ dʒyrgizdi.

aqɤjqat-tɤŋ ølʃem-i mæsele-si tuwralɤ
真理 -领格 标准 -属人称3 问题 -属人称3 关于
(tuwrasɤnda/dʒøninde/dʒajlɤ/dʒajɤnda)
olar qɤzɤw talqɤ dʒyrgiz-di-Ø
他们 激烈 讨论 进行 - -一般过去时 -谓人称3

"就真理的标准问题，他们进行了热烈的讨论。"

框架设置话题总体上起到限制作用，为相关回答或述题中的叙述提供总的类型或范围。

3.4 主话题和次话题

刘丹青、徐烈炯（2007）主要根据话题的句法位置和层次分为主话题、次话题、次次话题。哈萨克语句子通常有一个话题；也可以有两个或两个以上的话题；也可以没有话题，但这并不意味着句子没有所要谈论的对象或事物。在句中存在两个或两个以上的话题时，也可考虑以话题在句中的位置和层次为标准分为主话题和次话题。

哈萨克语中主话题倾向位于句首，是述题要说明的对象。例如：

（20）bɤltɤr tawɤq dʒɤlɤ.

[bɤltɤr]^T [tawɤq dʒɤlɤ]^C

[去年]^T [鸡 年]^C

"去年是鸡年。"

次话题不是述题直接叙述的对象，而是谓语关涉的对象，其后也很少出现停顿。徐烈炯、刘丹青指出汉语的次话题位于主语和动词之间，哈萨克语的次话题一般位于主话题之后。例如：

（21）osɤ dʒarɤsta olar birinʃi orɤndɤ jeledi.

[osɤ dʒarɤs-ta]^{T主} [olar-Ø]^{T次}

[这 比赛 -位格]^{T主} [他们 -主格]^{T次}

[birinʃi orɤn-dɤ jel-edi-Ø]^C

[第一 位置 -宾格 占有 -现状现在时 -谓人称3]^C

"在这次比赛中，他们得了第一名。"

状语经语序调整成为句子主话题，是说听双方谈论的对象或中心；主语是句子的次话题，谓语动词关涉的对象。

主话题和次话题的划分在一定程度上也可以说明哈萨克语话题的特征和类型，但具体如何更系统全面地分类，仍须基于语料进行更为详细的探究描写。

4 哈萨克语的话题结构

范晓、张豫峰认为"主题–述题结构是一种重要的语用结构。句子内部不同的词语充当主题、述题对应着不同的语用功能"。史有为提出"印欧系语言的句子由动词为中心的施受类关系所控制，话题在这些语言中已经演化为所谓的语用层次上的成分。汉语句子由话题–述题作为基础结构，话题结构依然是句法的基础，属于句法范畴，同时兼属语用"。戴庆厦认为"从句子的位置看，话题结构只有一种格式，即话题在前，述题在后，是不可移动的。语序这一广义的语法标记在话题结构上的表现是有限的，不灵活的。话题结构属'语用–语法'范畴，是一种适用于语用需要而产生的句法模式"。

一般认为结构是指成分与成分的组合，既指关系，也指实体；首先是实体，然后才能表达结构关系。Reinhart（1982）提出话题–述题结构的动态理论：交际由加入共识集合中的命题组成，这些命题与概念实体相互关联而被保存，就像文件夹系统一样，句中话题确认信息应该被保存在哪个概念实体中。

话题–述题结构区别于主语–谓语结构，话题指已经建立完成的信息，述题增加关于话题的信息到共识集合中。话题–述题结构可通过多种形式来表达，如左移位（有/无复指代词）、移至话题位置、特定的话题结构、专门的话题标记（日语等语言中的形态标记）、去重音（标示既知性信息）、话题重音（特别是对比话题）、语序等。

基于语言事实，哈萨克语中存在话题–述题结构，虽然语序相对较为灵活，但是语序在话题结构中发挥的效用具有局限性。从句子位置角度看，哈萨克语中只存在话题-述题结构，话题在前，述题在后，主语、宾语、状语、特定定语可充当句中话题，述题将相关信息保存到相应的话题中，增加到共识集合中。例如：

（22）apam kørʃisiniŋ yjine bardɤ.

[apa-m-Ø]^T　　　　[kørʃi-si-niŋ　　　yj-i-ne

[奶奶_-属人称1单-主格]^T　[邻居_-属人称3单-领格　家_-属人称3单-向格

bar-dɤ-Ø]^C

去_-一般过去时-谓人称3]^C

"我奶奶去邻居家了。"

（23）erteŋ, men kele almajmɤn.

[erteŋ]^T　　[men-Ø　kel-{e al}-ma-j(dɤ)-mɤn]^C

[明天]^T　　[我_-主格　来_-能动体法位-基本否定-现状现在时-谓人称1单]^C

"明天，我来不了。"

（23）中将原本不是话题的时间状语经语序调整至句首，进行话题化操作处理，使之成为句中话题，构成话题-述题结构。

话题-述题结构中，话题可由主语、宾语、状语、特定定语和补语等句法成分充当，谓语受到了一定的限制。

4.1 主语充当句中话题

主语通常会很自然地被认为是句中话题，说话人也常选择句中主语作为话题。从语义层面讲，施事是动作行为的主体，其相对稳定的状态或事物较容易作为既知性信息，倾向于是句中话题。例如：

（24）apam kørʃisiniŋ yjine bardɤ.

[apa-m-Ø]^T　　　　[kørʃi-si-niŋ　　　yj-i-ne

[奶奶_-属人称1单-主格]^T　[邻居_-属人称3单-领格　家_-属人称3单-向格

bardɤ-Ø]^C

去_-一般过去时-谓人称3]^C

"我奶奶去邻居家了。"

4.2 宾语充当句中话题

说话人选择句中宾语作为话题进行论述，常是既知的或特指的，是说听双方共知共享的信息。宾语做话题时，常会通过语序手段将其调至句首。例如：

（25）qɤmɤzdɤ men dʒaqsɤ kørmejmin.

[qɤmɤz-dɤ]^T [men-Ø   dʒaqsɤ kør-me-j(di)-min]^C

[马奶 $_{-宾格}$]T [我 $_{-主格}$ 喜欢 $_{-基本否定-现状现在时-谓人称1单}$]^C

"马奶子，我不喜欢。"

通过语序手段将宾语调整至句首，成为被谈论的对象或中心，缀接显性宾格词尾。

4.3 状语充当句中话题

说话人也可以选择时间、地点等状语作为话题，以此为谈论中心。同样，哈萨克语句中状语充当话题也需要通过语序手段将其调整至句首。例如：

（26）erteŋ, men kele almajmɤn.

[erteŋ]^T [men-Ø   kel-{e al}-ma-j(dɤ)-mɤn]^C

[明天]^T [我 $_{-主格}$ 来 $_{-能动体法位-基本否定-现状现在时-谓人称1单}$]^C

"明天，我来不了。"

通过语序手段将状语调整至句首，使之成为句中话题。

4.4 定语充当句中话题

例如：

（27）ʃinjiaŋnɤŋ dʒeri keŋ, bajliɤ mol.

[ʃinjiaŋ-nɤŋ]^T [dʒeri   keŋ   bajliɤ   mol]^C

[新疆 $_{-领格}$]^T [地 $_{-属人称3}$ 宽广   资源 $_{-属人称3}$ 丰富]^C

"新疆地大物博。"

例（27）中，说话人选择使用领属性定中关系法位 {A-nɤŋ/niŋ/dɤŋ/diŋ/tɤŋ/tiŋ B-sɤ/si} 时，相关名词性成分（人名、地名等专有名词）是被限定的，说话人认为对听话人而言，该信息为既知的。

从功能角度而言，话题是句中述题所要谈论的中心元素，有充足的理由和条件占据句首位置，同时符合人们的认知特点和逻辑思维；从句法位置看，只能构成话题-述题结构，哈萨克语虽语序灵活，语序的改变不影响句法身份和句法结构关系，但是语序在话题结构中受到一定的限制。

5 结语

话题指说话人向听话人传递关于某个实体或某一系列实体的相关信息，应该被存储在说听双方的共识集合内容中。话题是说听双方谈论的对象或中心，倾向于由既知的、共享的信息充当，具有前置性。述题是句子中对话题的叙述、说明。哈萨克语中没有专门的话题标记，但形态发达，语序相对较灵活，在标示话题方面发挥着重要作用，本文尝试提出{主语、宾语、状语、特定定语和补语的身份+句首位置}可被视为具有一定普适性的话题标记。本文暂将话题分为关涉话题、对比话题和框架设置话题、主话题和次话题是基于相关成分在句中位置和层次的一种讨论，但仍须基于语言事实确定划分标准，从各个角度和层面做出适合哈萨克语言特点的话题分类，并详述其内容和表达形式。

主要参考文献

[1]程适良.现代维吾尔语语法[M].乌鲁木齐：新疆人民出版社，1996.

[2]戴庆厦.景颇语的话题[J].语言研究，2001（1）：100-105.

[3]胡建华，潘海华，李宝伦.宁波话与普通话中话题和次话题的句法位置[M]//徐烈炯，刘丹青.话题与焦点新论.上海：上海教育出版社，2003.

[4]胡素华.凉山彝语的话题结构：兼论话题与语序的关系[J].民族语文，2004（3）：9-15.

[5]黄伯荣，廖序东.现代汉语[M].北京：高等教育出版社，2012.

[6]黄成龙.羌语的话题标记[J].语言科学，2008（6）：599-614.

[7]李洁,李景红.拉祜语的话题句[J].民族语文,2014(1):48-55.

[8]李泽然.论哈尼语的话题[J].中央民族大学学报,2007(5):74-79.

[9]刘润清.西方语言学流派[M].北京:外语教学与研究出版社,2002.

[10]马建忠.马氏文通[M].北京:商务印书馆,1983.

[11]史有为.话题结构与相关性、自足性[J].东方语言学,2006(1):33-52.

[12]徐杰.主语成分、话题特征及相应语言类型[J].语言科学,2003(1):3-22.

[13]徐烈炯,刘丹青.话题的结构与功能[M].上海:上海教育出版社,2007.

[14]张定京.虚词[M].北京:民族出版社,2003.

[15]张定京.现代哈萨克语实用语法[M].北京:中央民族大学出版社,2004.

[16]张定京.现代哈萨克语实用语法[M].北京:中央民族大学出版社,2018.

[17]赵元任.国语入门[M].李荣,编译.上海:开明书店,1952.

[18]赵元任.汉语口语语法[M].吕叔湘,译.北京:商务印书馆,1979.

[19]赵燕珍,李云兵.论白语的话题结构与基本语序类型[J].民族语文,2005(6):10-22.

[20]周士宏,宁瑶瑶.现代维吾尔语的话题结构[J].北京师范大学学报,2012(4):52-58.

[21]朱德熙.语法讲义[M].北京:商务印书馆,1982.

[22] ABDURISHID YAKUP. The Turfan dialect of Uyghur[M]. Berlin: Die Deutsche Bibliothek, 2005.

[23] ABDURISHID YAKUP. Focus in Turkish and Uyghur: a preliminary report on an ongoing contrastive investigation[J]. Turkic languages, 2016, (20): 113-128.

[24] CHARLES FRANCIS HOCHETT. A course in modern linguistic[M]. New York: Macmillan, 1958.

[25] R M W DIXON. Basic linguistic theory[M]. New York: Oxford University Press, 2010.

[26] KUND LAMBRECHT. Information structure and sentence form: topic, focus and the mental representations of discourse referents[M]. Cambridge: Cambridge University Press, 1994.

[27] WU GUO. Information structure in Chinese[M]. Beijing: Peking University Press, 1998.

汉语和乌兹别克语的话题化类型特征

阿卜杜外力·柯尤木

摘要：话题化指说话者为了把某一成分当作谈论的对象而被移到句首的现象，汉语和乌兹别克语中话题化结构广泛存在。汉语是典型的孤立型语言，词和语素之间基本是对应的，词根上没有标志语义关系的词缀或者格标记，语序是显示句法关系、语义关系的手段。乌兹别克语是典型的黏着语，一个词可包含不止一个语素，词根语素和词尾语素的分界总是明确的，且词尾语素一般而言总是有固定形式，因此话题化句子的使用频率可能会很高，在口语中大量使用话题化结构。两种语言的宾语、定语和状语等大部分句法成分都可以通过话题化充当句子的话题，由于汉语的句法结构中语序对句法成分的决定作用比较显著，通过话题化充当话题的成分的句法位置往往会发生变化，一般多数成为主语；乌兹别克语形态发达，句法成分的形态标志较明显，语序较自由，通过话题化充当话题的成分往往可以以原有形式直接移到句首充当话题。本文通过对乌兹别克语话题的特征分析可进一步明确汉语和乌兹别克语话题化类型的特征。

关键词：汉语；乌兹别克语；话题化；类型特征

1 引言

话题（Topic）是现代语言学中的重要概念，涉及句法、语义、系统功能、韵律、类型学、生成语法等多方面研究。近年来，关于话题的研究成果较为丰富，主要从形式、功能、类型和韵律等方面进行研究，国内少数民族语言话题研究多集中在藏缅语族，如景颇语、彝语、白语、羌语、哈尼语、傈僳语、拉祜语、布依语等；阿尔泰语言话题研究多集中在维吾尔语（周士宏、宁瑶瑶，2012）、哈萨克语（郭昊，2020）；对乌兹别克语话题结构的研究却少有人涉猎，国内仅有个别学者对其做了零星记载，如《乌孜别克语简志》（1987）、《乌兹别克语教程》（2016）、《汉语乌兹别克语常用连词对比研究》（2016）、《汉乌时间副词对比研究》（2018）、《乌兹别克语焦点研究》（2020）、《中国乌孜别克族语言文化研究》（2020）、《乌兹别克语口语速成》（2021）等。本文尝试对汉语和乌兹别克语的话题化结构、类型及有关特点进行全面考察。

2 典型的话题结构

乌兹别克语典型的及物动词句语序为 NP_1+NP_2+VP（NP, Noun Phrase, 名词性短语；VP, Verb Phrase, 动词性短语），其中句首名词常为施事，句末名词常为受事。句首名词短语通常作为话题，谓语与句末名词短语组成述题，结构为：$[NP_1]_{话题}+[NP_2+VP]_{述题}$。

2.1 话题成分

乌兹别克语中语序是标识话题的主要手段，话题在句子前部，述题在句子后部，具有不可移动性。类型学认为典型的主语既是施事又是话题（徐杰，2003）。主语可作话题，但话题不一定是主语，只有主语居于话题位置并具备话题语用功能时二者才交叉重合，此时的主语具备了主语和话题双重身份。乌兹别克语话题和主语在句中出现的位置可归纳为以下四种。

（1）a. nadir　u　kɛl-maj-di.

　　　人名　他　来-否定-过去式

　　　"纳迪尔他不来了。"

　　b. nadir　kɛl-maj-di.

　　　人名　来-否定-过去式

　　　"纳迪尔不来了。"

　　c. u　kɛl-maj-di.

　　　他　来-否定-过去式

　　　"他不来了。"

　　d. kɛl-maj-di.

　　　来-否定-过去式

　　　"不来了。"

上述例句中话题和话题标记、主语可以分别或同时省略，这样就形成了（1）a—d四种句子形式。主语成分和带话题特征的句法成分常常重合，但不一定必须重合，如（1）a；也可以只带有话题特征，而不作主语成分，如（1）b；某句法成分可以仅仅是主语成分，没有话题特征，如（1）c；还可以既不是主语成分，也不带话题特征，如（1）d。

2.1.1 主语作话题

主语作话题时，名词、数量和代词可以作主语。此时的话题是不及物动词的单一论元或及物动词的施事论元，主语没有话题标记。例如：

（2）[saida]话题 [kɛl-maj-di]述题.

　　　人名　　　来-否定-过去式

　　　"莎伊达不来了。"

（3）[uʧta]话题 [dʒuda ko'p]述题.

　　　三　　　非常　多

　　　"三个太多了。"

（4）[mɛn]话题 [iʃona-man]述题.

　　　我　　　相信-从属-单1

"我相信。"

例（2）中专有名词saida充当主语后作话题；（3）中基数uʧ充当主语后作话题；（4）中人称代词mɛn充当主语后作话题。

2.1.2 状语作话题

状语作话题时，一般为时间、处所名词或名词短语。此时为话题结构，时间短语、处所短语在句首作主话题，次话题是施事或者其他论元。例如：

（5）[oˈʃa　　 jil-da]_{话题} [（mɛn）　 oˈn joʃ-mɛn]_{述题}.

　　　那_{-指称词}年_{-位格}　　（单1）十岁_{-从属1单}

　　　"那年我才十岁。"

（6）[joni-da]_{话题}　[kʼop bola-lar　oˈjna-ʃ-jap-ti-lar]_{述题}.

　　　周围_{-位格}　　好多　小孩_{-复数}　玩_{-动名词-现在进行时-过去式-复数}

　　　"周围有许多小孩在玩儿。"

（7）[maʃina-da]_{话题} [beʃ kiʃi　oˈtir-di-lar]_{述题}.

　　　车_{-位格}　　　　五　人　坐_{-过去式-复数}

　　　"车里坐得下五个人。"

例（5）中时间名词oˈʃa jil充当状语后作话题；（6）中方位名词joni充当状语后作话题；（7）中地点名词maʃina充当状语后作话题。

2.1.3 谓语作话题

谓语作话题时，一般是动词或者动词性短语，使其具有名词性。例如：

（8）[puʃla-ma-ŋ]_{话题}　[（san）　qil-maj-san]_{述题}.

　　　吹牛_{-否定-从属2单}　（单2）做_{-否定-从属2单}

　　　"别吹牛了，你不会做。"

（9）[oˈj-la-di-m]_{话题} [lɛkin bu dʒudan qiyin e-ken]_{述题}.

　　　想_{-构词词缀-从属1单}　但　这 非常　难　系动词_{-传据}

　　　"想了，但是这太难了。"

（10）[baqira-ma-ŋ]_话题 [mɛn-iŋ o'qiʃ-im-ga tasir qila-di]_述题.
　　　喊_否定-从属3单　　我_属格　学习_从属1单-向格　影响　做_从属3单
　　　"别喊，你会影响我学习。"

例（8）（9）（10）中 puflama、o'jla、baqira 都充当谓语后作话题。动词名词化后可作话题，与一般的名词性结构作话题相同。

2.1.4 同位语作话题

同位语可作话题。例如：

（11）[jaŋi o'qituvtʃi-miz dʒanob vaŋ]_话题 [biz-ga
　　　新的　老师_从属2复　先生　姓　我们_向格
　　　dʒuda mɛhribon]_述题.
　　　非常　好
　　　"我们的新老师王先生对我们很好。"

（12）[siz jigit-lar]_话题 [jaxʃi o'qiʃ-lar-iŋiz kɛrak]_述题.
　　　复2　年轻人_复数　好　　学习_复数-从属2复　要
　　　"你们年轻人，要好好学习。"

（13）[siŋl-im mɛrhaba]_话题 [ham pekin-da-dir]_述题.
　　　妹妹_从属1单　人名　　　也　北京_位格-确定式
　　　"我妹妹麦尔哈巴也在北京。"

例（11）（12）（13）中 o'qituvtʃimiz-vaŋ、siz-jigitlar 和 siŋlim-mɛrhaba 都是同位语，也是句子的话题。话题为同位语复指成分，表示强调，常用在文学语言中。乌兹别克语存在话题成分，从句法结构看，主语、宾语、状语、谓语、同位语可作话题，可调整到句子最前边。话题的范围比主语大，话题的位置相对主语更加固定，位于句首。

2.2 话题结构

乌兹别克语的话题结构与汉语中的话题结构一样，话题在句子前部，述题在句子后部，形成"话题+述题"结构。这种用语序手段表达的话题结构是基础生成的，包括话题与主语重合的无标记话题，以及话题与主语并不重合的非论元型话题。例如：

（14）[Kamil]_话题 [tɛlɛfon-ni yo'qot-ib q'oy-di]_述题.
人名　　　手机_宾格　丢_副动词　放_过去式
"卡米力把手机弄丢了。"

（15）[mɛva-niŋ itʃi-da]_话题 [apɛlsin-ni ɛŋ jaxʃi ko'ra-di]_述题.
水果_属格　里_位格　橘子_宾格　最　喜欢_从事3单
"水果中我最喜欢橘子。"

（16）[kitob-ni]_话题 [mɛn o'qi-b bo'la-di-m]_述题.
书_宾格　　　单1　读_副动词　完_过去式_从属1单
"书，我读完了。"

例（14）中的话题 Kamil 与主语重合，在语义上充当句中动词的施事论元，这种话题是无标记的，在阿尔泰语言中较为常见；（15）中话题是 mɛvaniŋ itʃida 述题的涉及对象，它的作用是为述题提供表述的框架或范围，这种类型的话题性成分并不是句子的论元；（16）中的话题性成分（kitobni）是动词的宾语，在语义上通常为动词的受事论元。

另外，乌兹别克语会通过话题后面添加语气助词等标记的手段强调话题，形成有标记话题结构。这种结构中的助词既能起到标记话题成分的作用，同时也具有分割话题和述题的功能。例如：

（17）[ismim aziz]_话题 [siz-niki-tʃi?]_述题.
名字　人名　　你_从属2单_呢_语气词
"我叫艾则孜，您呢？"

（18）[siz-tʃi?]_话题 [iʃ-lar-igiz yomon ɛmas-dir]_述题.
单2呢_语气词　事情_复数_从属1复　不错　系动词_否定_确定式
"你呢？最近的事情还好吧。"

（19）[tʃiroy-li-ku]_话题 [albatta un-ga joqa-di.]_述题.
漂亮_构词词缀呀_语气词　当然　他_向格　喜欢_过去式
"当然他会喜欢。"

（20）[onda mɛn]_话题 [ɛrtaga hajvonot bog'i-ga bor-maj-man]_述题.
那么_连词　单1　明天　动物　园_向格　去_否定_从属1单
"那么我明天不去动物园。"

乌兹别克语的话题问句既可以用于前句，也可以用于后句。例（17）"话题+ʧi"在后句，话题问句之前有参照对比性的背景句，听话者根据背景句的信息来判断发话者所要询问的内容；（18）"话题+ʧi"在前句，其话题主要是指人或物的名词性成分，并且所述话题一般有空间位置上的变化；（19）话题句式"话题+ku"有时通过在话题后面添加语气助词来强调话题；（20）话题由连词"onda"构成，相当于汉语的"那么"。用于前句的话题问句，通常是用来询问话题对象，此时不需背景句。从句法结构上看，乌兹别克语、维吾尔语、哈萨克语以及蒙古语话题问句结构与汉语的"话题+呢"相似，都是话题加语气助词构成。阿尔泰系语言中许多语气词在信息结构中具有重要的话题和焦点功能，这是一种常见的语法现象。

3 特殊句型的话题结构

话题性成分从语类上来看都是由简单的名词性短语作话题，说话人都是对某特定的事物发表评述，因此名词性话题成分较常见，但某些特殊情况下，动词性短语和形容词性短语（AP, Adjective Phrase）甚至是小句也可充当话题，这些情形都是比较特殊的话题结构。

3.1 论元分裂式话题结构

乌兹别克语中还有被称作"'论元分裂式'话题结构"，简称"分裂式话题结构"（徐烈炯、刘丹青，2003）。例如：

（21）a.我买了一公斤香蕉。

　　　b.香蕉，我买了一公斤。

例（21）a是（21）b句经历"部分话题化"的结果，在话题化过程中受事成分被"一分为二"，即把带数量成分的受事论元中"光杆名词短语"放在动词前，把指标成分放在动词后宾语位置，这种类型的话题不是特殊的语用变化，而是相当常规的句法结构。经过对乌兹别克语语料调查发现，乌兹别克语也存在类似的话题结构。例如：

（22）a. [mɛn]_话题 [bir kilogram banan sot-ib　ol-di-m]_述题.
　　　　单1　　一　公斤　　香蕉　买_-副动词　拿_-过去式-从属1单
　　　"我买了一公斤香蕉。"

b. [banan-dan]_话题 [mɛn　bir　kilogram　sot-ib　ol-di-m]_述题.
　　香蕉_-从格　　单1　一　公斤　　买_-副动词　拿_-过去式-从属1单
　　"香蕉，我买了一公斤。"

c. [mɛn]_话题 [banan-dan bir　kilogram　sot-ib　　ol-di-m]_述题.
　　单1　　香蕉_-从格　一　公斤　　买_-副动词　拿_-过去式-从属1单
　　"我买了一公斤香蕉。"

d. [bu　bir　kilogram　banan-ni]_话题 [mɛn sot-i　bol-di-m]_述题.
　　这　一　公斤　　香蕉_-宾格　　单1　买_-副动词　拿_-过去式-从属1单
　　"这一公斤香蕉我买了。"

e. [sot-ib　ol-maktʃi-mɛn]_述题 [bir　kilogram　banan]_话题.
　　买_-副动词　拿_-能动-从属1单　　一　公斤　　香蕉
　　"我想买一公斤香蕉。"

例（22）a是常规句，句子的话题是mɛn；（22）b是分裂式话题作"主话题"，话题是banan；（22）c是分裂式话题作"次话题"，话题也是mɛn；（22）d是分列式话题作"主话题"，话题是bir kilogram banan，其中有指定代词bu，还有宾格-ni，是（22）a "话题化"的结果。乌兹别克语分裂式话题在意义上是谓语动词是受事论元的一部分，可以"回到"动词前，并与"留在"动词前的部分组合为一个名词短语，充当动词的宾语，成为常规的"主-宾-动"句。从语法单位讲，词、短语、小句都可作话题，其中名词性结构最多，但也有动词性结构和形容词性结构，其中单话题句中的话题为不及物动词的单一论元或及物动词的施事论元，还包括及物动词非施事论元话题化后移位到句首作话题的句子。双话题结构在布依语中也常出现（赵哲、周国炎，2020），两个话题之间并没有强烈的语义关系，如施事、受事关系等，但以时间名词与无定人物名词为主。此时，两个话题的顺序可以互换。

3.2 拷贝式话题结构

拷贝式话题是指话题性成分在述题中以同形或部分同形的形式复现，包含这种话题的结构称为拷贝式话题结构（徐烈炯、刘丹青，2007）。乌兹别克语中句子主语、宾语以及谓语动词都可以经过"拷贝"成为拷贝式话题。在语类上名词性、形容词性和动词性成分都可以构成拷贝式话题。

3.2.1 名词性短语拷贝式话题结构

其结构形式是 NP+动词/助词+NP，具有转折、让步的意义。例如：

（23）[aktjor boli-ʃ-uju   aktjor]_{话题} [lɛkin u   qoˈʃiq
　　　演员　当_{-名动词-语气助词}　演员　　　但是　单3　歌
　　　ajtol-maj-di]_{述题}.
　　　唱_{-否定-过去式}
　　　"他虽然是演员，但是他不会唱歌。"

（24）[bola digan bola]_{话题} [un-ga axamijat bɛr-maj-di-lar]_{述题}.
　　　孩子　就是　孩子　　他_{-向格}　计较　　重视_{-否定-过去式-复数}
　　　"孩子就是孩子，别跟他计较。"

（25）[julduz hali-ham oˈʃa julduz]_{话题} [oj   hali-ham oˈʃa
　　　星星　还是　　那个　星星　　　　月亮　还是　　那个
　　　oj]_{述题}.
　　　月亮
　　　"星星还是那个星星，月亮还是那个月亮。"

例（23）（24）（25）中 aktjor boliʃuju aktjor、bola digan bola 和 julduz hali-ham oˈʃa julduz 都是名词性短语的拷贝式话题。另外，话题与述题的某成分完全同形，在语义上也基本一致，同样形成拷贝关系，这种结构话题比框架式话题更能体现话题的话语功能。例如：

（26）a. [olma-ni]_{话题} [mɛn jɛd-im]_{述题}.
　　　　苹果_{-宾格}　　单1 吃_{-从属1单}
　　　　"苹果，我吃完了。"

b. [mεva itʃi-da] olma εŋ jaxʃi-si-dir.
　　水果　里_-位格_　苹果　最　好吃_-从属3单-确定式_
　　"水果中，苹果最好吃。"

c. [bundaj olma]_话题_ [jεsa dʒuda jεjiʃ-lik,　ammo　bu
　　这种　苹果　吃　非常　好吃_-构词词缀_　但是　这
　　dʒuda　qimmat]_述题_.
　　很　　贵
　　"这种苹果，好吃是好吃，就是太贵了。"

例（26）a中olma是关涉性话题，（26）b中mεva是框架式话题，（26）c中bunday olma是全句主话题，jε是分句的拷贝话题。语言比较中可以归纳出一个优先性差等序列，右边的话题结构比左边的更具有突出话题的特点：关涉性话题<框架式话题<拷贝式话题。

3.2.2 形容词性和动词性短语拷贝式话题结构

形式是AP/VP+动词/助词+AP/VP，此类句子多表示假设、条件或转折意义。例如：

（27）[ʃirin dεjsa ʃirin]_话题_ [omma u-lar-ga　ʃirin joq-may-di]_述题_.
　　甜的　说　甜的　　但是　他_-复数-向格_　甜的　喜欢_-否定-从属3单_
　　"甜是甜，但是他们就不喜欢。"

（28）[jεmoq-tʃi bol-saŋ　jε]_话题_ [ammo israof qil-ma]_述题_.
　　吃_-语气助词_　想_-从属2单_　吃　但是　浪费　做_-否定_
　　"你想吃就吃，但是别浪费。"

（29）[bora-mi-saŋ bora-ma]_话题_ [biz o'zi-miz　bora-miz]_述题_.
　　去_-否定-从属2单_　去_-否定_　复1 自己_-从属2复_　去_-从属1复_
　　"你不去就不去，我们自己去。"

例（27）中ʃirin dεjsa ʃirin是形容词性短语的拷贝式话题，例（28）和（29）中jεmoqtʃi bolsaŋ jε和boramisaŋ borama都是动词性短语的拷贝式话题。拷贝式话题具有特定构式意义，直接对拷贝成分进行强调，表现两个小句之间的让步或者转折关系。

3.3 小句作话题的话题结构

拷贝式话题由短语充当话题，这种话题常见于阿尔泰语言，因为话题的定义要素是关于某个已知的、定指的事物。乌兹别克语中不仅短语性成分可以作话题，小句也可以成为整个句子的话题。例如：

（30）[ɛrtaga　jomg'ir　jog'adi　dɛjsa]_话题 [mɛn
　　　 明天　　雨　　　下　　　说　　 单1
　　　 bun-ga　iʃon-maj-man]_述题.
　　　 这_向格　相信_否定-从属1单
　　　 "要说明天下雨，我也不信。"

（31）[u　kɛl-sa]_话题 [man　ham　bor-a-man]_述题.
　　　 单3 来_条件式　单1　也　　去_将来时-从属1单
　　　 "要是他来了，我也会去。"

（32）[bugun　o'qutuvtʃi　kɛl-mak-tʃi　dɛjasa]_话题[mɛn baxt-li-man]_述题.
　　　 今天　　老师　　　来_能动-将来时　说　　　单1 开心_构词词缀-从属1单
　　　 "说今天老师要来，我会更开心。"

例（30）（31）（32）中的 ɛrtaga jomg'ir jog'adi dɛjsa、u kɛlsa 和 "bugun o'qutuvtʃi kɛlmaktʃi dɛjasa 都是由小句充当话题，具有明显的形式特征，小句位于句首，并在小句后面带有明显的话题标志，如 dɛjasa，小句作话题的结构在意义上类似于主语从句。这种由小句充当的话题一般具有明显的形式特征。当小句位于句首时，并在小句后面带有明显的话题标志，如上例中的 dɛjasa，在意义上一般类似于英语中的宾语从句或主语从句，出于某种强调或对比目的而移至句首，成为对比性的话题。

语法单位中的词、短语和小句都可以作话题，其中名词性结构最多，但是也有动词性结构和形容词性结构。话题是一个多层次的概念，它涉及句法、语义、语用等方面。句法上乌兹别克语的话题总在句首出现，存在宾语话题化。语义上存在论元共指性话题、语域式话题等语义关系类型；语用上话题是话语功能的体现，是述题说明的对象，与信息结构密不可分，通常表示已知信息，与述题之间的语义关联可近可远。

话题与述题的语义关系远近是衡量话题突显程度的重要指标，主语主要是语义角色的语法化，其原型意义是施事；而话题则是话语功能的语法化，其原型意义就是话题功能（徐烈炯、刘丹青，2007）。这些类别都在某种程度上与常规主谓句有别，是某种话题化操作的产物。

4 话题化类型的特征

话题化（Topicalization）指通过某种手段获得明确的话题属性，最主要的手段是句法位置的变动和话题标记的添加。话题化必须以已知信息为前提，新信息很难用作话题。

话题化一般发生在口语中，现场已知信息经常表示为现场直指成分或回指成分，这样最容易成为话题化对象。作为话题化的必要条件，这种话题性不像现场已知有定信息那么强，只有在话题显赫的语言中，才得以话题化。英语中话题化是偶然出现的现象（Steele，1978），汉语受事话题化已成基本句法操作，有扩展功能，英语则是非常规语用操作，话题没成单独句法成分。乌兹别克语作为黏着语，通过语序、语气助词、宾格后缀实现话题化，话题化现象广泛存在，既然具有话题化现象，拥有内在话题性，这种内话题性就是长时已知信息的地位，是说听双方共享信息。

乌兹别克语中宾语作话题时，名词及名词短语作宾语，宾语直接移位到句首，语序由 [NP$_1$]$_{话题}$+[NP$_2$+V]$_{述题}$ 调整为 [NP$_2$]$_{话题}$+[NP$_1$+V]$_{述题}$。述题中存在空位，此时话题与该空位同指，在句首作话题，称作话题化。例如：

(33) [pomidor–ni]$_{话题}$ [(mɛn)　unʧa–lik　joqtir–maj–man]$_{述题}$.
　　 西红柿$_{-宾格}$　　（单1）那么$_{-构词词缀}$ 喜欢$_{-否定-从属1单}$
　　 "西红柿我不太喜欢。"

(34) [bir　parʧa–si–ni]$_{话题}$ [(U)　jɛ–sin]$_{述题}$.
　　 一　 块$_{-从属2单-宾格}$　　（单3）吃$_{-祈使式3单}$
　　 "这一块让他吃吧。"

（35）[qora-si-ni]_话题 [(mεn) sot-ib old-im]_述题.

　　　黑_从属3单-宾格　（单1）买_副动词　拿_从属1单

　　　"黑的，我买了。"

例（33）中普通名词pomidor充当宾语后作话题；（34）中数量结构bir parʧasi充当宾语后作话题；（35）中形容词的名化物结构qorasi充当宾语后作话题。此时主语与话题是不重叠的，话题的位置始终在句首，而主语不一定在句首。在句法上通过移位成为句子的话题，这种句法操作称为话题化是常见的句法现象。

主谓小句中主语是自然话题，常式句的主语是无标记话题。例如：

（36）[mεn]_话题 [top o'yna-maj-man]_述题.

　　　单1　　球　打_否定--从属1单

　　　"我不打球。"

（37）[top-ni]_话题 [mεn o'jna-maj-man]_述题.

　　　球_宾格　　单1　打_否定-从属1单

　　　"我不打球。"

例（36）中句子的话题显然是句子的主语mεn，但例（37）的话题化结构中句子的宾语top通过移位实现了自己的话题化，取代了主语mεn的位置。无论top处在什么位置，在句法分析上它仍然是句子的宾语，是整个小句的部分，移位并没有改变其句法归属，改变的只是其语篇功能。话题化也同样指说话者为了把某成分当作谈论的对象而被移到句首。话题化和焦点化都是为了强调或者突出句中的某一成分，这两者的区别是焦点化的成分一般带有新信息，而话题化的成分应该是已知的信息。

左偏置构式也是一种话题化手段（Prince，1997；Gregory，2001），它由一个小句外成分和一个小句构成，它和话题化在结构上的不同在于它的左置成分和小句没有直接的句法关系。小句则包括一个含有主谓结构的核心和一个核心前位。一个完整的句子可以等同于一个左偏置构式，因为左偏置构式由一个左置成分和一个正常的小句构成。通过分析可知，话题化成分属于小句的一部分，话题化成分属于角色与参照语法体系中的核心前位,是偏置构式的左置成分的一个成分。

汉语和乌兹别克语的分裂式话题既有共性又有差别。共同点在于汉语和乌兹别克语的分裂式话题都由作宾语的名词短语的核心充当,都可以通过变换回到所谓的常规位置,差别在于汉语只是变换语序,没有任何形态标记。例如:

(38)这些单子你都拿去吧。

(39)这个洞他挖得太浅了。

(40)关于学习经验,还是你谈比较合适。

例(38)(39)中的"单子、洞"等名词在常式句中应该是宾语,而在这些动态句里,放到句首话题化的同时充当了主语。当然,在汉语中也有宾语名词话题化后不充当主语的情况。例(40)中"学习经验"是话题,但不是主语。另外,乌兹别克语与汉语一样,主从句的特殊之处是从属连词可位于主语名词短语之前,也可以位于主语名词短语之后。例如:

(41) [garchi   aziz   vaqti   bo'l-ma-sa-mi,   yana   kel-di].
     虽然—连词 人名   时间   有—否定—条件式—语气助词 还是   来—过去式
     "虽然艾孜则没空,还是来了。"

(42) [aziz]话题 [garchi   vaqti   bo'l-ma-sa-mi,   yana   kel-di]述题.
     人名   虽然—连词 时间   有—否定—条件式语气助词 还是   来—过去式
     "艾孜则虽然没空,还是来了。"

主从句话题结构如例(41)中连词garchi位于从句主语aziz前,则aziz仅为小句话题而非整个主从句的话题,称之为非话题结构;而(42)中连词位于从句主语之后,aziz为整个主从句的话题。乌兹别克语中宾语名词移到句首作话题时,由于形态标记清楚,语序比较自由,因此原句所充当的成分不变。乌兹别克语则在语序变化的同时仍在宾语后面保留格标记,如下文的ni。汉语中宾语话题化后可以充当主语。例如:

(43) [qo'ʃiq-ni]话题 [ko'p tiŋlaj-man]述题.
     歌曲—宾格   多   听—从属1单
     "我经常听歌。"

（44）[kitob-ni]_话题 [har kuni o'qij-man]_述题.

　　　书_宾格　　　每 天　读_从属1单

　　"每天都读这本书。"

（45）[rasm-ni]_话题 [dʒuda jahʃi tʃiza-di]_述题.

　　　画_宾格　　非常　好　画_从属3单

　　"他画画非常好。"

例（43）（44）（45）中的qo'ʃiq、kitob、rasm是宾语，在常式句中应该置于主语和谓语之间，移到句首被话题化，但是所充当的原句法成分没有改变，还是以宾格形式充当了宾语。

汉语是典型的孤立语，词和语素之间基本是对应的。词根没有标记语义关系的词缀，因此语序成为显示句法关系、语义关系的主要手段。汉语中NP_1+V+NP_2，可以用来判断施受关系的手段就是词序"动词"之前的是动作发出者，动词之后是动作的承受者。处于句子中动词V成为分割"主语"与"宾语"的标志。因此汉语句法形式的变化相对受限。汉语动态句中由"话题化"移到句首的成分作话题，同时可能充当主语。例如：

（46）a.两个学生从教室里出来。

　　　b.教室里出来两个学生。

　　　c.小王拿走了铅笔。

　　　d.铅笔叫小王拿走了。

以上例（46）a和（46）b的语义结构基本相同。（46）a中"两个学生"是主语，"从教室里"是状语。而在（46）b中"教室里"通过话题化移到句首成为主语。例（46）c和（46）d的语义结构也基本相同。（46）c中"小王"是主语，"铅笔"是宾语。而在（46）d中"铅笔"通过"话题化"移到句首成为主语。乌兹别克语也有话题化影响句法成分的现象。例如：

（47）a.[maktab]_话题 [biz-niŋ xajot-imiz-ni tartib-ga sol-di]_述题.

　　　学校　　我们_领属　生活_从属1复-宾格　整顿_向格　安排_过去式

　　"学校安排了我们的生活。"

b. [xajot–imiz]_话题 [maktab–dan   tartib–ga   solin–adi]_述题.
   生活_从属1复   学校_从格   整顿_向格   安排_过去式
   "我们的生活被学校安排了。"

c. [mɛhmon–lar]_话题 [uy–da bar]_述题.
   客人_复数   家_位格 有
   "客人在家里。"

d. [uy–da]_话题 [mɛhmon–lar bar]_述题.
   家_位格   客人_复数   有
   "家里有客人。"

例（47）a和（47）b的语义结构基本相同。在（47）a中maktab是主语，xajotimiz是宾语。在（47）b中xajotimiz通过话题化移到句首成为主语。只有宾语在话题化后可变成主语，这时谓语动词的态要发生变化。但由于乌兹别克语是形态发达的语言，语序比较自由，在大多数情况下某一成分话题化后，句法身份不变。（47）c和（47）d中的uy等名词话题化后，其原句法位置没有变。汉语的句法结构中语序起比较重要的作用，话题化对句法成分的影响比较大。

乌兹别克语是典型的黏着语，词可以包含两个或两个以上的语素，词根语素和词尾语素的分界一直十分明确，词尾语素具有固定形式，因此按照语音形式识别词尾语素较为简单。话题标记的使用对应这种黏着型语言，且基本语序为"主语+宾语+谓语"的语言尤为重要。

语言的常规句式是NP_1+NP_2+V，即动词前有两个名词性成分，因此需要借助某种显性手段来标记动词前的两个名词性成分哪一个是施事或受事，正是借助名词的标记才可以使听话人分辨出NP_1与NP_2的施受关系，同时标记的存在也使得乌兹别克语的句法操作更加灵活。口语中大量使用话题化结构。乌兹别克语中"分裂式话题结构"的使用频率也很高，因此乌兹别克语也是一种论元分裂式话题结构发达的语言。分裂式话题句中一个受事论元被分为两个成分，其光杆名词短语部分放置于句首作话题，表示指称量化的外延性限定语作为名词性短语放在动词后作宾语。

5 结语

本文对汉语和乌兹别克语话题结构进行了初步描写，发现汉语和乌兹别克语中话题结构丰富，且具有层次性。汉语主要依靠词序来表示表层语法关系，而乌兹别克语在使用词序的同时，还要借助于表达意义关系的标记。因此汉语和乌兹别克语在话题上呈现出的结构特点，是由语言类型决定的。

从话题化特征看，话题化是一个单独的调群；从生成语言学的角度看，左置成分是从一个句子的常规位置移位而来，这些均能够说明话题化构式构成一个独立的语篇单位，左置成分是该语篇单位的凸显成分，是句子的主位所在。话题化成分是该构式的突显部分，成为话题从而具有了强调、对比、列举、转换话题等功能。话题化成分处于该构式中的主要部分，而其主语成分则是该构式中的次要部分。首次作为话题被提及，可以起到话题保持的作用，正因为该主语成分话题保持的潜势，话题化构式的左置成分便成了一个临时出现的话题。总之，现场已知信息的话题性强，容易话题化，是话题化的充分条件，共享信息是话题化的必要条件。

主要参考文献

[1] 阿依克孜·卡德尔，徐春兰.汉维语名词的话题化及其句法功能[J].中央民族大学学报，2015（1）：153-157.

[2] 阿达来提.中国乌孜别克族语言文化研究[M].北京：中国社会科学出版社，2020.

[3] 程适良，阿不都热合曼.乌孜别克语简志[M].北京：民族出版社，1987.

[4] 古丽巴努木·克拜吐里，古丽巴霍尔·伊斯坎达洛.乌兹别克语教程[M].北京：中央民族大学出版社，2016.

[5] 王海波.几种阿尔泰语言的话题问句分析[J].民族语文，2019（4）：74-85.

[6]徐烈炯,刘丹青.话题的结构与功能[M].上海:上海教育出版社,2007.

[7]杨德峰.主动宾句的宾语话题化考察[J].语言科学,2015(4):363-373.

[8]袁毓林.话题化及相关的语法过程[J].中国语文,1996(4):241-254.

[9]周士宏,宁瑶瑶.现代维吾尔语的话题结构[J].北京师范大学学报,2012(4):52-58.

《巴布尔传》中"oq"的焦点敏感性及其功能

阿布都西克尔·艾尔肯

摘要：本文以选项语义学为理论框架，对《巴布尔传》中的焦点敏感算子"oq"进行全面分析和描述。"oq"在《巴布尔传》中对焦点具有敏感性和排他性，主要体现为唯一排他性和量级用法排他性。实现唯一排他功能时，"oq"与句中焦点成分发生关联，排除焦点激发的其他所有选择项，使焦点获得唯一性；"oq"的量级用法中，只排除焦点激发的选项集合中的一部分，焦点成分不具备唯一性。

关键词：巴布尔传；"oq"；焦点敏感算子

关于《巴布尔传》国内外学者从语言学、历史文化角度进行了相关研究（间野英二，1995、2001；嘎丽娜·布拉葛娃，1994；克劳斯·薰尼克，1997；尤利安·伦屈，2001；吾麦尔江·吾吉艾合麦提，2014）。目前，还尚未涉及关于这部作品语言中常见算子（Particle）"oq"的相关研究。

焦点是音系学、句法学、语义学、话语分析等各个学科共同感兴趣的问题。本文以选项语义学为框架考察《巴布尔传》中的焦点敏感算子"oq"，它的意义和功能主要取决于句中焦点。焦点敏感算子作为助词/小品词（Particle）的一部分，具备小品词的一般特点，本身没有形态变化，不能单独使用。焦点敏感算子与句子的焦点相关联，区别于一般算子的特质是它能够从句中选取某一成分并与该成分发生关联，且与不同焦点成分关联含有不同的意义。从句法角度讲，焦点敏感算子比较灵活，与焦点成分的互动较为具体，且必须与句中某个成分有关联（徐烈炯，2003）。不过，移除句中焦点敏感算子不会影响句子语法合法性，但会影响句子的真值条件。

考察焦点敏感算子的特点时，焦点的确定至关重要。《巴布尔传》中焦点敏感算子无法设定引出焦点成分的语境，无法通过常采用的问答形式确定句中焦点成分，也无法通过某种语言形式判断某个成分是否为句子的焦点。现代语言中很多语法现象已被验证为焦点表达手段，但在历史语料中还未证实某种语法手段和焦点之间的对应关系，通过语言形式来判断焦点的做法也缺乏实证。

焦点是与信息包装和传递相关的概念，信息的传递与语境密切相关，交际双方的共知语境决定了信息传递中信息的包装形式。本文确定焦点的方法基于共识理论（Common Ground），共识是交际中双方相互共享的信息，基于共场的交际模式，新信息不断注入共识使共识得以扩展。这些注入共识的信息是句子的焦点部分。因此，通过语境确定焦点范围，确定焦点后，再根据语境进一步判断焦点敏感算子是否与焦点成分发生关联。

《巴布尔传》中的"oq"可以追溯到鄂尔浑叶尼塞碑铭和回鹘文时期，Erdal（2004）指出"oq"跟前面的成分组合并对其前成分进行强调。《巴布尔传》中的"oq"在句中与焦点关联，确定在焦点激发的选择项中哪些选项使句子真值为真，并排除其他所有使句子真值为假的选项。这种句子的解读与没有"oq"时句子的解读大有不同。例如：

(1) Ušul　　dūšanba　axšam–1$_{焦点}$　　oq　köč–üp　　　Sulṭānpūr
　　 那　　　周一　　　晚上–3领属　　就　搬–副词化　苏丹布尔
　　 bilä　Xvāca　Rustam–nıng　　　ara–sı–da
　　 和　　和卓　鲁斯她姆–所有格　之间–3领属–位格
　　 sal–γan　　　　yangı　bāγ–qa　　tüš–ül–di.（404–12/13）
　　 建–形容词化　　新　　花园–向格　驻进–被动态–3一般过去时

"就在那个礼拜一晚上,我们进军,到苏丹布尔与和卓·鲁斯她姆之间的一个新花园中停驻。"

上例中可根据语境确定焦点成分是[那个礼拜一晚上],它激发的选项集为[礼拜二的下午]、[礼拜三的中午]、[礼拜四的晚上],等等。选项集包含能举行"停驻"这个动作的所有时间,如果在这个句子中"oq"没有出现,句子的一般意义不会受影响。没有"oq"的情况下,句子还是能表达"我们礼拜一晚上进军到苏丹布尔与和卓·鲁斯她姆之间的一个新花园中停驻",在"他们在别的日子进军到苏丹布尔与和卓·鲁斯她姆之间的一个新花园中停驻"的情况下也会为真。因为"我们礼拜一晚上进军到苏丹布尔与和卓·鲁斯她姆之间的一个新花园中停驻"和"我们礼拜五晚上进军到苏丹布尔与和卓·鲁斯她姆之间的一个新花园中停驻"互不排斥。但是,句子中有"oq"出现后,句子的真值条件就有变化了,"oq"通过与它关联的焦点部分和焦点所引发备选项之间的互动关系起一定的作用。"oq"在这句子中作用是解释焦点的一般意义,即[礼拜一晚上]和它激发的选项[礼拜二的下午]、[礼拜三的晚上]、[礼拜的晚上]……之间的互动关系。"oq"表示与它发生关联的焦点是通过排除所有的其他选项后的结果,从焦点引出的备选项中挑出特定一项,从而排除其余选项。换言之,焦点成分是唯一使句子取真值的条件,其他选项都不能成为使命题成立的条件。这种互动关系在解释句子意义时起到重要作用。例如:

(2) Muḥammad Ṣāliḥ-nı　 ošol　bir　qatla_{焦点}
　　 穆汗穆德·沙里-宾格　 那　 一　 次
　　 oq　kör-düm.(050-18)
　　 就　见-第一人称单数一般过去时
　　"穆汗穆德·沙里我就见过那一回。"

上例中"oq"与焦点成分"ošol bir qatla"(那一次)发生关联。该句焦点激发的选项集是相对于"那一回"的所有可能性,"oq"跟焦点发生关联后把所有其他选项都排除,只针对焦点成分。例如:

（3）Yax-nı ušan-da焦点 oq kör-ül-di.（408-05）
冰-宾格 那边-位格 只 见-被动态-第三人称一般过去时
"只在那边看到过冰。"

上例中焦点敏感算子"oq"与其前焦点成分发生关联，对句子的解释起到了一定的作用。假设句中没有"oq"，句中没有限制其他备选项出现的限定成分，句子可以理解为"在这儿能看到冰"，这种情况下焦点成分"ušanda"（这里）引出的备选项是可以看到冰的所有地点的集合，即使在别的地方看见冰，以上句子仍会成立。一旦"oq"出现，其他备选项的出现会让焦点成分所表示的意义为假，因"oq"限制"可以看见冰的地方"只能是这里，排除了其他可能性。句子的释义为"能看见冰的地方就是这里"，要是在别的地方能看见冰，则为假。这就是焦点敏感算子影响句子真值条件的运作原理。《巴布尔传》中"oq"具有唯一排他性功能的实例如下：

（4）Tār-nıng   šāxı-ları   ham bašı-da焦点
塔尔-所有格 枝叶-复数-3领属 也 头-位格
oq bol-ur.（459-15）
只 系动词
"塔尔的枝叶也只长在树的顶部。"

（5）vilāyat-nıng   żabṭ-ı-nıng   payı-γa tüš-mäy ušmunča
地区-所有格 控制-3领属-所有格 底-向格 落-否定 如此
iṭā'at bilä al-ar-ga焦点   oq musallam tut-up-tur-lar.（522-14）
服从 和 他-复数-向格 只 赠与 持-副词化-泛态-复数
"（德里汗国）未转向米华特以最后征服其地，只满足于他们的服从而已。"

（6）Beg-lär-i   ata-aba γa-sı-nıng焦点
伯克-复数-3领属 父亲-伯父-3领属-所有格
oq beg-lär-i   edi.（103-19）
都 伯克-复数-3领属 系动词

"他手下的伯克都是其父亲和伯父遗留的旧臣。"

可见，"oq"出现在句中时，将不同成分设定为句子的焦点，句子的真值条件随焦点位置的不同而不同，从而得到句子不同的释义。"oq"的语义会与焦点成分关联，使焦点位置选项作为句子真值条件成立的唯一选项。因此，《巴布尔传》中"oq"是具有排他性功能的焦点敏感算子，且具有唯一排他性功能。

"oq"在《巴布尔传》中作为焦点敏感算子不仅有唯一排他性功能，还有量级用法。"oq"限制的焦点与焦点引发的其余备选项构成一个量级模型。在该模型中，"oq"的排他性与上述"唯一排他性特点不同，"oq"的排他性体现为单向排除模型中居于焦点之上或者之下的选项。

《巴布尔传》中"oq"与现代维吾尔语中的"-la"相对应，"-la"可用来表达排他性焦点。因此，现代维吾尔语"-la"在解释《巴布尔传》中"oq"时可提供一定的参考。例如：

（7）u　yär-gä　meŋ-ip-la_焦点　barɣili　bolidu.
　　 那个 地方-向格 走-副词化　　到达　　系动词
　　 "那儿，走路就能到。"

焦点激发备选项[搭车，骑自行车，跑步……所有可以替代"走着"的选项的集合]。例（6）中根据语境可有两种解读：第一种是"-la"的排他性功能，这种解读中去"那个地方"唯一的方式是"走路"，这种情况下其他方式诸如"骑车，搭车……"都排除在外；第二种解读是量级用法，在这种解读中，能去"这个地方"的所有交通方式都形成一个选项集，这个选项集中的子项可从子项的某个特质方面进行排序，如"走着＞骑自行车＞搭车……"在速度、耗时或者难易度方面形成一种量级排序。上述例句中"-la"限制焦点成分，排除焦点成分之后的选项"骑自行车，搭车……"焦点取最小值"走路"，但并不排除排在最小值后面的其他选项，这点与唯一排他性功能有所差异。

焦点敏感算子具有唯一排他性功能时，选项集合中子项不形成排序，位置可随意调换，而上例中焦点引发的选项集中各子项有一定的顺序可循，不具备唯一排他性功能。《巴布尔传》中"oq"也具有这种量级用法。例如：

（8）Sulṭān Maḥmūd Mīrzā-nıng　　　　zamān-ı-da
　　　速檀·马合谋·米儿咱–所有格　时代–第三人称领属–位格
　　　oq　nökär-i焦点　　beš-altı　ming-gä　yeti-p edi. (042-10/11)
　　　就　伴当–3领属　　五–六　　千–向格　达到–副词化 系动词
　　　"速檀·马合谋·米儿咱在位时，他的个人伴当就达五六千人之多。"

上例是包含谓语焦点的句子。句中焦点敏感算子只能跟焦点范围内某一成分相关联。这种关联关系明显受到邻近原则的支配，除此之外，根据语境可以判断该句中"oq"关联的是"nökär"（伴当），焦点成分激发的备选集为[宰相，骑士，战士……]。若以"oq"的唯一排他功能来定义焦点成分和备选项之间的关系，那么焦点成分与备选项之间是互相排斥的关系，不能同时使句子为真或为假。但是，根据语境如果"速檀·马合谋·米儿咱"的宰相或者骑士（焦点激发其他选项）等人数到达五六千或更多更少都不会影响上述句子的真假。"速檀·马合谋·米儿咱有五六千宰相""速檀·马合谋·米儿咱有五六千骑士"与"速檀·马合谋·米儿咱有五六千伴当"不形成互相排斥关系。因此，此句中的"oq"不具有唯一排他性功能。大概释义应是"速檀·马合谋·米儿咱个人伴当都已到达五六千个人，他的骑士、战士等其他随从人员就更多"。这句主要用来表达"速檀·马合谋·米儿咱"在位时其王国实力非常强大。焦点成分"伴当"和它激发的选项集具有"重要性"方面的排序。因为"伴当"属于国王随从人员当中"不是那么重要的一类人员"，与其他选项"骑士""战士"等形成量级关系。既然速檀·马合谋·米儿咱像"伴当"这种对王国"不是很重要的一类人员"都有五六千个，可以想象"战士""骑士"的数量就更多。因此，本文认为《巴布尔传》中"oq"的唯一排他性功能和量化功能对句子的释义发挥着重要作用。

总而言之，《巴布尔传》中"oq"具有焦点敏感性，通过与焦点关联得以实现。"oq"对焦点敏感的特征可以比较统一地解释其在以往研究中种种语义或功能,"oq"作为焦点敏感算子不仅有唯一排他功能,还对焦点激发的非数量选项具有量化功能。"oq"量化功能包含在其排他功能内,但它发挥量化作用时,排他范围就会有所不同。量级用法中,"oq"排他性体现为单向排除模型中居于焦点之上或之下的选项;唯一排他性用法中,"oq"的排他性表现为排除焦点之外的所有选项。

主要参考文献

[1]李宝伦,潘海华,徐烈炯.对焦点敏感的结构及焦点的语义解释(上)[J].当代语言学,2003(1):1-11,93.

[2]李宝伦,潘海华,徐烈炯.对焦点敏感的结构及焦点的语义解释(下)[J].当代语言学,2003(2):108-119.

[3]徐烈炯,刘丹青.话题与焦点新论[M].上海:上海教育出版社,2003.

[4]殷何辉.焦点敏感算子"只"的量级用法和非量级用法[J].语言教学与研究,2009(1):49-56.

[5]袁毓林.句子的焦点结构及其对语义解释的影响[J].当代语言学,2003(4):323-338,380.

[6]ABDURISHID YAKUP. Focus in Turkish and Uyghur: preliminary report on an ongoing contrastive investigation[J]. Turkic languages, 2016 (20): 113-128.

汉语和维吾尔语信息结构研究综述

伊卜拉伊木·马木提

摘要：国内汉语和维吾尔语信息结构研究成果颇丰，对其研究理论基础、内容及特点进行总结归纳具有重要价值和意义。

关键词：汉语；维吾尔语；信息结构；研究综述

信息结构研究逐渐引起我国语言学、外语教学和翻译研究等领域学者的关注，针对前人对汉语信息结构所做的大量研究，本文着重就研究争论内容和研究类型将国内汉语和维吾尔语信息结构研究成果进行简单归纳整理。

1 汉语信息结构研究

1.1 焦点研究方面

20世纪80年代，国内学者引入主位理论，将其不仅用于外语研究，也尝试用来解释汉语研究问题，如徐盛恒（1983）针对汉语中"主位化"现象探讨了对汉语句子中主位–述位切分，从句法角度对主位进行分类等问题。从语言传递信息这一观念分析汉语话题与焦点的研究者主要有文炼（1984）、陆俭明（1987、2016）、陆丙甫（1993）、张伯江和方梅（1996、2005）、沈家煊（1989）、徐烈炯和刘丹青（1998、2003）、袁毓林（1998、2003）、温锁林（1999）、周韧（2005）、张维鼎（2007）、刘丹青（2008）、邓守信（2011）、房战峰（2011）、朱敏（2012）、叶文曦（2015）、周士宏（2016）、史成周（2016）、祁峰（2012）等人。

国内信息结构理论基础大部分源于国外，所以关于英汉语信息结构对比研究的文献较多，如张今的《英汉语信息结构对比研究》(1998)，对信息结构提出两种看法："语言学通常所说的信息结构"和"对比语言学中的信息结构"。前者是信息传输过程中新旧信息的组织模式，是进入英汉信息结构对比讨论的基础；后者则是"一个更加细致的定义"，表明一种语言的信息结构不仅包括信息传输过程中的新旧信息的组织模式，而且还包括主位（主题）提示手段使用频率和聚焦手段使用频率所形成的模式。

专门研究焦点的论文主要有《现代汉语疑问句的信息结构与功能类型》(郭婷婷，2005)、《现代汉语焦点表现手段研究》(钟华，2007)、《现代汉语焦点结构研究》(张全生，2009)等。郭婷婷探讨信息结构对汉语疑问句的作用，从传递信息角度对疑问句具体类型的功能进行考察；钟华对现代汉语焦点表现手段进行考察，探索汉语中特殊句式中的焦点性质，还探讨了汉语中几个非常特殊的焦点敏感句子，并进行语义解释；张全生讨论分析了焦点信息结构的两个来源，梳理评述了现有焦点概念和焦点类别的研究，以信息结构关系为标准重新界定了焦点概念。

关于英汉语焦点对比的论文主要有《英汉语篇信息结构的认知对比研究》(郭纯洁，2006)，研究收集英、汉语篇各30篇，进行语篇信息结构分析和跨语言语篇比较分析。《汉英语篇信息结构对比及翻译》(李红霞，2010)，主要通过英汉语篇信息结构特点的对比，着重讨论了英语在信息结构上以主语为主轴，而汉语则以话题评论为中心的问题，提出把汉语"话题+评论"的信息结构转换为英语的"主语+谓语"信息结构是翻译成功的关键。

从汉语句子信息结构方面进行研究的研究者也非常多，如萧国政（2001）、梁聘唐（1982）、方经民（1994）、陈琳和黄奕（2006）、索斌（2006）、周静（2010）、陈功（2012）、刘慧娟（2016）等人。虽然他们的研究做得比较详细全面，也为英汉语信息结构研究提供了有价值的资料，但仍需继续深入一步。

1.2. 话题研究

汉语话题结构、类型、背景等问题都备受语言学家关注，徐烈炯、刘丹青《话题的结构与功能》一书在普遍语法与语言类型学的理论基础上展开，从话题的概念、结构位置、标记、语义关系、句法表现、指称特点、话语功能、话语环境、结构与汉语的语序类型等方面加以研究，较全面地体现了汉语话题与汉语语法及其他方面的关系，体现了汉语语法研究的共性意识，对语法学界研究具有重要学术价值。

潘珣祎《现代汉语话题结构的认知语用研究》（2010）对真实语言中的话题进行细致全面的观察，从中提炼出三个方面的内容：一是话题结构在会话中的信息特征；二是话题结构在会话中体现的话语功能；三是影响话题结构使用的认知语用因素以及话题结构在使用中体现的语用策略，同时指出了之后需继续进行研究的一些方向。

邱雪玫《现代汉语话题—说明话题结构研究》（2011）沿着鉴别→定性→定量的技术路线，对汉语话说结构进行了全面探索，基于量化分析抽象出话题语-说明语的功能范畴体系以及匹配框架系统，研制了信息库并进行标注，统计并分析了四种体裁话题-说明结构句用例的出现率及其语篇分布特征。

对汉语话题进行研究的还有周国光和潘玉雯（2008）、余久（2008）、薛宏武和胡惮（2009）、史德明（2017）、刘顺（2013）、田虎（2013）、张媛媛（2013）等人。研究者从不同角度对汉语话题进行观察、界定概念，从语用和功能角度分析话题的范围、标记、标记的界定，以及话题的生成等，也有学者更细一步地分析了主位、主题与话题、话题与焦点的关系、话题在对外汉语教学中的应用等。

总之，话题一直是语言学研究的热点问题之一，深受研究者重视，日后仍可进一步对汉语话题的背景、心理因素，话题标记及分类等问题进行研究。

1.3 其他研究

1.3.1 汉字信息结构研究

根据信息结构理论解释了汉语音节结构特点，这对汉语的语音结构特点的研究有一定的价值，如傅爱平（2003）、吴燕萍（2010）等人的研究。

1.3.2 从信息结构分析留学生汉语偏误

留学生学习汉语时会出现不少病句，表达不清楚也是较常见的问题，因此，对外汉语教育教学方法、教学理论研究越来越受重视，以信息结构理论为切入点试图找出上述问题的原因及解决方法也更受重视并取得了可喜的成果。对此问题研究较多的有张迎宝（2015）、刘岩（2016）、徐开妍（2016）、赵青永和孙刚（2005）等人。

1.3.3 汉语信息结构韵律解析

周韧（2006）认为汉语的信息焦点在常规表现形式上必须有韵律的参与。他首先考察了汉语信息焦点的表现方式，认为汉语在使用语序和结构层次等常规句法手段标记信息焦点的同时，也使用另一种音系上的常规手段——韵律节奏的安排来帮助信息焦点的确定，汉语的信息焦点在韵律阶层上至少是一个音步，而且信息焦点结构的划分不能破坏句子中音步结构的划分。同时，他还探讨了一些语用因素对焦点结构和表现形式的干扰作用。

2 维吾尔语信息结构研究

信息结构研究内容主要包括焦点（Focus）、已知性（Giveness）、话题（Topic）等，本文探讨内容也主要包括焦点与话题。

2.1 与维吾尔语焦点的有关研究

语言研究中焦点概念可概括为：焦点是句中最重要的信息，承载着新信息。

目前，对维吾尔语焦点进行研究的研究者主要有力提甫·托乎提（2012）、林青（2011）、周士宏和宁瑶瑶（2012）、王蓓和吐尔逊·卡得及许毅（2013）、吐尔逊·卡得和吾守尔·斯拉木（2015）、王海波（2019）等人。

力提甫·托乎提在《现代维吾尔语参考语法》（2012）、《最简方案——阿尔泰语言的句法结构》（2017）两本专著中均提到焦点化问题，用树状图解释了维吾尔语焦点化问题，探讨了被焦点化成分的位置一般在句首。作者从生成语法角度解释了焦点化这一概念，并指出了焦点化与话题化的区别。焦点是句中最核心的信息，是引起注意的部分，而焦点化也是把句中的某一成分移到引人注意的位置上。

林青在《论汉维语序功能变式中的焦点变式》（2011）一文中主要探讨了焦点变式、焦点移位对语序的影响，分析了汉–维焦点变式，二者在凸显句子焦点和配置句中语序上的差异。通过对比分析发现汉语焦点的确立和凸显对汉语语句而言至关重要，焦点位置改变不会引起语序的变化，而维吾尔语中焦点可以改变位置，结构上也不会受太大限制。实际上，焦点移位及其对语序的影响不仅仅是结构上的问题，也可能涉及语用学、句法学等不同层面。

王蓓、吐尔逊·卡得、许毅在《维吾尔语焦点的韵律实现及感知》（2013）中通过严格控制语音实验研究了维吾尔语陈述句中对音高和时长的调节作用。实验结果表明，焦点和焦点前面的词时长都有变化，而焦点后的词没有变化；焦点韵律变化是焦点感知的有效线索，维吾尔语中性焦点语调特征与英语、汉语不同，它更接近于句首焦点而不是句末焦点。这更进一步证明了维吾尔语焦点的位置一般在句首。该文还特别讨论了"焦点后音高骤降"在中国语言的分布等问题。

吐尔逊·卡得、王蓓在《维吾尔语中疑问和焦点对语调的共同调节作用》中通过严格控制的实验，系统地研究了维吾尔语焦点和疑问语气对语调的调节作用。实验结果揭示了焦点词音高上升、音域扩大对焦点前后音高变化的影响，也表明了疑问语调的重要特征，还发现了焦点成分时长延长，而焦点前后时长变化不明显的现象。研究还发现，陈述句与疑问句相比，疑问句总时长比陈述句总时长长，且主要表现在句末成分时长上。英语、汉语、维吾尔语三种语言在疑问句中焦点后语调变化方式上有差异。此研究与上述《维吾尔语焦点的韵律实现及感知》研究方法和研究结果有相同点，主要从实验语音学角度对疑问句中焦点时长与陈述句时长进行对比，这对疑问句焦点问题有一定的研究价值。

上述文献从不同角度观察、描写、分析了维吾尔语的焦点，为今后维吾尔语焦点研究提供了研究资料，具有较高的学术价值。

2.2 与维吾尔语话题有关的研究

关于维吾尔语中话题的研究者主要有高莉琴（1993）、张玉萍（2006）、力提普·托乎提（2012，2017）、周士宏和宁瑶瑶（2012）、吐尔逊·卡得和吾守尔·斯拉木（2015）、王海波（2019）等。

力提甫·托乎提的《现代维吾尔语参考语法》（2012）、《最简方案——阿尔泰语言的句法结构》（2017）两本专著中都提到维吾尔语话题化问题，分析了焦点化与话题化的区别，也解释了由于话题化而出现的语序变化，上述现象可从语义、语用、句法、心理学等角度进行观察、描述和分析。

周士宏、宁瑶瑶的《现代维吾尔语的话题结构》（2012），将现代维吾尔语与汉语句子的话题进行对比后，发现二者在话题结构方面既有共性又有差异，二者都有话题结构，均可通过语序将话题置于句首，在话题后添加助词等话题标志来突显话题。差异在于现代维吾尔语的话题结构和句法成分都有显性语法标记，而汉语则相对缺乏，这是由两种语言类型不同而决定的。同时，文中指出维吾尔语话题表现手段有两种：一是通过语序；二是通过添加话题标记。

吐尔逊·卡得、吾守尔·斯拉木《维吾尔语话题的韵律表现》（2015）对维吾尔语话题的韵律表现进行语音和韵律结构分析，发现维吾尔语话题与焦点具有不同的韵律表现，有的话题音律表现可感知，有的则不可感知；通过实验得出话语话题和单独句子话题有所不同这一结论并指出其不同的原因；维吾尔语话题与汉语、英语话题相比，话题在汉语中属于句法概念，在维吾尔语中却属于语用概念，这也是英语具有的特征。

田亮的《基于维吾尔语舆情分析的话题检测与跟踪技术研究》（2018），介绍了话题检测中应用到的技术和理论。作者在收集新疆各论坛数据，经技术处理后对其进行建模的基础上，主要研究了维吾尔语文本内容以及对话题中文本进行情感倾向性判断等。研究介绍了话题检测语言跟踪技术的基本概念、研究现状，选用关键技术对其特征进行了详细研究与实验，取得了一定成果。目前大数据与语言学有密切关系，话题研究也是大数据研究的重要内容，少数民族语言中有不少领域需要借助先进技术去研究。

王海波的《几种阿尔泰语言的话题问句分析》（2019），在实际调研的基础上从句式结构和使用条件两方面对国内外几种阿尔泰语言的话题问句进行描写和分析；研究发现语言接触对这几种语言的话题问句的形式、发展演变具有重要作用等。研究从句式结构上对维吾尔语、哈萨克语、蒙古语科尔沁土语与汉语进行对比，找出其中差异并指出这几种语言中的话题问句的句型，同时探讨了语言接触对话题问句的影响。

关于维吾尔语话题研究成果相对较少，上述文献都从不同角度对话题进行了观察、描述及分析，为今后的研究提供了理论基础、研究方法与内容等。

3 结语

本文通过搜集国内信息结构研究方面的专著、期刊论文等文献资料，对汉语信息结构研究成果进行了简单归纳和整理分类，期待为今后的相关研究提供一定的参考，以求基于语言事实持续观察、描写、解释各语言或方言的信息结构。

主要参考文献

[1]陈功.结合结构下文及词汇信息的汉语句法分析方法[J].中文信息学报，2012（1）：9-15.

[2]陈琳,黄奕.汉语句子信息结构研究应用价值探索[J].南通职业大学学报,2006(4):57-59,67.

[3]董秀芳.无标记焦点和有标记焦点的确定原则[J].汉语学习,2003(1):10-16.

[4]方经民.有关汉语句子信息结构分析的一些问题[J].语文研究,1994(2):39-44.

[5]方梅.汉语对比焦点的句法表现手段[J].中国语文,1995(4):279-288.

[6]方琰.试论汉语的话题主位[J].当代修辞学,2019(2):11-27.

[7]傅爱平.汉语信息处理中单字的构词方式与合成词的识别和理解[J].语言文字应用,2003(4):25-33.

[8]高莉琴.维吾尔语主题特点探寻[J].语言与翻译,1993(2):6-11.

[9]何武,谭立重.英汉语信息结构对比研究文献述略[J].重庆工学院学报,2002(4):104-107.

[10]贾媛,杨喆.信息结构研究综述[J].中国语音学报,2018(9):42-53.

[11]雷莉,雷华,廖扬敏,等.汉语话题及其范围研究[J].西南民族学院学报,2002(2):208-212,252.

[12]力提甫·托乎提.现代维吾尔语参考语法[M].北京:中国社会科学出版社,2012.

[13]力提甫·托乎提.最简方案:阿尔泰语言的句法结构[M].北京:中央民族大学出版社,2017.

[14]梁聘唐.从汉语信息特点与统计结构看汉语拼音化问题[J].绍兴师专学报,1982(1):43-48.

[15]林青.论汉维语语序功能变式中的焦点变式[J].喀什师范学院学报,2011(5):54-55,59.

[16]刘林.句子焦点的选择机制[J].语言文字,2013(2):177-180.

[17]刘顺.现代汉语受事话题句的考察与分析[J].通化师范学院学报,

2013（3）：6-11，15.

[18]刘鑫民.焦点、焦点的分布和焦点化[J].宁夏大学学报，1995（1）：79-84.

[19]刘岩.对外汉语教材编写中信息结构知识的应用[J].国际汉语学报，2016（2）：228-235.

[20]盛蕾，张艳华.汉语"话题"的多角度探索及其研究启示[J].汉语学习，2018（6）：72-82.

[21]史德明.论现代汉语中焦点与信息、话题及重音之间的关系[J].现代语文，2017（6）：62-64.

[22]索斌，陈琳.汉语句子信息结构与预设理论[J].南通职业大学学报，2006（2）：57-60.

[23]吐尔逊·卡得，吾守尔·斯拉木.维吾尔语话题的韵律表现[J].新疆大学学报，2015（5）：126-132.

[24]吐尔逊·卡得，王蓓.维吾尔语中疑问和焦点对语调的共同调节作用[J].计算机应用，2013（3）：784-788.

[25]王蓓，吐尔逊·卡得，许毅.维吾尔语焦点的韵律实现及感知[J].声学学报，2013（1）：92-98.

[26]王海波.几种阿尔泰语言的话题问句分析[J].民族语文，2019（4）：74-85.

[27]王建国.汉语话题链的研究现状[J].汉语学习，2012（6）：75-81.

[28]王寅.主位、主语和话题的思辨：兼谈英汉核心句型[J].外语研究，1999（3）：15-19.

[29]萧国政.句子信息结构与汉语语法实体成活[J].世界汉语教学，2001（4）：12-19.

[30]徐烈炯，刘丹青.话题的结构与功能[M].上海：上海教育出版社，1998.

[31]徐烈炯，刘丹青.话题与焦点新论[M].上海：上海教育出版社，2003.

[32]许念一.基于语用的句子焦点分类研究[J].社会科学论坛,2014（4）:108-113.

[33]薛宏武,胡惮.现代汉语里谓语拷贝话题句的功能[J].语言与翻译,2009（1）:30-35.

[34]叶文曦.信息结构、次话题和汉语宾语的分析问题[J].广西师范学院学报,2015（2）:55-60.

[35]袁毓林.句子的焦点结构及其对语义解释的影响[J].当代语言学,2003（4）:323-338,380.

[36]詹卫东.80年代以来汉语信息处理研究述评:作为现代汉语语法研究的应用背景之一[J].当代语言学,2000（2）:63-73,120-124.

[37]张今.英汉语信息结构对比研究[M].郑州:河南大学出版社,1998.

[38]张迎宝.汉语中介语篇章信息结构研究述评[J].现代语文,2015（4）:23-27.

[39]张迎宝.日本留学生汉语中介语篇的信息结构特征及其篇章教学策略选择[J].现代语文,2015（10）:80-83.

[40]张玉萍.维吾尔语主位结构与句子主语关系研究[J].新疆大学学报,2006（6）:147-149.

[41]赵清永,孙刚.汉语焦点理论及其在对外汉语教学上的应用[J].语言文字应用,2005（1）:48-50.

[42]周国光,潘玉雯.关于主位、主语、话题的思考[J].华南师范大学学报,2008（6）:51-56,64,158.

[43]周静,邵敬敏.汉语反递句式的语义信息结构分析[J].宁夏大学学报,2010（6）:41-46.

[44]周韧.汉语信息焦点结构的韵律解释[J].语言科学,2006（3）:24-38.

[45]周士宏,宁瑶瑶.现代维吾尔语的话题结构[J].北京师范大学学报,2012（4）:52-58.

信息结构视角下英-汉翻译研究

申影利

摘要： 本文通过对比英-汉语言信息结构，探讨信息结构在英汉翻译过程中的特点和信息传播规律，旨在采取适当的翻译策略实现译文信息流畅之目的。研究首先对信息结构概念进行阐述，然后对比分析英-汉信息结构，最后总结了三大翻译策略，即保留原文信息结构、重构信息结构、保留原文的信息焦点。

关键词： 信息结构；主位-述位；新信息；已知信息；英汉翻译

1 引言

翻译是一种跨文化、跨语际的信息传播和交际活动，是把一门语言包含的信息转换到另一门语言中的过程。译者在进行翻译时多倾向于内容和形式上的对等，但很多情况下却忽略了源语言与目的语言之间存在诸多结构性差异及不同的语言规则。对于译者而言，转换信息的首要条件就是要精通源语言和目的语言。

功能语言学家认为，语言作为人类交际的工具，其功能可分为概念功能、人际功能和语篇功能。实际上通常会遇到以下情况：尽管译文意思准确、忠实原文，读来却晦涩难懂。这往往就是因为译者在翻译过程中只关注句子概念意义和人际意义的对等，而忽视了句子的语篇意义。只有通过语篇意义，语言使用者才能使概念意义和人际意义组成连贯统一的篇章。

信息结构是实现语篇意义的一种手段，在语言学、话语分析、篇章语言学、语用学、文体学等领域皆有应用。信息结构的翻译并不是语法、语义的机械翻译，而是对原语语篇信息结构进行解构，再根据目的语特点和表达习惯进行重构，以尽可能表现出译文语篇的连贯和完整。可见，将信息结构理论运用到翻译中具有重要意义，因它更多地考虑了语篇的连接，更注重译文的自然流畅。

2 信息结构简介

结构主义语言学认为信息的功能指利用已知信息导出新信息，信息在句子和语篇中的推进方式体现出信息的流动和分布情况。为了传递新信息就必须把新信息和一定数量的旧信息糅合在一起，并组成一定的结构传输出去。信息结构是信息传输过程中新旧信息的组织模式，新信息对听者或读者是不可知的，是信息单位中重要的部分，因它是说话者或作者刻意让听者或读者接收到的内容。已知信息对听者或读者是已知的，在上文的语境是明确提供的或在语境和共同的文化背景中暗示出来的内容。已知信息的作用就是把句子和语境来联系起来并且把这些句子按照一定顺序排列组成连贯的语篇。国内外关于信息结构研究主要涉及内容有主位-述位、已知信息和新信息、焦点等。

2.1 主位-述位

布拉格学派马泰休斯（Mathesius）最早提出主位（Theme）和述位（Rheme）的概念。从语言实现交际功能的角度出发，每个句子都可被看作是由主位和述位两个部分构成。这一观点随后被韩礼德（Halliday）接受并发展，他从功能视角对主位和述位进行界定，提出"主位是小句信息的出发点，是小句所关心的对象；述位则是对主位的陈述，是围绕主位而展开的内容"。主位和述位构成主位结构，其基本单位是小句；主位结构还可与语言的三大元功能概念相结合，被分为概念主位

（Ideational Theme）、人际主位（Interpersonal Theme）和语篇主位（Textual Theme）。对主位结构的选择和安排，让说话者可以从交际意图出发对所要陈述的信息进行组织和调整。

同时，韩礼德认为就英语等语言而言，句首和句尾是焦点的所在。不同语言中，它们几乎都具有以下功能：句首是一个句子的开端，决定了句子的内容和展开方式；句末则包含了整句话所要表达的新信息。简而言之，主位一般为已知信息，述位为未知信息。因此，主位理论的作用并不仅限于对句子结构的分析。

研究语篇的主位和述位不仅有助于对句子结构的分析，也可推动对句子所传达信息的把握；弄清文章信息分布的情况，理清句子间相辅相成的关系有助于对语篇的内容进行分析，把握篇章组织结构；主位的安排以及它们彼此间产生的衔接关系在某种程度上可反映存在于整个语篇和情景中的复杂关系。因此，理清这种关系对译者理解原文的组织结构、发展过程和作者意图起到了十分关键的作用。

2.2 已知信息和新信息

信息的已知与否实质上牵涉信息状态判断的问题。韩礼德首先把已知信息和新信息的概念引入信息结构研究中，无标记情况下，已知信息通常在新信息之前出现，符合人类认知规律。根据其复原说，已知信息是通过回指或是通过情景可获得的信息。信息有三种情况：通过语篇或情景都无法推导出来的信息，与特定预测或者陈述选项处在对立位置的信息，可替换预设问题中疑问词的信息。显然，韩礼德对信息已知与否的判断标准并不统一。对此，Chafe以心理学中的意识为标准，引入了知识说，提出已知信息是说话人假定话语说出时已在听话人意识中存在的相关知识，而新信息是指说话人假定通过其话语引入听话人意识中的东西，是对听话人相关知识的新贡献。

与以往二分法不同，Prince提出了话语的六种信息状态：激活的信息、未使用过的信息、可以推断的信息、包含着可推知信息、有依托的新信息、新信息。徐盛恒认为信息状态可能呈现五种状态：零位信息（起引导作用的信息）、已知信息、相关信息、已知信息加新信息和新信息。在对信息状态进行详细分析的基础上，徐盛恒主张以当时文本为依托，以当前事件为范围确定信息已知与否。

2.3 焦点

马泰修斯首次使用焦点这一概念，指未知信息的集合与叙述核心。韩礼德将其进一步发展，他认为焦点是一种语法化的范畴或属性，决定了言语中哪个部分代表新的、不可推及的或对比性的信息。焦点被看作述题的一部分，是句子的新信息；在韵律上，焦点成分本身或者它的一部分总是被凸显。Jackendoff认为焦点是说话人假设不为听话人所共知的信息；Trask认为焦点指句中成分被赋予特别的重要性，该成分代表最重要的新信息；徐烈炯、刘丹青认为焦点在本质上是一个话语功能的概念，是说话人最想让听话人注意的部分。实际上，国外学者对焦点的定义主要是从信息状态角度出发，而徐、刘对焦点的定义是从语用（也可以理解为信息重要程度）角度来讨论。那么，焦点作为语言学中的重要概念，在信息结构、句法、语义、语用等多个角度应用广泛，其研究呈现出蓬勃之势。

目前存在的一个问题是关于信息焦点（Information Focus，IF）和对比焦点（Contrastive Focus，CF）概念的区分，如Selkirk所示：

a. I gave one to Sarah（CF），not to Caitlin（CF）.

b. I gave one to Sarah（IF）.

b句里标注IF的Sarah即为信息焦点，不包含对比意味，只涉及信息的新旧与否。而a句里标注CF的Sarah和Caitlin是对比焦点，表示含有对比意味的焦点，带有排他性和穷尽性等特征。文中例子为比较明显的对比焦点，一些学者认为受到限定副词如"只有"等修饰的名词也暗含对比意味，因此也算是对比焦点。

国外学界对这两个概念的探讨主要分为两个派别，Rooth等学者认为应该抛弃对比焦点这一概念，对信息结构中涉及的焦点进行统一处理；Selkirk等学者则主张有必要对这两个概念进行区分。

这两者在语音选择上不存在差异，都会获得主要音高重音，而汉语学界对于信息焦点和对比焦点概念的争议相对较少。方梅认为对比焦点和常规焦点（即信息焦点）的区别在于预设不同。玄玥认为信息焦点是信息结构在句法结构上的体现，而对比焦点则是语用层面上的焦点。此外也存在一些语音方面的研究，但并不涉及二者的对比。周韧指出韵律节奏的安排有助于信息焦点的确定，在无音高重音标示的情况下，汉语的信息焦点在韵律阶层上必须至少是一个音步，而且信息焦点结构的划分不能破坏句子中音步结构的划分。

3 英-汉信息结构对比

在韩礼德等以往研究的基础上，张今、张克定等进一步发展了信息结构的含义，将其分为两种：一种是语言学通常所说的信息结构，即信息传递过程中新旧信息的组织模式；另一种是对比语言学中的信息结构，它不仅包含通常意义上的信息结构，还包括主位（主题）提示手段使用频率和聚焦手段使用频率所分别形成的模式。他们还把信息结构分为句内信息结构和语篇信息结构。其思路层级如图1所示。

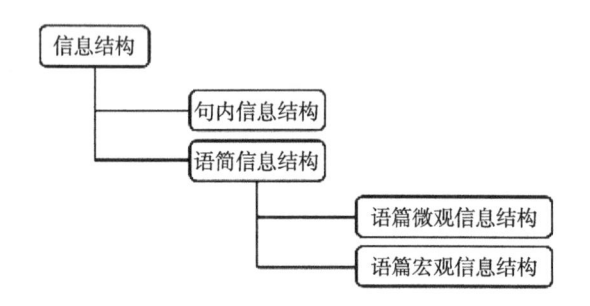

图1 语言学信息结构层级

3.1 英-汉句内信息结构对比

许多学者认为英语是一种主语突出的语言，注重形合；汉语则是主题突出的语言，注重意合。英文在句内信息结构上基本遵循六种模式，但信息单位分布模式、信息焦点所在位置等方面有所不同，如表1所示。

表1 句内信息结构类型

类型	例句（下划线部分为未知信息）
已知+未知	我的名字叫小红。
未知+已知	谁是小红呢？
已知+未知+已知	那个人经常做很多工作。
未知+已知+未知	Who hit whom?
未知+未知	China's GDP grew by 12.7 percent year-on-year in the first half of 2021 as recovery continues to firm.（新闻，均为新信息）
已知+已知	Sherry is my friend, you know .(So I can't hurt her.)

3.1.1 信息单位分布模式

英语句子往往以主谓结构为中心，一个信息单位包含另一个信息单位，信息结构之间具有复杂性和层次性；汉语句子则以话题为中心，信息结构按照时间、逻辑顺序层层推进。

例1：Many years ago, and old friend of my schooldays sent me an inscribed copy of a book he had written on dairy farming, a subject on which he was an authority.

（选自散文 *The Ironic Principle*，作者 John Priestley）

译文A：多年以前，一位学生时代的老友题赠我一本他撰写的关于乳牛养殖业的书，在此行当他堪称权威。

译文B：多年前，我小时的一个同学送给我一本他写的书，书上有他的题词，书里讲的是乳牛养殖，他是这方面的权威。

译文A基本是逐字翻译，保留了英语的信息结构，但读来比较拗口，且两个小句间信息衔接紊乱；译文B则打破了原文信息结构，以"书"为中心展开句子，显得更加流畅。

3.1.2 信息焦点所在位置

一般情况下，中英文句子都具有由已知信息向新信息过渡的特征，且句尾都用来承载信息焦点，故二者都符合"末尾焦点"这一特性。不同的是：英语句子主要遵循"末尾着重"原则，焦点位置则相对灵活；汉语更注重"末尾焦点"，而较少受"末尾着重"原则制约。根据前文所述可以区分"末尾焦点"和"末尾着重"两个原则：前者是针对信息结构而言，后者则针对句子结构而言。

例2：The collapse of belief we have been witnessing throughout the twentieth century comes with globalism.

（选自 *Reality Isn't What It Used To Be*，作者 Walter Truet Anderson）

译文A：整个20世纪，随着全球化的出现，我们一直目睹着信仰的瓦解。

译文B：20世纪人类的信仰危机是随着全球化的逐渐兴起而出现的。

原文是一段话的开头，由于后文主要内容是全球化使得民族主义、意识形态、宗教等旧式政治结构失去了现实价值。"全球化"是作者强调突出的部分，原文信息焦点应为globalism，这也体现了"末尾焦点"原则。两个版本译文的信息焦点显然不同，译文A的句意中心是"信仰的瓦解"，译文B的句意中心则是"全球化"，故译文B更加准确。

3.2 英-汉语篇信息结构对比

3.2.1 语篇宏观信息结构

语篇宏观信息结构指各段落信息内容在逻辑上的联系方式受到各语言文化背景的影响和制约。在西方文化背景下，英语主要使用归纳、演绎、分析、综合、分级分类、概念划分等逻辑程序组织信息，如英文常采用"总-分"模式展开论述；中国文化则以平衡、对称、和谐等原则安排语篇信息，如中文常用"起承转合"模式谋篇布局。

3.2.2 语篇微观信息结构

语篇微观信息结构指段落内部的信息结构。由上文可知，信息传输过程是新旧信息相互联系、相互作用、相互转化的过程。主位承载已知信息，述位承载新信息，二者勾勒出新旧信息相互联系、相互作用、相互转化的图景，是信息流动的载体。

4 信息结构与英-汉翻译

信息结构运用于翻译时会产生这样一个问题：已知信息和新信息如何识别？不同的语言运用不同的手段表示信息结构，因而译者需培养敏锐的观察力以鉴别自己翻译中涉及的语言信息结构提示手段。语言学家及译者倾向于先分析英语的提示手段，然后推断其他语言的提示手段，英语中的语音、词汇和句法手段可以在英语中发挥作用，而这并非适用于所有语言。如英语中的冠词可用来标示名词的有定与无定，分别反映名词的已知或未知，但是对于没有冠词词类的汉语而言这一功能显然没有意义。这些差异给信息结构理论在翻译中的应用带来了难题。

我国信息结构在翻译中的应用研究主要集中在三个方面：一是信息结构应用于翻译的可行性研究，宋志平认为信息结构能够突破句法结构的限制，为实现动态交际提供基础；二是英-汉信息结构对比研究对英-汉翻译有一定的指导作用；三是信息焦点研究，付习涛和陈丽疆认为信息焦点在译文信息结构中的位置选择正确是保证译文质量的关键，王淼也认为要把已知信息安排在句首，把新信息置于句尾，以恰当方式再现信息焦点。

综上所述，英-汉句子信息结构同中有异，进行英汉翻译时就需要灵活应对，在分析源语言信息结构基础上，根据汉语信息分布特点，合理安排语序，以期顺利实现交际目的。

4.1 保留原文信息结构

当英语原文信息结构与汉语信息分布规律相似时，译文则应保留原文信息结构。

4.2 重构信息结构

英语注重形合，以形役意。汉语注重意合，采用流水或者连动句铺展信息结构。这就注定英语句子信息结构常与汉语句子的信息结构存在显著区别，因而在翻译时需对句子信息结构进行调整，以适应汉语表达习惯。

4.3 保留原文的信息焦点

翻译过程中保留源语的信息焦点至关重要，因为信息焦点反映的是源语的交际目的，承载的信息具有最强的交际力。破坏源语的信息焦点，实际上就是扭曲了源语的信息结构，而不是对源语的信息结构进行重构。

英、汉两种语言在信息结构上存在诸多不同点，研究信息结构、比较两种语言在信息分布等方面存在的不同和它们各自的规律，对英-汉翻译具有一定的指导意义。具体到翻译操作层次，首先要对源语信息结构进行分析；然后根据译入语特点，对信息结构加以调整，以顺应译入语要求和习惯；调整过程中，信息焦点以及信息焦点的梯度不应受到破坏，否则将扭曲原文交际目的。此外，由于信息结构和句子成分之间不是一一对应的关系，这就需要在分析信息结构时对信息结构内容加以充分融合。

主要参考文献

[1] 方梅.汉语对比焦点的句法表现手段[J].中国语文，1995（4）：279-288.

[2] 付习涛，陈丽疆.论英汉语信息结构的对译[J].山东外语教学，2002（3）：62-65，88.

[3] 胡壮麟，朱永生，张德禄，等.系统功能语言学概论[M].北京：北京大学出版社，2005.

[4] 吕俊，侯向群.英汉翻译教程[M].上海：上海外语教育出版社，2001.

[5] 刘丹青，徐烈炯.焦点与背景、话题及汉语"连"字句[J].中国语文，1998（4）：243-252.

[6] 宋志平.英汉信息结构对比与翻译[J].东北师范大学学报，1996（6）：84-88.

[7] 王淼.从信息结构理论看英汉翻译[J].江苏广播电视大学学报，2009（6）：71-74.

[8]徐盛恒.信息状态研究[J].现代外语,1996(2):5-12,72.

[9]叶子南.高级英汉翻译理论与实践[M].北京:清华大学出版社,2008.

[10]张今,张克定.英汉语信息结构对比研究[M].开封:河南大学出版社,1998.

[11]张志新.信息结构与英汉翻译研究[J].长春理工大学学报,2012(10):76-77.

[12] HALLIDAY M A K.Notes on transitivity and theme in English[J]. Journal of linguistic, 1967 (3): 99-244.

[13] HALLIDAY M A K.An introduction to functional grammar[M]. London: Edward Arnold, 1985.

[14] HALLIDAY M A K. An introduction to functional grammar (2nd edition) [M]. Beijing: Foreign Language Teaching and Research Press, 2000.

[15] NNIDA E A, TABER C R.The theory and practice of translation[M]. Shanghai: Shanghai Foreign Language Education Press, 2004.

[16] PRINCE E. Fancy syntax and shared knowledge[J]. Journal of pragmatics, 1985 (9): 65-81.

中国语言信息结构研究的诸问题

阿不都热西提·亚库甫

摘要：本文从五个方面对中国语言信息结构研究中存在的一些突出问题进行了简要分析，重点放在了中国少数民族语言信息结构研究上，其中也谈到了关于进一步开展中国语言信息结构研究的一些想法和思路。

关键词：中国语言；信息结构；研究；突出问题

如果我们跳过主题（Theme）和述题（Rheme）、话题（Topic）和焦点（Focus）等与信息结构相关语言学概念提出和讨论的漫长历史，把韩礼德（Michael A.K.Halliday）于1967年提出的信息结构（Information structure）和切弗（Wallace Chafe）所建议的信息包装（Information packaging）概念视为信息结构研究的开端，那么中国语言信息结构研究也几乎与此同时开始。徐烈炯和朗恩多恩（D. Terence Langendoen）的《汉语的话题结构》（Xu, Langendoen, 1982）是一篇专门讨论汉语话题结构的论文，在学术界影响较大。罗仁地（Randy J. LaPolla）的博士学位论文《汉语的语法关系：共时和历时考察》（LaPolla, 1990）和武果的博士学位论文《汉语的信息结构》（Wu, 1992）虽然参照朗布雷希特（Knud Lambrecht）的相关论文，但其完成时间都要比朗布雷希特的名著《信息结构与句式：话题、焦点及话语指示对象的心理表现》（Lambrecht,

1994）还要早一些。如果我们将赵元任、吕叔湘等前人关于主题等相关讨论也纳入考虑范围，中国语言信息结构研究开始的时间则会更早。关于信息结构研究的历史和中国语言信息结构研究动态也有较多的介绍和评述因前人（Krifka，Musan，2012；Fery，Ishihara，2016；周士宏，2020）多有评述，这里不再赘述。

20世纪90年代起，信息结构研究受到语言学界的加倍重视，中国语言信息结构研究也随之取得较大的进展。除汉语的信息结构研究之外，中国少数民族语言的信息结构研究也开始全面铺开，出现了不少有影响的研究成果。到目前为止，中国语言信息结构研究多集中于信息结构基本概念的介绍和解释上，主要有对信息结构核心概念之话题和焦点在不同语言中的表达方式和体现形式的描写和分析。但是，我们对信息结构基本概念的介绍和解释、话题和焦点的描写和分析方法尚存一些问题：一是对于信息结构句法和语用界面的认识不够清晰，套用外国语言信息结构研究模式的现象比较突出，适合中国语言事实的描写分析方法尚处于探索阶段；二是信息结构研究仍局限于一些具体语言中话题和焦点的描写，信息结构的跨语言研究尚未全面展开；三是中国语言信息结构研究较重视局部语言现代变体的研究，涉及历史语言信息结构的研究成果森渺无迹；四是信息结构历时演变研究以及在此演变过程中语言接触因素问题研究，尤其是以此为基础总结中国语言信息结构特点、解释其形成过程尚未被提上议事日程。针对这一现状，本文从五个方面对中国语言信息结构研究中存在的一些突出问题进行简要分析，重点主要放在中国少数民族语言信息结构研究上，其中也谈到了关于进一步开展中国语言信息结构研究的一些想法和思路。

1 描写性成果多，缺乏历时解释

中国语言信息结构的研究主要集中于一些单一语言话题（Topic）、焦点（Focus）、定性（Definitness）、特定性（Specificity）等概念的共时描写和分析，但对语言中现有特点的成因和形成过程缺乏研究。相对于其他语系语言，汉藏语系语言的信息结构研究还比较深入，所涉内容较广泛。汉语信息结构研究方面的成果最为丰富，仅仅是专著和论文集目前为止可以看到的就有徐烈炯和刘丹青的《话题的结构与功能》（1998）和《话题与焦点新论》（2003）、徐烈炯和潘海华的《焦点结构和意义的研究》（2005）、冯胜利的《汉语韵律句法学》（2000）及周士宏的《汉语句子的信息结构研究》（2016）和《汉语句子信息结构的类型学研究》（2020）等。论文的数量更为客观，这里无法一一指出。汉语之外，羌语的信息结构研究也得到较深入的探索。黄成龙的《羌语名词短语的词序》（2003）和《羌语的话题标记》（2008）可以说是探讨羌语信息结构的早期成果，两者分别讨论了信息结构对语序的影响和羌语各地域变体标记话题的主要标志及其出现频率、来源等。除此之外，还有讨论藏缅语话题结构（张军，2012）、信息结构与羌语语篇中的语序和省略问题（郑武曦，2022）以及拉萨话韵律焦点实验研究方面的论文（张夏夏和王蓓，2018）。这些论文不仅有一定的深度，而且还涉及多种语言，具有跨语言性质。景颇语、白语、拉祜语、哈尼语等语言以及藏语和彝语一些地域变体的话题、焦点等问题研究也取得了较大的进展。具有代表性的有戴庆厦的《景颇语的话题》（2001）、胡素华的《凉山彝语的话题结构——兼论话题与语序的关系》（2004）、赵燕珍和李云兵的《论白语的话题结构与基本语序类型》（2005）、李泽然的《论哈尼语的话题》（2007）、李洁和李景红的《拉祜语的话题句》（2014）及张夏夏和王蓓的《藏语拉萨话中焦点和疑问的韵律编码方式》（2018）等。与此相比，阿尔泰语系语言信息结构研究还相当滞后，除了王海波（2019）和迪丽妮嘎尔·菲达（2021）对此进行研究之外，还未见有从跨语言角度探讨阿尔泰语系语言信息结构的论文发表，笔者的小作也仅仅涉及维吾尔语、哈萨克语、土耳其语等一些语言的焦点标志（Yakup，2016）。就描写分析阿尔泰语系具体语言的信息结构而言，目前为止刊发的也只有关于维吾尔语的话题（周士宏、宁瑶瑶，2012）、焦点和话题的韵律实现（王蓓、吐尔逊·卡得、许毅等，2013；吐尔逊·卡得、吾守尔·斯拉木，2015）和哈萨克语焦点的论文（魏炜，

2012；郭昊，2022）。这是一种很好的开头，但是相关研究需要进一步铺开并深化。

至今为止，就描写而言，很多研究着重探讨具体语言中话题和焦点的表现形式、主要标志的功能分析等。这是基础性的，也是必要的。但是，我们的出发点还是英语等语言相关研究的框架，所讨论的范围，甚至所使用的例句与学者们讨论英语等语言信息结构时所使用的例句大体相同。这一点是需要突破的。熟悉了信息结构的基本概念后，应当把重点放在对不同语体自然语料的分析上，这样可以较准确地归纳出具体语言中信息结构的特点，也能为建立适合中国语言实际信息结构研究框架作出实质性贡献。

熟悉语言类型学的学者们都很清楚，分析和描写不同语言表达特定语法范畴的功能操作符、归纳出各语言表达特定语法范畴的方式和各类功能操作符在功能方面所呈现的特点只是类型学研究的第一步，而对这些表达方式和特点形成进程的历时解释应是下一步骤。不容置疑的是，任何语言目前的信息结构并不是历来就如此的状态，目前我们能观察到的状态是经历了漫长的变化才形成的。其间，除了语言的内部演变外，语言接触的影响往往会比较大。对语言史有深入研究的学者们都知道归纳出某一语言在特定共时层面所具有的特点是何等艰难。

谈及维吾尔语、哈萨克语、乌兹别克语等的话题，研究这些语言的学者们马上指出，这些语言共有的话题标记{čU}，其在维吾尔语中表现为ču，在哈萨克语中表现为šI，在乌兹别克语中表现为čI。11世纪之前的文献并没有这一功能操作符，喀什噶里在《突厥语大辞典》中提到该功能操作符有ču、čü两个变体，说明其当时已发展成为附加成分，其缀接还遵从以音节的[±前列]为基础的元音和谐。但根据喀什噶里的记录，该附加成分并无话题标记功能，只是用来加强命令和禁止，如kälčü（来吧）、barmaču（不要去吧）。有关内容详见《突厥语大辞典》写本，原稿第535—536页。其用来表示话题的实例仅见于成书于元代的一件回鹘文文献，如amtï šï tüšä turur（现在呢，它正在下降），指明amtï（现在）为该句的话题。在语音形式上，维吾尔语和乌兹别克语使用的是《突厥语大辞典》喀喇汗王朝时期文献中所体现的形式，而哈萨克语和撒拉语的形式与回鹘文文献的šï接近，且功能也一致。原则上，11世纪之前的碑铭语言和回鹘文文献语言通过语序和韵律来体现话题，句首一般是话题的位置，之后的焦点部分应该是通过停顿分开，停顿前的为话题，其后一般是焦点。11世纪之后，ärsär（如是）逐步发展成为话题标记。笔者认为，这是汉语等作为回鹘语的接触语言所产生的影响。就其来源，ärsär从其结构而言纯粹是回鹘语，是动词är-（有，是）的条件形式，但是其话题标记功能却是周边语言相应形式的复制。后来，这一形式被bolsa（如果成为）所取代。针对{čU}话题功能的形成和发展，笔者认为维吾尔语、乌兹别克语、哈萨克语等在继承了回鹘文献语言标记{čU}的同时又继承了喀喇汗王朝时期语言的强调助词{čU}，可以看作13世纪之后的内部功能扩散。撒拉语的形式şi只继承了回鹘文献语言中{čU}的话题标记功能，在表示与喀喇汗王朝时期{čU}的功能时却使用či。虽然二者有共同来源，但无论从其语音形式还是功能方面都呈现出明显的差异。难以否认的是，无论是回鹘文献语言还是现代语言，尤其是撒拉语şi话题功能的形成和发展都与它们古今接触的语言密切相关。这一接触过程需要进一步分析和解释。

在笔者熟悉的语言中，回鹘文文献语言中左移的焦点明显是受到了梵语的影响，而受到汉语影响话题和焦点位置发生变化的例子也不少。其中有些现象庄垣内正弘先生（Shōgaito，2021）和笔者（Yakup，2010）曾发专文讨论过，这里不再赘述。关于信息结构与语言史，Meurman-Solin等主编的《英语史中的信息结构和句法变化》（Meurman-Solin等，2012）收录了一些很有启发性的研究成果，有兴趣的同行们可以去阅读。

2 缺少以自然言语为基础的实证语言学研究成果

根据切弗的解释，"信息包装是指与信息本身相比信息如何得到呈现"（Chafe，1976）。克利夫卡和莫散指出，"在我们看来，信息结构这一术语是指自然语言帮助言者在考虑听者目前信息状态的基础上推进沟通的方方面面"（Krifka，Musan，2012）。费瑞和石原认为"信息结构/构造是指在不同类型信息块中句子的组织（信息包装）"（Féry，Ishihara eds.，2016）。信息结构的这一特性就决定了它在自然言语材料的基础上可以得到有效考察和分析。自然言语也为语言学界验证描写和分析是否具有说服力提供了依据。语言学界对于这一点有充分的认识，也有很好的传统。就中国语言的信息结构研究而言，罗仁地教授的论文《汉语是主题-述语（既不是话题优先又不是SOV）型语言》（LaPolla，2009）便是最好的实例。该文一开始就引用欧阳山的小说《三家巷》的一段展开汉语并非话题优先或SOV类型语言，而是话题-述题语言这一核心观点的讨论和实证。该文是以自然语言语料为基础深入讨论汉语信息结构的经典论文。周士宏的专著《汉语句子信息结构的类型学研究》也专设一章，以《骆驼祥子》为语料讨论汉语叙事语篇中的零形回指（周士宏，2020）。可惜，这一传统和做法在中国语言信息结构研究的很多论著中往往都被忽视了，这在中国少数民族语言信息结构研究中更为突出。就阿尔泰语系语言信息结构研究为例，至今尚无以自然语料基础较系统地分析某一语族或某一具体语言信息结构的论文。笔者曾将一些古代文献语言信息结构的分析定为本人的一些硕士生和博士生的论文题目，并特意推荐罗仁地教授的论文。初衷是先对各历史时期中特定文献的信息结构进行较彻底的分析，从而归纳出各时期语言信息结构的特点，为信息结构的历时演变过程及其特点进行归纳和梳理。遗憾的是，几乎所有的论文都以从这些文献中为话题、焦点等找些例子而告终。即便有些研究以自然言语材料为基础，但作为其基础的语料类型单一，基本以几个对话为基础，而且这些对话的分析也不彻底。这一点是急需克服和改变的，不然我们的分析基本上就停留在一些研究较充分语言研究的已有成果的水平上，甚至会是其现成例句的不同语言版本，这样并不利于认识中国语言信息结构的本质特点。比较理想的是较系统地搜集不同语体、不同语境的语料较全面地分析其信息结构，并以此为依据归纳出具体语言信息结构的特点。郭昊的博士学位论文《哈萨克语信息结构研究》有望在这一方面有可喜的进展，值得期待。

3 视角单一，缺乏跨学科合作

到目前为止，中国语言信息结构研究大多以描写为主，视角还相对单一。如果我们把信息结构理解为信息传递过程中优化话语信息而进行特定的组织或安排，那么汉语的"信息结构"就是一个不太理想的术语，而用"信息组织"或"信息安排"再现英语的"Information structure"可能更为准确。遗憾的是，作为语言学术语，这二者的魅力是远远不如"信息结构"的，而且"信息结构"已约定俗成，很难被轻易替换。不管怎样，信息结构的这种理解在预测信息安排的方面可以根据说话者和听话者的背景、共识和语境有所不同。在信息安排中语音学、音位学、形态学、句法学、语义学等之间的互动和词汇的选择均可成为考察的重点（详见http://www.sfb632.uni-potsdam.de/index.html）。但目前笔者还没接触到从这些角度系统地考察我国某一具体语言或语族信息结构的研究成果。德国波茨坦大学、柏林洪堡大学和柏林自由大学联合主持的重大项目"信息结构：组织话语、句子和文本的语言学方法"（Information Structure: Linguistic means for structuring untterances, sentences and texts, SFB 632）从语言各个层面综合考察的内容和方法形成了比较严谨的设计，对信息结构研究的内容和方法从不同层面做了较全面和严格的顶层设计，为研究的成功进行铺平了道路。该项目也推出过一些重要的研究成果，具有前沿性，是非常值得借鉴的。该项目的研究实践表明，此类研究要求从事语音学、音位学、形态句法学和语义学的学者彼此之间进行密切合作。

还有一个重要方面是信息结构处理中的认知问题。以话题为例，与焦点不同，它是各语言特有的，对其正确使用还有一些认知要求。杰尼来克（Eloise Jenilek）和卡尔尼（Andrew Carnie）认为，"我们针对什么是新的和什么是旧的可以有一个总的认知，但是不同语言如何将其形式特征进行词汇化表达会呈现出差异"（Jenilek, Carnie, 2003）。而这一问题的探讨需要从儿童语言的习得过程开始考察。语言学家们发现，小孩一岁时就可以把新信息和旧信息区分开，在单词交流阶段就开始提示新信息（Baker，Greenfield，1988）。中国的语言信息结构研究也需从这一视角进行考察。

无论是话题还是焦点，从跨语言的角度才能对其具体语言信息安排的特点进行准确的定性。这说明跨语言研究，即语言类型学的视角极为重要。目前的研究，除了具体语言信息结构的描写性成果之外，信息结构的跨语言考察主要限于汉语和英语、汉语和日语等信息结构的对比，最近也出现了一些将汉语和少数民族语言中话题或焦点进行对比分析的成果，这是一个好的开端。语言类型学的视角不仅对具体语言信息结构的描写和解释必不可少，而且对于中国语言信息结构研究的全面展开、提升其整体研究水平也是十分重要的。波茨坦大学等德国高校的上述项目对在语言类型学视角下进行信息结构研究的步骤和方法有比较全面的描写，同时他们还制定出搜集跨语言语料的内容、语料标注的规范和语料库存的标准。遗憾的是，他们推出的语料库不包括中国大多数语言的语料。我们在参照他们的描写和问卷的基础上可以制定出适合中国语言特点的信息结构调查、分析手册，对中国语言信息结构类型特点及其形成过程作出比较准确和可信的分析，并加以总结和解释。

除此之外，信息结构研究还需从心理语言学、神经语言学等视角切入。最近，学界开始关注这一方面的研究，也取得了比较重要的进展。目前能看到的成果中，Lee等（2007）、Skopeteas和Fanselow（2010）的研究为具有一定代表性的文章著作。

4 对信息结构研究的动态了解不够及时、不够全面、不够准确

中国语言学界对韩礼德、切弗、朗布雷希特、罗仁地等学者的研究成果比较熟悉，最近也有一些论文开始提到克利夫卡、费瑞等人的研究框架。遗憾的是，有些成果很少被提及，其中有以色列学者诺米·尔特

西克-希尔（Nomi Erteschik-Shir）关于信息结构的研究成果。她出版了两部关于信息结构的比较重要的专著，即《焦点结构的动力学》（1997、2009）和《信息结构：句法-话语界面》（2007），其中，后者较新，具有代表性，该著作重点探讨信息结构在语法中的作用，涉及句法-信息结构界面的诸多问题，包括句法和信息结构的分工。尔特西克-希尔认为，焦点化是非组合式的过程，它确认所有组合式系统表现中的显赫位置成分，包括视觉（Vision）和（非语言学的，Non-Linguistic）听觉认识（Auditory Perception）。因此，焦点化被视为一般认知机制，在这个意义上它处于语法之外。她的相关讨论正是中国语言学界在理解和研究信息结构中仍未澄清的重要问题。尔特西克-希尔的专著为何没有受到国内语言学界的关注，笔者并不清楚。清楚的是，她的论著只是一个较典型的例子，但不是唯一实例。类似的著作还有杰赛拉·费拉列斯（Gisella Ferraresi）和柔丝玛丽·吕尔（Rosemarie Lühr）的《信心结构的历时研究》（2010）、鲍威尔·鲍特涅尔（Paul Portner）等主编的《语义学：句子和信息结构》（2019）、阿斯丽·居列尔（Aslï Gürer）的《界面上的信息结构：对短语结构的影响》（2020）等，这里不一一列举。笔者提到的只是一些著作，还有相当数量的学术论文并不在其中。

　　大多数学者最关注的一般是信息结构研究的理论专著和英语等相关的信息结构研究成果，但对其他语言信息结构研究成果的重视不够。如关于日语信息结构研究、朝鲜语信息结构研究、土耳其语的信息结构研究等方面的论著很少被我国语言学界所提及。其实，在日本学者和涉及日语的论著当中，在国际语言学界具有影响力的论著比比皆是，如菲奥拉·卡热鲁（Fiala Karel）的《日语的信息结构和统语结构》（2001）、黑田成幸（Kuroda Sige-Yuki）的《论话题：日语的wa和ga》（2005）、下地理则（Shimoji Michinori）的《琉球诸语言的信息结构、焦点及焦点标记层次》（2018）及中川奈津子（Nakagawa Natsuko）的《日语口语的信息结构：助词、语序和语调》（2020）等。其中，黑田成幸的论文是研究话题的经典。朝鲜语学界对信息结构的关注较早，李孝相（Lee Hyo Sang）的

《话题性和对比性的延续链》（1986）是探讨话题问题的早期学术论文，金美京（Kim Mi-kyung）的《朝鲜语会话倾向的信息结构》（2001）、李韩永（Lee Hanjung）的《朝鲜语格省略中的信息结构、主题可预测性和梯度：概率论解释》（2016）、朴重原（Park Chongwon）等的《朝鲜语的信息结构：什么是新的、什么是旧的？》（2023）是近期具有代表性的成果。也塞尔·叶米娜·埃尔谷万里（Eser Emine Erguvanlı）的《土耳其语语法中语序的功能》（1984）是语言学界颇具影响力的语言学专著。遗憾的是，即便是这些论著在国内被提及，一般也仅限于日语学界、朝鲜语言学界、突厥语族语言研究等领域。对美国土著民族语言的信息结构研究、非洲语言的信息结构研究关注得更少。其实，关于这些语言信息结构的研究成果，如埃诺奇·O·阿波（Enoch O. Aboh）的《非洲语言的焦点表达策略：焦点的互动及刚果黑人语言和亚非拉语的语法》（2007）非常具有参考价值，需要被关注。如果我们的研究仅仅局限于为数不多的一些语言的语料和研究成果，那就不利于建立科学的语言类型学视角，也会妨碍中国语言信息结构的深入研究。

  最后需要提到的是，有些学者对信息结构相关理论和核心概念的理解还不够准确。一方面，这与各家对信息结构核心概念的理解和解释不尽一致有关，另一方面也反映了信息结构研究正在经历较快的理论更新和发展。但是，其中有些确实反映出我们对有些核心概念的理解还不够准确。虽然话题、焦点等在中国语言学界已经是众所周知的语言学概念，但是在一些论著中仍认为话题等同于主题，焦点等同于被强调的语言成分。有一部专著在解释焦点时写道，语言中常以形态、虚词、语序等手段对某一语言成分进行强调突出，以吸引听话人的注意力，这个被强调的部分一般被称为"焦点"。这种认识并不仅限于这一著作，而且还比较普遍，可谓根深蒂固，这是本文在此处不提供该解释具体出处的主要原因。

5 重复较严重，研究徘徊在同一起点

关于中国语言信息结构的相当一部分论著都是从信息结构的定义、核心概念的解释、国内外研究综述开始，这些一般占去论著篇幅的三分之一左右，大多像是读书笔记，详细介绍各家定义、各家方法和各家主要观点等，但缺少建设性评述，而且新的不如旧的详细、准确，同一学者讨论同类问题的不同论著亦存在严重重复、重合的现象。这与国外语言学界的做法形成鲜明的对照。更成为问题的是，国内相当一部分论著的前期研究评述是国内外一些介绍和评述的再介绍，缺乏新意。有些学者对这一问题的严重性似乎缺乏认识，认为自己在为国内学界介绍前期研究，但是如果前期研究的这种介绍大多只是既有成果的重复，那么这种介绍和评述应该避免。如果国外的介绍和评述需要介绍给国内读者，在自己没有实质性评述的情况下，翻译可能是最佳的途径。如果国内已有相应成果，那更没有理由去重复它。

造成上述重复的原因可能有多种。之一是，有些学者可能认为讨论信息结构的论著首先应当对基本概念和前期成果进行梳理。这一观点基本正确。问题是，一篇讨论汉语话题的著作或讨论蒙古语焦点的论文是否真的需要首先就对信息结构研究的历史、主要观点、主要方法等做那么详细的介绍。答案肯定是不需要的。汉语话题研究的著作可以直接从汉语话题研究的前期成果的介绍和评述开始，讨论蒙古语焦点的论文简要评述蒙古语焦点研究的前期成果即可，重点应该放在自己的观点、方法、结论的介绍和阐述。笔者在阅读本论集所收有些论文时发现这一问题还比较严重。笔者曾在"中国语言信息结构研究"创新团队于2021年主办的国际学术研讨会上把它作为一个问题提过，之前在讲授《语言学经典著作宣读》《语言学论文写作与指导》等课程时也有所交代，本论文集的有些作者仍然保留这样的介绍，说明有些同行还是不太愿意放弃，看来其背后的认识是根深蒂固的，不易放弃或被改变。之二可能是有些学者认为，自己阅读和所接触的论著观点十分重要，需要介绍给国内读者。这是一种善意。但是，

在决定是否需要介绍时，应当先核实一下国内外是否已有相关介绍，如有，说明这些对自己是新信息，对别人是已知信息，不必再介绍。如果自己没有更新的评述，就应该尽量避免做同类重复。

当然，在信息结构研究领域不仅仅是综述重复严重，观点和结论的重复也相当常见。从表面上看是不同的著作、不同的论文，例句和语料也有所不同，但理论框架基本一致，主要观点和结论亦大同小异。我们在一部讨论汉语信息结构的著作中读到这么一段话：Thompson曾把汉语、俄语归入"语序表达语用"的语言，把英语归入"语序表达语法"的语言；LaPolla提出汉语的语序完全由语用/信息结构决定。总体上，我们较认同他们的研究，但我们没有那么激进。汉语的信息结构对句子的结构起到很大的作用，但是仍存在主语、谓语等句法范畴，即句法规则也起到一定的作用。我们认为汉语语篇中的句子（包括口语和书面语）的话题和焦点对句子的构型，起到很大的作用……上述句子中，除"但是仍存在主语、谓语等句法范畴，即句法规则也起到一定的作用"之外，其余结论与该著介绍、讨论的LaPolla观点基本一致，只是其表达方法有所不同而已。

同类重复不仅仅存在于中国语言的信息结构研究，在讨论其他语言学专题的论著中也相当普遍。这里重点提出来是为提醒同行此类重复不是应该提倡的，而是需要避免的。

6 结语

近三十年来，中国语言信息结构研究取得了引人注目的进展，成果丰富，贡献突出，其中汉语信息结构研究处于领先地位。与此同时，中国语言信息结构研究也遇到了一些挑战，主要体现在中国少数民族语言信息结构的研究上。本文提到的五点只是中国语言信息结构研究所遇到的部分问题，但具有一定的代表性。本文专门提到这些问题不是为了批评学界同行，而是指出问题，为中国语言信息结构研究的健康发展和不断深入起到一定的促进作用。

主要参考文献

[1] 戴庆厦.景颇语的话题[J].语言研究,2001(1):100-105.

[2] 迪丽妮嘎尔·菲达.阿尔泰语系语言的话题焦点类型学比较[J].黔南民族师范学院学报,2021(3):59-67.

[3] 冯胜利.汉语韵律句法学[M].上海:上海教育出版社,2000.

[4] 郭昊.哈萨克语句子的焦点[J].民族语文,2022(2):45-56.

[5] 黄成龙.羌语名词短语的词序[J].民族语文,2003(2):26-34.

[6] 黄成龙.羌语的话题标记[J].语言科学,2008(6):599-614.

[7] 胡素华.凉山彝语的话题结构:兼论话题与语序的关系[J].民族语文,2004(3):9-15.

[8] 李洁,李景红.拉祜语的话题句[J].民族语文,2014(1):48-55.

[9] 李泽然.论哈尼语的话题[J].中央民族大学学报,2007(5):74-79.

[10] 吐尔逊·卡得,吾守尔·斯拉木.维吾尔语话题的韵律表现[J].新疆大学学报,2015(5):126-132.

[11] 王蓓,吐尔逊·卡得,许毅.维吾尔语焦点的韵律实现及感知[J].声学学报,2013(1):92-98.

[12] 王海波.几种阿尔泰语言的话题问句分析[J].民族语文,2019(4):74-85.

[13] 魏炜.浅析哈萨克语句子焦点成分的句重音表现[J].语言与翻译,2012(4):30-33.

[14] 徐赳赳.现代汉语篇章回指研究[M].北京:中国社会科学出版社,2003.

[15] 徐烈炯,刘丹青.话题的结构与功能[M].上海:上海教育出版社,1998.

[16] 徐烈炯,刘丹青.话题与焦点新论[M].上海:上海教育出版社,2003.

[17] 徐烈炯,潘海华.焦点结构和意义的研究[M].北京:外语教学与

研究出版社，2005.

[18]张军.藏缅语话题结构的特征与类型[J].民族语文，2012（6）：46-54.

[19]张夏夏，王蓓.藏语拉萨话中焦点和疑问的韵律编码方式[J].清华大学学报，2018（4）：368-373.

[20]赵燕珍，李云兵.论白语的话题结构与基本语序类型[J].民族语文，2005（6）：10-22.

[21]周士宏.汉语句子的信息结构研究[M].北京：北京师范大学出版社，2016.

[22]周士宏.汉语句子信息结构的类型学研究[M].北京：北京师范大学出版社，2020.

[23]周士宏，宁瑶瑶.现代维吾尔语的话题结构[J].北京师范大学学报，2012（4）：52-58.

[24]郑武曦.信息结构与羌语语篇中的语序和省略[J].语言科学，2022（6）：648-659.

[25] BAKER NANCY D, PATRICIA M, GREENFIELD. The development of new and old information in young children's early language[J]. Language science, 1988, (1): 3-34.

[26] IERGUVANLI ESER EMINE. The function of word order in Turkish grammar[M]. Berkeley & Los Angeles & London: University of California Press, 1984.

[27] ERTESCHIK-SHIR NOMI, Information structure: theory and empirical aspects[M]. Berlin: De Gruyter, 1997.

[28] ERTESCHIK-SHIR NOMI. Information structure: the syntax-discourse interface[M]. Oxford: Oxford University Press, 2007.

[29] FÉRY CAROLINE, SHINICHIRO ISHIHARA. The Oxford handbook of information structure[M]. Oxford: Oxford University Press, 2016.

[30] GÜRER ASLI. Information structure within interfaces: consequences

for the phrase structure[M]. Berlin: De Gruyter, 2020.

[31] KURODA SIGE-YUKI. Focusing on the matter of topic: A study of wa and ga in Japanese[J]. Journal of East Asian linguistics, 2005 (1) : 1-58.

[32] LAMBRECHT KNUD. Information structure and sentence form: topic, focus, and the mental representations of discourse referents[M]. Cambridge: Cambridge University Press, 1994.

[33] MEUERMAN-SOLIN, ANNELI, MARFA JOSÉ, et al. Information structure and syntactic change in the history of English[M]. Oxford: Oxford University Press, 2012.

[34] NAKAGAWA NATSUKO. Information structure in spoken Japanese: particles, word order, and intonation[M]. Berlin: Language Science Press, 2020.

[35] SHIMOJI, MICHINORI. Information structure, focus, and focus-marking hierarchies in Ryukyuan languages[J]. Gengo Kenkyu/linguistic research, 2018 (154) : 85-121.

[36] Wu Guo. Information structure in Chinese[M]. Beijing: Peking University Press, 1998.

[37] YAKUP ABDURISHID. Focus in Turkish and Uyghur: a preliminary report on an ongoing contrastive investigation[J]. Turkic languages, 2016 (20): 113-131.

后　记

《中国语言话题研究》的编辑工作始于2021年年底，2022年春季已基本完成收稿和编辑工作，但由于种种原因时至现在才正式出版，在此谨向各位作者表示歉意，对他们在这段时间里的耐心和理解表示衷心的感谢。

在"中国少数民族语言信息结构研究"项目的设计、研究大纲的编写等方面得到了罗仁地教授、刘丹青教授、黄成龙研究员、王蓓副教授的大力支持，在此谨向他们表示敬意和谢意。

"中国少数民族语言信息结构研究"项目在中央民族大学的成功立项和实施要特别感谢当时分管科研和外事工作的副校长宋敏教授、时任科研处处长游斌教授和时任国际合作处处长何克勇教授的关心和大力支持。

信息结构研究在中央民族大学的立项和最初开展离不开胡素华教授和王蓓副教授等同行的努力和付出。她们在基地的成立、研究重点的确定和日常运作方面做了大量的工作，为基地各项工作的顺利进行作出了重要贡献。借此机会，我也向她们表示衷心的谢意。

在国家民委创新团队项目的申请和实施过程中，本人得到了团队核心成员张定京教授、周国炎教授、姜镕泽教授、胡素华教授、蒋颖副教授、金青龙副教授和阿依努·艾比西副教授和赵丹华博士、苏培博士的多方支持。这些我永记在心。

在创新团队项目的日常管理和具体实施过程中，吾麦尔江·吾吉艾合麦提副教授、孙昉博士、贺婷老师提供了无私帮助。这些我终生难忘。

我的博士生郭昊承担了论文集的收稿、编辑和编排工作，为论文集的出版作出了重要贡献。没有她的全力支持，论文集的编辑和出版不会这么顺利。我向她表示衷心的感谢。

　　本书的出版得到国家民委创新团队项目"中国语言信息结构研究"的资助，在此向具体负责该项目管理的中央民族大学人事处、科研处和中国少数民族语言文字应用研究院领导表示谢意。

　　本书出版期间，得到了中央民族大学出版社赵秀琴社长的大力支持，在此一并表示感谢。

阿不都热西提·亚库甫
2023年11月26日，于柏林